经济管理学术新视角丛书

本书受2011年度国家社科基金项目"新世纪我国家庭结构的变迁研究"（11BRK017）、全国统计科学研究项目"大数据背景下官方人口统计改进研究"（2015LY52）、河南财经政法大学统计学省级教学团队、统计专业综合改革省级试点项目等资助。

STUDY ON POPULATION
DEVELOPMENT OF HENAN

河南人口发展问题研究

周福林◎著

经济管理出版社
ECONOMY & MANAGEMENT PUBLISHING HOUSE

图书在版编目（CIP）数据

河南人口发展问题研究/周福林著. —北京：经济管理出版社，2015.11
ISBN 978-7-5096-4183-5

Ⅰ. ①河…　Ⅱ. ①周…　Ⅲ. ①人口—问题—研究—河南省　Ⅳ. ①C924.24

中国版本图书馆 CIP 数据核字（2016）第 007366 号

组稿编辑：杨　雪
责任编辑：赵喜勤
责任印制：黄章平
责任校对：雨　千

出版发行：经济管理出版社
　　　　　（北京市海淀区北蜂窝 8 号中雅大厦 A 座 11 层　100038）
网　　址：www. E-mp. com. cn
电　　话：(010) 51915602
印　　刷：北京九州迅驰传媒文化有限公司
经　　销：新华书店
开　　本：720mm×1000mm/16
印　　张：18.75
字　　数：324 千字
版　　次：2015 年 11 月第 1 版　2015 年 11 月第 1 次印刷
书　　号：ISBN 978-7-5096-4183-5
定　　价：58.00 元

目 录

第一章 河南省人口发展概况

一、人口总量增速平稳

河南省仍是全国户籍人口第一大省。人口总量大、变化小、相对稳定。2013年河南省出生 130 万人，出生率 12.27‰，自然增长率 5.51‰，年末户籍总人口 10601 万人，常住人口 9413 万人。2014 年末河南省常住人口 9436 万人，出生人口 136 万人，出生率 12.80‰；死亡人口 75 万人，死亡率 7.02‰；自然变动净增人口 61 万人，自然增长率 5.78‰。"十二五"前三年，据河南省统计局公布的数据，河南省平均年出生人口 125.3 万人，比"十一五"同期多 13 万人；年均自然增长人口 54.7 万人，比"十一五"同期多 4.7 万人；年均出生率 11.9‰，比"十一五"同期高 0.47 个千分点。出生率回升，主要是因为近几年河南正处于第四次人口出生高峰期，是受人口结构影响的结果。

二、低生育水平持续稳定

育龄妇女总和生育率，即按当年生育水平计算的平均育龄妇女一生生育子女个数，是衡量各地生育水平的重要指标。总和生育率等于 2.1 为更替水平，低于 2.1 为低生育水平，1.8 左右为适度低生育水平。河南省在 20 世纪 80 年代育龄妇女总和生育率还在 3.0 左右波动，1982 年第三次人口普查时为 2.40，1990 年第四次人口普查时为 2.90。90 年代初,河南省实施"一高一低"战略(经济发展速度高于全国平均水平,人口自然增长率低于全国平均水平),建立和实行严格的计划生育目标管理责任制,使育龄妇女生育孩子的数量得到有效控制,1992年总和生育率为 2.03,1993 年为 1.82,河南开始进入低生育水平时期。2000 年以来,随着计划生育工作的深入和育龄群众生育观念的转变,河南省的低生育水平持续稳定。2000 年第五次全国人口普查(以下简称"五普")河南省总和生育率为 1.44,2010 年第六次全国人口普查(以下简称"六普")时为 1.30。据专家评估,河南省育龄妇女总和生育率在 1.65 左右。按照妇幼住院分娩数据推算,河南总和生育率在 1.8 左右,在适度低生育水平范围之内。

三、人口结构性问题凸显

1. 出生人口性别比依然偏高

出生人口性别比,指每出生 100 个女婴,对应出生的男婴人数。正常出生人口性别比为 103∶107。河南省出生人口性别比自 20 世纪 80 年代初开始偏离正常值,1982 年为 110.32,1990 年达到 116.67,2000 年达到 118.39,2010 年为 117.77,是全国 16 个较高的省份之一。

2. 劳动年龄人口规模缩小

国际上一般将 15~59 岁人口作为劳动力资源人口,用以衡量一个地方经济发展的潜力。特别是发展中国家,劳动力资源丰富,是产生"人口红利"的基础。统计表明,2010 年,河南 15~59 岁劳动年龄人口规模达到峰值 7265 万人,2011年减少 20 万人,河南省劳动年龄人口进入下降通道。据测算,2025 年约 6930万人,2040 年约 6410 万人。

3. 人口老龄化程度不断加深

人口老龄化是指在一个国家或地区人口中,老年人口比重不断上升的过程。在国际上,一般将 65 岁及以上人口的比例达到 7%,或者 60 岁及以上人口比例达到 10%,称为进入老年型社会。"六普"数据显示,2010 年,河南省常住人口中,60 岁及以上人口为 1197 万人,占比 12.73%。与 2000 年"五普"相比,0~14

岁人口的比重下降 4.94 个百分点，60 岁及以上人口的比重上升 2.6 个百分点。可见，人口老龄化程度不断加深。

四、流动人口规模庞大

在计划生育服务管理中，流动人口是指离开户籍所在地的县（市、区），以工作、生活为目的异地居住的成年育龄人员。2013 年，河南省流动人口 1029.9 万人。其中跨省流动人口 853.8 万人，占流动人口的 83%；省内流动人口 176.1 万人，占流动人口的 17%。流动人口中，男性 623.7 万人，占流动人口的 60.56%，女性 406.3 万人，占流动人口的 39.44%；流动育龄人口 933.8 万人，其中流入育龄人口占 12.25%，流出育龄人口占 87.75%；育龄女性 395.3 万人，占 42.33%，其中，流出育龄女性占 37.41%，流入育龄女性占 4.92%；已婚育龄妇女 286.3 万人，占 30.66%。2013 年，河南省流动人口数量较 2011 年增加了 54.25 万人，增长了 0.5%，其中流出增加了 41.44 万人，流入增加了 12.81 万人。河南省流动人口以流出为主，跨省流出占流出人口的 92.4%。流动人口流向分布与 2011 年相比趋于平稳，全员流动人口的流向与育龄妇女的流向基本保持一致。流动人口逐渐趋于家庭化和长期化，呈现"留"而"不流"的状态。随着中原经济区的快速发展和城镇化的不断推进，河南省作为流动人口大省，引导流动人口就地就近就业，省内流动人口逐年增加。

五、人口城镇化率快速提升

城镇化率是指城镇人口占总人口的比重。2013 年末，按常住人口统计，河南省城镇人口为 4123 万人，城镇化率为 43.8%，比全国平均水平低近 10 个百分点。2000 年以来，河南省经济社会持续快速发展，城镇化水平以每年 1.6 个百分点的速度快速提高，城镇人口增长势头强劲，城市化处于高速发展期。

六、出生人口素质不断提升

1982~2012 年，河南省婴儿死亡率由 56.8‰ 下降到 6.2‰，孕产妇死亡率由 0.000832 下降到 0.000122，人口平均预期寿命由 68.52 岁提高到 74.57 岁。

七、家庭规模继续缩减

"六普"数据显示，2010 年河南省常住人口中平均每个家庭户的人口数为 3.47 人，比 2000 年减少 0.23 人，比 2010 年全国平均每个家庭户的人口数高 0.31 人。和全国一样，河南省家庭模式经历着深刻变迁。家庭规模进一步缩小，一代和二代户成为家庭户主体。家庭规模继续缩小，一方面是由于河南省坚持严格的计划生育政策；另一方面也和经济社会发展使得迁移流动人口增加、住房条件改善、年轻人婚后独立居住等因素有关。由于河南省人口迁移力度较大，形成大量留守家庭，降低了每个家庭的人口数量，家庭户规模就更小了。

总之，河南省近期人口发展面临的问题主要是人口、资源环境和经济社会发展不协调，人口分布与公共服务设施分布不对应，人口科学文化素质不能适应经济转型提高的要求，人口红利外流，出生人口性别比偏高，应对人口老龄化的物质、制度准备不足，高中、职业技术和高等教育不能满足提高人口素质的需要等。从中长期看，河南省人口总量大，对资源环境压力大的局面短期难以改变。受人口年龄结构变化和人口流动的影响，河南省人口老龄化程度将不断提高。

第二章 河南省育龄妇女生育模式与水平

生育水平是决定人口再生产过程和人口发展趋势的最主要的人口学因素。妇女生育水平的高低直接关系到人口增长速度的快慢，影响一个国家或地区总人口的规模，也反映出一个国家或地区的人口再生产类型。对生育水平的分析可以解释妇女生育的特点，借以反映人口生育潜力的实现程度；同时也有利于进行人口分析和预测，为制定和安排社会发展规划等提供可靠的人口发展依据，因此，科学地分析河南省生育水平是预测未来人口变化、制定人口政策和发展战略的重要依据。本章以"六普"数据为基础，对河南省妇女的生育情况进行基本分析。

一、河南省育龄妇女生育水平

对出生人口的分析一般采用出生人数和人口出生率。由于出生率受人口年龄和性别结构的影响，要在地区之间进行比较需要使用生育率指标。对生育水平的分析一般使用总生育率、年龄别生育率和总和生育率。需要说明的是，本书只依据"六普"汇总数据对河南省生育水平进行趋势分析。由于人口出生数据在普查当年存在一定漏报问题，本书不讨论河南省真实生育水平的高低问题，对河南省真实生育水平的认定需要结合其他资料进行评估。

（一）河南省育龄妇女生育水平分析

1. 出生人数与出生率

（1）出生人数。出生人数是人口统计中最基础、最重要的指标。一定时期内出生人数规模的大小，直接反映着一个国家或地区的人口生育趋势和水平。同时，出生人数统计质量的高低，还反映着一个国家的科技水平、经济发展水平和社会管理水平。

2009 年 11 月 1 日至 2010 年 10 月 31 日河南省 0 岁出生人口 1043852 人，其中城市、镇和农村的出生人口分别为 145411 人、171912 人、726529 人，分别占河南省出生人口总数的 13.93%、16.47%、59.60%。具体情况见表 2-1。

表 2-1 河南省分城镇乡、孩次的出生人口比重

单位：%

	地区	一孩	二孩	三孩及以上
"五普"数据	城市	83.82	15.12	1.15
	镇	71.70	25.16	3.25
	农村	59.90	35.16	5.33
"六普"数据	城市	68.87	28.14	2.98
	镇	52.93	39.48	7.59
	农村	50.78	39.01	10.21

根据"六普"长表数据计算可知，河南省出生人口中，一孩、二孩、三孩及以上的比重分别为 54.37%、37.16%、8.48%。其中，城市出生人口中一孩的比例最高，为 68.87%，可见计划生育政策在城市中落实得较好。与"五普"数据相比，一孩比重下降，反观二孩及以上的比重呈现增长趋势，尤其是农村出生人口中三孩及以上的比重从 5.33% 大幅增长到 10.21%。这说明计划生育政策在农村地区的实施虽有成效（农村出生人数下降），但多孩增长的趋势仍在继续。

河南省出生人口中，尽管孩次不同，男孩总是多于女孩。从性别比来看，河南省出生人口性别比为 127.64；按孩次分，河南省出生人口中，一孩、二孩、三孩及以上性别比分别为 118.05、133.15、177.06。由此可见，河南省出生人口性别比仍然失衡，从二孩开始陡然升高，且孩次越高，出生性别比越高。

表 2-2　河南省按城镇乡、孩次分的出生性别比

	地区	合计	一孩	二孩	三孩及以上
"五普"数据	城市	116.65	107.64	173.36	311.76
	镇	133.67	115.17	201.7	177.08
	农村	132.32	102.47	194.99	220.16
"六普"数据	城市	119.67	111.43	134.73	211.39
	镇	131.79	122.39	138.39	176.21
	农村	128.79	119.44	131.49	175.51

　　由表 2-2 可知，出生性别比农村高于城市，镇最高。在城镇化进程中，镇作为城乡之间的一个过渡，其出生性别比失衡异常严重值得我们注意。而且，从孩次上看，生育孩次越多，性别失衡越严重。与"五普"数据相比，镇、乡出生性别比有所下降；其中城、镇、乡的一孩性别比上升，二孩、三孩及以上的出生性别比下降，然而城市多孩性别比远大于镇和乡，可能由于相对于镇和乡，城市计划生育管理更为严格，部分城市夫妻可能在生育一孩时即采取 B 超等技术鉴定胎儿性别，并选择性流产进而达到生育男孩的目的。

　　（2）粗出生率。粗出生率可以清楚地反映出某一人口总体的生育强度，表示生育水平对人口总数增长的影响。"五普"时，河南省人口粗出生率为 13.07‰，而根据"六普"长表数据计算，河南省人口粗出生率为 9.85‰。人口粗出生率下降了 3.22‰，这其中可能存在普查当年出生漏报问题，但从总体上看，河南省人口出生已得到控制。

　　2. 育龄妇女人数

　　育龄妇女人数在总人口中的比重低会影响人口的生育。育龄妇女占总人口的比重越高，即表明在这个人口中育龄妇女人数的规模大，也就意味着生育职能承担者的人数规模大，由此，出生事件的发生比例就高，从而影响人口出生率的增高；反之，则相反。

　　国际上通常把 15~49 岁的妇女定为育龄妇女，不考虑这些妇女是否具有生育能力或者实际生育。从"六普"数据来看，2009 年 11 月 1 日至 2010 年 10 月 31 日河南省育龄妇女人数达到 26232341 人，其中 20~24 岁年龄段的育龄妇女最多，有 4969862 人，占河南省育龄妇女总人数的 17.91%。

　　从受教育程度来看，河南省育龄妇女具有初中学历的比重达到 70.69%，高中及以上学历的育龄妇女人数则呈现增长的态势，大学本科和研究生学历的育龄

妇女的增幅最大。这说明河南省育龄妇女整体文化程度有所提升，同时具有高学历的育龄妇女人数越来越多。而从不同年龄、不同文化程度及不同孩次的育龄妇女人数分析可知，受教育程度越高的育龄妇女生育子女越晚，并且生育孩子的数量越少。

3. 生育率

（1）一般生育率。"六普"数据表明，河南省育龄妇女的一般生育率为36.49‰，城、镇、乡的一般生育率分别为30.4‰、32.28‰、40.04‰，城市与农村育龄妇女的一般生育率相差9.64‰，河南省城乡育龄妇女生育水平的差别较大。

一般生育率虽可大致反映人口生育水平，但它又要受到育龄妇女内部年龄结构的影响。因为育龄妇女包含了较宽年龄区间的女性人口，而不同年龄层次的育龄妇女，其生育水平又有着明显的差异。以"六普"数据为例分析，河南省20岁和40岁的女性人口，她们虽然都是育龄妇女，但是在其生育水平上，40岁的育龄妇女（14.36‰）较之20岁的育龄妇女（30.79‰）就会低很多。因此，当具有高生育水平那个年龄的育龄妇女，如20岁的育龄妇女人数在全部育龄妇女中的比重较大时，就会使一般生育率水平增高；反之，就会使一般生育率水平降低。因此，我们需要从年龄别生育率对河南生育水平进行进一步分析。

（2）年龄别生育率。河南省育龄妇女在25~29岁达到年龄别生育率峰值，年龄别生育率为91.46‰，且河南省育龄妇女年龄别生育率的折线图呈近似正态分布，如图2-1所示。

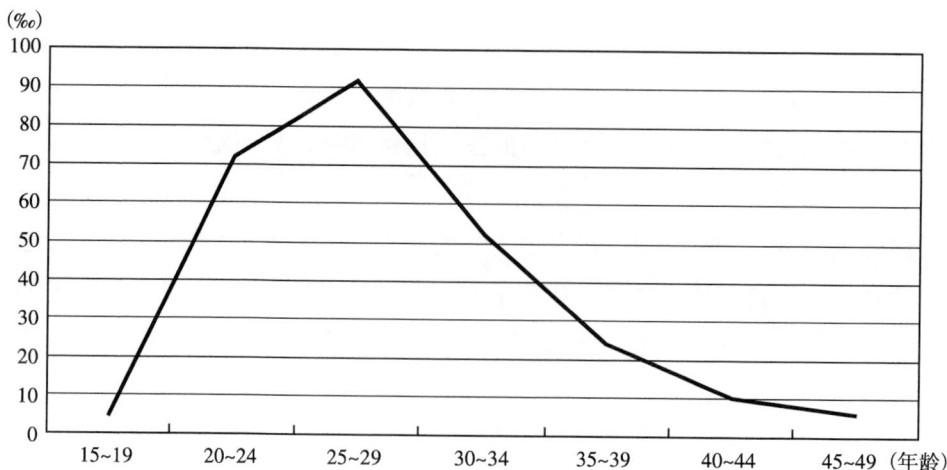

图 2-1 河南省育龄妇女年龄别生育率

表 2-3　河南省分城镇乡的年龄别生育率

单位：‰

	地区	年龄别生育率						
		15~19 岁	20~24 岁	25~29 岁	30~34 岁	35~39 岁	40~44 岁	45~49 岁
"五普"数据	河南	2.09	129.67	99.92	44.76	9.61	1.97	0.88
	城市	0.64	69.32	98.48	26.54	6.72	1.36	0.39
	镇	2.55	127.22	90.10	32.54	9.06	2.01	1.06
	农村	2.39	144.92	101.56	49.94	10.30	2.11	0.96
"六普"数据	河南	4.72	71.76	91.46	52.64	23.89	9.84	5.91
	城市	1.67	34.06	83.51	49.21	24.62	11.56	8.18
	镇	3.02	69.65	83.08	45.64	21.35	8.72	4.56
	农村	6.47	85.67	97.27	56.7	24.46	9.64	5.62

由表 2-3 中数据可知，在"五普"时，河南省育龄妇女在 20~24 岁达到生育高峰，年龄别生育率为 129.67‰，呈现年轻化，属于早育型。从"六普"情况来看，河南省育龄妇女在 25~29 岁达到生育的高峰，年龄别生育率为 91.46‰，这说明目前河南省育龄妇女生育模式转变为晚育型。

（3）总和生育率。总和生育率是一个占有重要地位的、在社会实践中具有广泛应用意义的指标。总和生育率研究平均每个妇女一生生育的子女数。

"六普"河南省育龄妇女的总和生育率为 1301.1‰，即每个妇女一生生育 1.3 个子女，与"五普"数据相比下降了 143.4‰（见表 2-4）。同时我们注意到，随着农村社会经济的发展、文化教育水平的提高以及计划生育的深入展开，农村育龄妇女的生育水平有所下降，且城乡之间的差异有所缩小。

表 2-4　河南省分城镇乡的总和生育率

单位：‰

地区	"五普"总和生育率	"六普"总和生育率
河南	1444.5	1301.1
城市	1017.25	1064.05
镇	1322.7	1180.1
乡村	1560.9	1429.15

4. 15~64 岁妇女活产子女和存活子女

根据"六普"长表数据计算可得，河南省 15~64 岁妇女存活子女数占活产子女数的百分比为 99.2%，说明河南省出生婴儿的存活率较高。从年龄上看，河南省 40~44 岁妇女活产子女数和存活子女数均最多，且妇女平均活产子女数和存活子女数也最多。按受教育程度来分，未上过学的妇女平均活产子女数和平均存活子女数最多，分别为 2.57 人和 2.53 人，而存活子女数占活产子女数的百分比则是具有高中学历的妇女最大，为 99.38%。从职业分类上看，不变分类的其他从业人员的妇女平均活产子女数和平均存活子女数分别为 1.51 人和 1.5 人，均最多，这是由于从事这一类工作的妇女有更多的时间和精力照顾子女。

（二）影响河南省育龄妇女生育水平的因素

一定时期内，人口生育水平的高低受经济、社会和人口内在因素的影响。

1. 经济因素

在影响生育水平的因素中，经济因素起着决定性的作用。

（1）生产力水平的影响。一地区的生产力水平越低，对劳动力数量的依赖程度也就越大，这会刺激人们多生育，导致生育率的提高。河南省是农业大省，典型的以第一产业为主导的产业结构，河南省的就业劳动人口仍以直接从事体力劳动为主，这一比重高达 80.32%。

（2）物质生活水平的影响。物质生活水平的高低，直接关系到人口再生产投资的高低，即从婴儿的出生到其成长为新的社会劳动力期间的费用总和，如必要支出的生活抚养费、受教育费、医疗卫生保健费等，这都促使乃至迫使人们必须根据物质生活水平调整生育意愿。从河南省实际情况看，城、镇、乡之间的生育水平存在较大差异的原因很大程度上源于城市和乡村在物质生活水平上的差距。

（3）妇女就业程度和职业差异的影响。妇女就业程度的高低对生育水平的影响，主要表现在妇女就业程度的高低对妇女在育儿的时间条件和空间条件上的影响。文化程度高的妇女就业程度较高，但随着社会竞争的加剧，女性不得不将有限的时间、精力放在工作上，从而选择晚育少育。从妇女职业差异对生育水平的影响上看，文化水平较低的妇女多数从事农、林、牧、渔、水利业等以体力劳动为主的职业，一般具有较高生育水平。

（4）流动人口的影响。为了追求更广阔的生活空间和更多创造财富的机遇，绝大多数人选择流动到其他地区，而流动人口的主体为未婚的男性青年，常年在外经商、务工使得结婚年龄推迟、生育推迟。对于女性来说也就减少了一定的生育时期，因而影响生育水平。从省际流动来看，河南省不是一个人口流入的省份，人口主要由乡村流向城镇，因此，河南省城镇出生人口比重大幅上涨。

2. 社会因素

社会因素是指在一定经济背景或经济环境条件下，反映在社会生活各个方面的因素。

（1）生育政策的影响。我国当前的计划生育政策为控制人口增长、稳定低生育水平的政策。由于生育政策对人口的发展有着直接的干预作用，因此它对人口的生育水平也就有着直接的影响。从1992年起，河南省育龄妇女的生育水平发生较大转变，从较高水平下降到了低生育水平，初步实现了生育水平的转变。

（2）育龄妇女受教育程度的影响。育龄妇女受教育程度的不同，在生育水平上有着明显的差异。受教育程度越高，妇女受传统生育观的影响小，且对生育子女上有自主决定权，同时，由于妇女接受教育时间长，也相当于缩短了生育期，因此受教育程度越高的妇女生育水平低。

（3）不同家庭结构的影响。核心家庭（由一对夫妇或一对夫妇加未婚子女构成）中，年轻夫妇独立抚养子女需要较多的时间和精力，所花费的直接成本和间接成本都很大，核心家庭更易于降低生育率。目前，河南省家庭规模逐渐小型化，并占主导地位，家庭结构进一步核心化，这都进一步促进生育率的下降。

3. 人口内在因素

人口内在因素是指人口自身引起生育行为变动的一些因素。

（1）育龄妇女年龄结构的影响。以"六普"数据为例分析，20岁和40岁的女性虽然都是育龄妇女，但是在生育水平上，40岁的育龄妇女（14.36‰）较之20岁的育龄妇女（30.79‰）就要低很多。因此，当具有高生育水平那个年龄的育龄妇女，即20岁的育龄妇女人数所占比重较大时，就会使生育水平增高。

（2）怀孕和分娩的影响。影响怀孕的中间变量有三个：不孕、避孕和绝育。近年来，由于社会竞争、就业压力及环境的恶化，患有不孕症的妇女不断增多；同时，根据国家计生委的调查，已婚育龄妇女的综合避孕率一直稳定在83%以上；2000年时，女性绝育人口比例就达到37.6%，而男性绝育人口比例占到8.9%。可见不孕、避孕和绝育的情况对生育率的下降影响十分重大。

影响分娩的因素有两个：自然流产和人工流产。近年来的调查发现，自然流产的比例节节攀升，尤其是遗传因素导致流产的比重达到60%以上。而人工流产也是越来越普遍，2012 年国家人口计生委发布的一组数据显示，我国每年人工流产多达 1300 万人次，这都成为影响生育率的重要因素。

二、河南省育龄妇女生育模式

生育模式分析，是生育率分析的一个重要组成部分。在生育率分析中人们发现，一定时期内，生育率水平的高与低不仅同相应的社会、经济及人口内在因素有密切联系，而且还与不同的生育模式有着不可分割的关系，亦即生育模式对生育水平有着十分重要的影响。

育龄妇女在什么年龄生育以及生育二孩的年龄同生育一孩的年龄之间的时间间隔的长短，这就是我们所说的生育模式。生育水平分析和生育模式分析，是生育率分析的两个不同侧面。生育模式分析既可加深对生育水平分析的认识，同时又把生育率分析推向了深入和完善。所以，生育模式分析是生育率分析的发展，是全面和深入分析生育率的一个不可或缺的组成部分。

年龄别生育率曲线直观形象地描述了育龄妇女各年龄组生育率的变化，而不同年份的年龄别生育率曲线又可以反映不同年份各年龄别育龄妇女生育水平的差异。

根据历年人口普查资料，河南省育龄妇女生育率呈现下降的趋势。"三普"时，河南省 25 岁的育龄妇女年龄别生育率最高，为 321.5‰，而近三次全国人口普查，24 岁育龄妇女的年龄别生育率最高，分别为 279.74‰、180.75‰、108.91‰（如图 2-2 所示）。我们可以看到育龄妇女的生育率曲线呈上升晚、下降早的趋势，且这种趋势变化随着人口控制越来越明显。

由图 2-3 可知，河南省小于 20 岁和大于 40 岁育龄妇女生育率较低，在 24 岁时达到生育高峰，生育率为 108.91‰，其中乡村育龄妇女生育率则最高，且时间跨度较大，为多次生育提供了条件。

此外，城市育龄妇女年龄别生育率大于 90‰的仅有 28 岁，镇有四个年龄组，即从 23 岁到 26 岁的年龄别生育率大于 90‰，乡村育龄妇女年龄别生育率大于 90‰的有七个年龄组，即从 22 岁到 28 岁。镇、乡育龄妇女生育率的折线

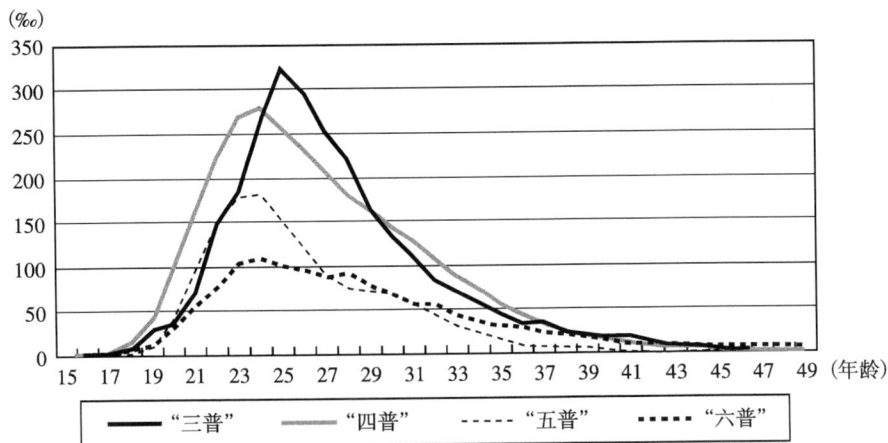

图 2-2　河南省育龄妇女年龄别生育率

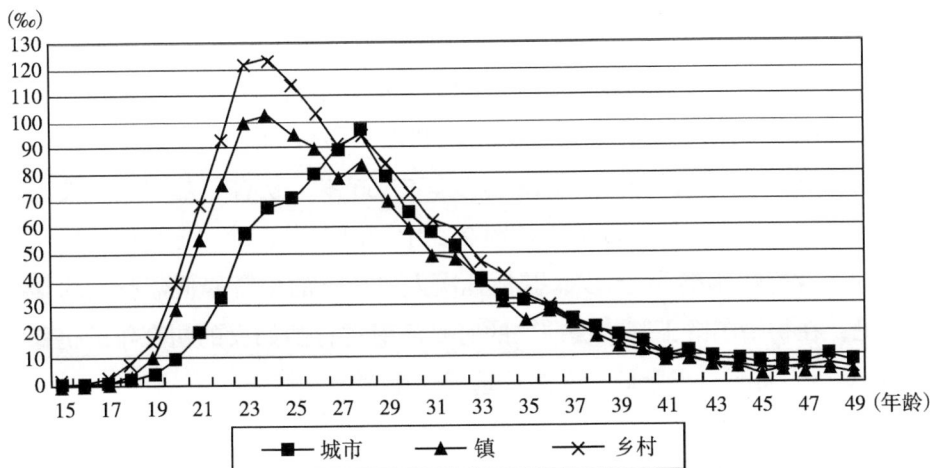

图 2-3　河南省育龄妇女分城、镇、乡年龄别生育率

图形态与河南省的基本一致，而城市育龄妇女生育率的变动明显不同于河南省、镇、乡育龄妇女的生育水平，城市育龄妇女生育峰值明显向右偏移，说明城市育龄妇女的生育高峰年龄出现较晚，在 28 岁，一般生育率为 96.48‰。

表 2-5　河南省分孩次一般生育率

单位：%；‰

	平均育龄妇女人数	孩次比重			一般生育率		
		一孩	二孩	三孩及以上	一孩	二孩	三孩及以上
"六普"数据	2538705	54.37	37.16	8.48	19.84	13.56	3.09

由表 2-5 可知,河南省平均育龄妇女人数为 2538705 人,根据长表数据计算出生人口的孩次比重和一般生育率,"六普"河南一孩、二孩、三孩及以上的生育率分别为 19.84‰、13.56‰和 3.09‰。与"五普"数据相比,河南省育龄妇女的一孩、二孩的生育率有所下降,而三孩的生育率增长了 66.13%。

综上所述,我们就河南省育龄妇女的生育模式可以得出以下结论:

1. 低生育水平

生育更替水平指同一批妇女生育子女的数量恰好能代替她们本身。一旦达到生育更替水平,出生和死亡将逐渐趋于平衡,在没有迁入与迁出的情况下,人口将最终停止增长,保持稳定状态。一般认为,总和生育率为 2.1 即达到了生育更替水平。从河南省的情况看,20 世纪 90 年代初期河南省育龄妇女的总和生育率下降到更替水平以下,进入低生育水平时期。

2. 生育率峰值年龄相对稳定

随着教育事业的发展,受教育年限的提高推迟了初婚年龄,进而推迟了初育年龄。2000 年,河南省男性和女性的平均初婚年龄分别上升为 23.84 岁和 23.27 岁;2010 年均有所下降,分别为 23.63 岁、22.66 岁。初育年龄很大程度上影响着生育模式,表现为生育率峰值。从图 2-2 中可以看出,除"三普"时河南省育龄妇女的生育峰值年龄为 25 岁,其他几次人口普查的生育峰值年龄均为 24 岁。由此可见,在初婚年龄下降(提前)的时候河南省育龄妇女的初育年龄仍稳定保持在 24 岁,表明河南省育龄妇女多数选择晚生育。

3. 生育率峰值降低

生育峰值的高低,反映着人口生育模式的特征。从图 2-2 生育率峰值来看,"四普"时河南省育龄妇女的生育率峰值为 279.74‰,"五普"时河南省育龄妇女的生育率峰值为 180.75‰,而"六普"时河南省育龄妇女的生育率峰值为 108.91‰,与"四普"时的生育率峰值相比下降了近 171 个千分点,比"五普"时下降了近 72 个千分点。生育率峰值的大幅下降,说明河南省育龄妇女的生育模式发生了极大的变化,从生育率曲线上看已经完全属于低生育模式生育曲线。

4. 生育率分布宽度缩短

从图 2-2 中可以看出河南省育龄妇女的生育率分布宽度。1982 年育龄妇女在 0.1 的生育水平下所跨越的育龄年龄区间长达 10 年;而到 2010 年河南省育龄妇女的生育率分布宽度仅为 3 年。与此同时,"六普"时河南省育龄妇女的生育率曲线与前几次人口普查时的曲线相比，上升期明显退后，下降期明显前移，表明河南省育龄妇女生育高峰期更趋于集中，育龄开始迟、结束早，曲线短而低。

5. 生育模式存在城乡差异

由于经济、社会、文化等诸多因素的影响，人们的生育行为在不同地区之间、城乡之间还存在很大差别，育龄妇女的生育模式在地区之间、城乡之间的不平均状况依然存在。由表 2-1 可知，乡村地区育龄妇女的生育孩次控制效果不太理想，多孩率还较高。图 2-3 显示，乡村育龄妇女一般生育率的峰值远远大于城市育龄妇女，表明乡村育龄妇女的生育水平高于城市育龄妇女的生育水平。从生育分布峰形及分布宽度看：乡村育龄妇女的生育峰值年龄为 25 岁，呈现左偏态分布，且生育年龄跨度大，属于早育、多育型；而城市育龄妇女的生育峰值年龄为 29 岁，且生育年龄较为集中，属于晚育、少育型。

第三章 河南省人口迁移与流动

一、研究的意义和背景

近年来，我国逐步趋强的人口迁移流动改变着地区间人口的分布。在前期河南省人口分布研究、河南省人口功能区研究和中原城市群人口功能区研究的过程中，我们深切感受到研究河南省人口迁移流动状态和规律的必要性和重要性。

人口迁移和流动的目的、方向、数量，迁移流动人口的特征，影响人口迁移流动的多层次因素分析是人口迁移、人口流动和人口再分布研究的重要内容。以人口普查和人口抽样调查数据为依据，利用人口统计学方法，研究人口迁移流动的规律，可以为促进河南省人口流动的有序化和人口空间分布的合理化提供决策依据。本书的主要内容包括河南省人口迁移流动的方向和数量、原因和规律，并据此预测其对河南省未来人口分布的影响。

二、河南省人口迁移流动的概况

1. 省际人口净流出大省

从全国格局看，流动人口主要从中西部的河南省、湖南省、四川省等流向经济发达的东部沿海城市和地区。"长三角"、"珠三角"和"京津唐"三大都市密集区是吸纳全国流动人口最多的地区，集中了全国 59.8% 的跨省流动人口。流动人口向城市群核心城市集聚的趋势明显。上海的流动人口占"长三角"流动人口的39.7%，北京的流动人口占"京津唐"流动人口的70.4%[①]。

河南省作为经济发展水平相对较低的中部农业大省，人口迁移流动长期内保持净流出状态。人口主要迁移流动到经济发达的北京、上海、广东等东部沿海地区。人口普查数据显示，1995年11月1日至2000年10月31日，河南省际人口净迁入率为-18.07‰[②]。

由于人口净流出，河南省常住人口规模小于户籍人口规模。常住人口和户籍人口的差异显示一个地区人口的净流入（流出）的状况。如果常住人口大于户籍人口，该地区为人口净流入地区；如果常住人口小于户籍人口，该地区为人口净流出地区。

2006年末，河南省户籍人口为9820万人，常住人口为9392万人。2007年末，河南省总人口达9869万人，常住人口达9360万人，常住人口比户籍人口少509万人。河南省是我国第一户籍人口大省，而广东省常住人口已达9449万人，已经成为我国第一常住人口大省。

2. 人口流动以省内流动为主

从人口流动的范围来看，1990年河南省际人口流动占20.1%，省内人口迁移流动占79.9%；2000年河南省际人口流动占23.7%，省内人口迁移流动占76.3%[③]。长距离的跨省人口流动有增长的趋势。作为流动人口主体的劳动力就业地点的分布主要在省内。2007年在省外就业的农村劳动力占15%，省内县外占5%，县内乡外占2.6%。从趋势看，省外就业的比重在不断提高，从2000年的5.9%提高到了2007年的15%（见表3-1）。

3. 省内流动人口和跨省流入人口集中分布在郑州、洛阳等地市

外来人口的多少及其与户籍人口的比能反映一个地区吸引外来人口能力的大小。省内流动人口和跨省流入人口集中分布在郑州等地市（见表3-2）。省会郑州外来人口占河南外来人口的30.71%，外来人口与户籍人口之比为1：10。郑州作为省会城市，正逐渐发挥集聚人口的功能，但与其他城市群的中心城市相比，

① 吴瑞君. 上海大都市圈人口发展战略研究［M］. 成都：四川人民出版社，2006.
② 王金营. 1995~2000年中国人口迁移和流动的流向分析［A］.//全国第五次人口普查科学讨论会论文［C］. 中国人民大学人口发展研究中心，2003.
③ 俞路. 新时期中国国内移民分布研究［M］. 上海：上海三联书店，2008.

集聚人口的功能还有待强化。

表3-1　河南农村每百个就业劳动力主要就业地点分布

单位：%

年份	2000	2001	2002	2003	2004	2005	2006	2007
乡内	88.3	84.9	82.9	83.2	82.7	79.9	78.1	77.4
县内乡外	2.9	3.4	3.9	2.1	2.0	2.5	2.8	2.6
省内县外	3.0	3.9	4.0	4.2	3.7	4.4	4.6	5.0
国内省外	5.9	7.9	9.2	10.3	11.5	13.2	14.5	15.0
国外	0.0	0.0	0.1	0.0	0.0	0.0	0.0	0.0

资料来源：《河南统计年鉴》（2007）。

表3-2　外来流动人口的地区分布

单位：人；%

地区	户籍人口数	外来人口		两项外来人口合计	户籍人口与外来人口之比	占全部外来人口比重	占来自本省其他县（市）、市区外来人口比重
		来自本省其他县（市）市区	来自省外				
郑州市	6189252	476824	141050	617874	10.02	30.71	31.05
开封市	4646002	47591	15936	63527	73.13	3.16	3.10
洛阳市	4323487	141557	47035	188592	22.93	9.37	9.22
平顶山市	4807961	89932	23727	113659	42.30	5.65	5.86
安阳市	5167961	92564	29401	121965	42.37	6.06	6.03
鹤壁市	1377890	28642	9421	38063	36.20	1.89	1.87
新乡市	5334713	77210	23750	100960	52.84	5.02	5.03
焦作市	3266510	68386	30750	99136	32.95	4.93	4.45
濮阳市	3490775	54619	21887	76506	45.63	3.80	3.56
许昌市	4413395	63895	11436	75331	58.59	3.74	4.16
漯河市	2438842	41303	6998	48301	50.49	2.40	2.69
三门峡市	2168482	68168	33648	101816	21.30	5.06	4.44
南阳市	10487625	120147	23301	143448	73.11	7.13	7.82
商丘市	8001895	28413	12155	40568	197.25	2.02	1.85
信阳市	7659814	42904	20402	63306	121.00	3.15	2.79
周口市	10378095	31199	6156	37355	277.82	1.86	2.03
驻马店市	8087690	53774	10068	63842	126.68	3.17	3.50
济源市	641482	8484	9126	17610	36.43	0.88	0.55
合计	92881871	1535612	476247	2011859	46.17	100.00	100.00

资料来源：河南省2000年人口普查资料。

4. 黄淮四市是人口流出的主要来源地

河南省流动外出人口主要来自信阳、周口、驻马店、南阳和商丘等农业大市。该区域属于传统农业区，耕地面积多、人口及劳动力资源丰富、第一产业比重大、主要农副产品产量高，但总体上基础薄弱、原始积累不足、经济增长滞后、工业化水平低、民营经济缺乏活力、财政实力弱，经济社会发展水平在河南省处于落后水平。因此在强大的人口迁移流动推拉力作用下，这些地区成为人口流动外出的主要来源地（见表3-3）。

表3-3 河南外出人口按来源地的分布

单位：人；%

地 区	外出半年以上人口	比 重
郑州市	5314	5.03
开封市	3529	3.34
洛阳市	6433	6.08
平顶山	6226	5.89
新乡市	1986	1.88
焦作市	2104	1.99
许昌市	5298	5.01
漯河市	1628	1.54
济源市	302	0.29
安阳市	4862	4.60
鹤壁市	559	0.53
濮阳市	3445	3.26
三门峡市	1458	1.38
南阳市	11395	10.78
商丘市	9493	8.98
信阳市	17568	16.62
周口市	13462	12.73
驻马店市	10658	10.08
合计	105720	100.00

资料来源：2005年1%人口抽样调查。

三、河南省人口的省际和省内迁移流动

(一) 河南省际人口迁移流动的方向和规模

1. 河南省跨省迁出人口的目的、规模、流向和空间分布

根据 2000 年第五次全国人口普查 0.95‰抽样数据中出生省和户口所在省的信息 (出生地法),可得出出生地在河南省、现户口所在地在外省的人口的地区分布状况。数据显示,河南省跨省迁移外出人口主要分布于新疆维吾尔自治区、陕西省、湖北省、安徽省、山西省和河北省 (见表 3-4)。

表 3-4　出生地在河南、现户口在外省的人口的地区分布

单位:人;%

户口所在省	人口数	比重	户口所在省	人口数	比重
北京	48	2.21	湖北	297	13.69
天津	21	0.97	湖南	13	0.60
河北	112	5.16	广东	33	1.52
山西	121	5.58	海南	20	0.92
内蒙古	25	1.15	广西	4	0.18
辽宁	37	1.71	重庆	5	0.23
吉林	17	0.78	四川	49	2.26
黑龙江	67	3.09	贵州	28	1.29
上海	11	0.51	云南	10	0.46
江苏	50	2.31	西藏	5	0.23
浙江	15	0.69	陕西	303	13.97
安徽	151	6.96	甘肃	76	3.50
福建	14	0.65	青海	43	1.98
江西	17	0.78	宁夏	34	1.57
山东	85	3.92	新疆	458	21.12

2. 河南省跨省流动外出人口的规模、流向和空间分布

促使劳动力在两地之间流动的基本因素是两地为劳动力提供的收入差距和就

业机会，而收入和就业机会的差距则是由两地经济发展的差异所造成的。从劳动
力迁移状况看，近年来中国东、中、西三大地带省际人口迁移的一个重要特点
是，中部和西部地区多数省（区、市）迁往省外的人数大于省外迁入的人数，省
际之间净迁入人数为负值；而东部地区多数省（区、市）迁往省外的人数小于省
外迁入的人数，省际之间净迁入人数为正值。河南省作为中部农业大省，与沿海
地区经济发展水平的明显差距是河南省人口净流出的根本原因。

河南省跨省流动外出人口的流动空间方向特点为：①具有明确的方向性，即
从农村到城镇、从小城镇到大城市。②具有直接跨省迁移流动到北京、"长三角"
地区和"珠三角"地区的倾向。河南省跨省流动外出人口主要流向广东省、北京
市、新疆维吾尔自治区、浙江省、江苏省、上海市等经济发展水平高的地区。新
疆维吾尔自治区作为目的地是由于历史的原因。

表 3-5　河南省跨省流动外出人口的地区分布

单位：人；%

目的地	河南跨省流出人数	占河南跨省流出人口比重
北京	334605	10.90
天津	73785	2.40
河北	105216	3.43
山西	115151	3.75
内蒙古	20972	0.68
辽宁	59358	1.93
吉林	11377	0.37
黑龙江	14946	0.49
上海	125140	4.08
江苏	165480	5.39
浙江	198906	6.48
安徽	21703	0.71
福建	61028	1.99
江西	7239	0.24
山东	99238	3.23
湖北	110657	3.60
湖南	12697	0.41
广东	1005219	32.74
广西	8999	0.29
海南	14017	0.46
重庆	7781	0.25

续表

目的地	河南跨省流出人数	占河南跨省流出人口比重
四川	17449	0.57
贵州	7134	0.23
云南	22381	0.73
西藏	3391	0.11
陕西	82553	2.69
甘肃	34236	1.12
青海	18327	0.60
宁夏	24452	0.80
新疆	286518	9.33
合计	3069955	100.00

资料来源：全国第五次人口普查数据。

3. 来自外省的迁入人口在河南省的分布

根据 2000 年第五次全国人口普查 0.95‰抽样数据中出生省和户口所在省的信息，可以得到户口在河南省、出生地在外省的人口的情况。数据显示，自外省迁入河南省的人口主要来自于山东省、四川省、湖北省、安徽省、江苏省、河北省、山西省和陕西省。

表 3-6　户口在河南省、出生地在外省的人口的来源地分布

单位：人；%

出生省	人数	比重	出生省	人数	比重
北京	21	1.72	湖北	129	10.57
天津	9	0.74	湖南	21	1.72
河北	85	6.97	广东	6	0.49
山西	67	5.49	海南	15	1.23
内蒙古	9	0.74	广西	3	0.25
辽宁	58	4.75	重庆	1	0.08
吉林	8	0.66	四川	160	13.11
黑龙江	30	2.46	贵州	24	1.97
上海	26	2.13	云南	23	1.89
江苏	67	5.49	西藏	3	0.25
浙江	11	0.90	陕西	66	5.41
安徽	115	9.43	甘肃	35	2.87
福建	3	0.25	青海	8	0.66
江西	6	0.49	宁夏	2	0.16
山东	191	15.66	新疆	17	1.39

4. 来自外省的流动人口在河南省的分布

某省跨省流入河南省的人口占全国流入河南省人口的比重反映河南省吸引外省流动人口的力度。在河南省的流动人口主要来自四川省、湖北省、陕西省、安徽省、浙江省、山东省等省份（见表3-7），表现出强烈的地缘关系。

表3-7 全国其他省跨省流入河南省人口状况

单位：人；%

地区	跨省流入河南省人口数	占跨省流入河南人口比重
北京	3278	0.69
天津	1270	0.27
河北	25097	5.27
山西	22907	4.81
内蒙古	4018	0.84
辽宁	5279	1.11
吉林	4797	1.01
黑龙江	11226	2.36
上海	1315	0.28
江苏	28598	6.00
浙江	39144	8.22
安徽	50531	10.61
福建	11691	2.45
江西	9445	1.98
山东	38452	8.07
湖北	59218	12.43
湖南	11501	2.41
广东	8905	1.87
广西	2438	0.51
海南	810	0.17
重庆	6858	1.44
四川	57820	12.14
贵州	4911	1.03
云南	4360	0.92
西藏	797	0.17
陕西	38299	8.04
甘肃	9346	1.96
青海	5199	1.09
宁夏	1416	0.30
新疆	7313	1.54
合计	476239	100.00

(二) 河南省内人口迁移流动的方向和规模

1. 河南省地级市之间的人口迁移矩阵和人口流动矩阵

河南省各个地级市之间人口迁移流动数量可以用交叉表，即人口迁移流动矩阵来反映。由于人口普查项目的限制，《河南省 2000 年人口普查资料》中只给出了来自外省的人口在各地级市之间的数据，没有给出省内人口流动矩阵。为了弥补数据的缺失，只能用简略的数据代替。

2. 河南省地级市的人口迁入和流入状况

我们以人口拉力指数和人口推力指数作为分析一个地区人口拉推力大小的指标，并据此分析河南省地级市之间的人口流入和流出的格局。

各地级市外来流动人口的数量及其占常住人口的比重，在一定程度上显示该地级市吸引外来人口的能力大小。各地级市流动外出人口的数量及其与常住人口之比则在一定程度上显示该地区促使人口外出的力量。因此我们分别把两者称为人口吸引力指数（人口拉力指数）和人口外出指数（人口推力指数），拉推力系数=拉力系数−推力系数。

四、河南省人口迁移流动模型与预测

(一) 影响河南省人口迁移流动的因素

研究人口迁移流动的规律，必须分析影响人口迁移流动的各种因素。从层次分析的角度看，这些因素包括地区因素、家庭因素和个人因素。

1. 地区因素

地区因素决定地区之间人口迁移的数量和方向，具体表现为地区间人口迁移流动矩阵。地区因素主要是地区间各种要素禀赋的差异和历史原因导致的经济社会发展水平的差异。地区之间自然条件、经济社会发展水平和科技文化水平的差距是人口迁移和流动的基本原因。差距越大，人口迁移和流动的倾向越强。2008年我国城乡居民收入比由上年的 3.33∶1 扩大为 3.36∶1，绝对差距首次超过 1 万元。

此外，城市体系也影响人口的迁移流动。由于迁移行为受迁移机会、地点和环境效应的影响，迁移活动在某些方向会比在其他方向移动得更远，从而产生迁移空间行为的方向偏移和距离偏移。一般说来，不同城市之间的迁移可能性有等级之分，大部分的迁移流在大城市之间发生，或中小城市移民流向大城市（见表 3-8）。

表 3-8　不同类型城市间移民的可能性

出发地 ＼ 目的地	小城市	中等城市	大城市
小城市	最少可能	最有可能	可能
中等城市	最少可能	可能	最有可能
大城市	最少可能	可能	最有可能

2. 家庭因素

没有子女的夫妇一般比有子女的夫妇更倾向于双双外出，而后者则更倾向于"男外出、女留守"。

3. 个人因素

个人因素包括年龄、性别、文化程度等。迁移流动的年龄选择性表现为青年人口的迁移流动性高于老年人口和少年儿童人口。

（二）河南省人口迁移流动模型

1. 建立河南省人口迁移流动模型的理论借鉴

国外的人口迁移模型主要是建立在推拉理论基础上的引力模型。传统的引力模型对人口迁移和流动影响因素的分析只考虑了目的地和来源地的人口数量、两地之间的距离，没有考虑到社会经济因素，Lowry 的经济引力模型首次以宏观经济指标来反映人口的迁移规律。国内对人口迁移模型的研究主要有段成荣

(2001) 的人口省际迁移模型[①]；严善平 (2007) 的省际人口流动模型[②] 等。这些模型试图从多层次的角度分析影响地区间人口迁移的原因，并试图建立统计模型。

2. 河南省际人口迁移流动模型

人口的跨省迁移流动是全国人口总迁移流动量的动态分配过程，因此，可应用马尔可夫过程进行预测和分析。

马尔可夫过程理论是随机过程理论的一种，它描述了这样一种过程：过程在某一时刻（或空间位置）将达到的状态，仅依赖于目前所处的状态，而与以往的状态无关；因此它描述了问题依据内在的规律而发生变化，反映了事物动态的演变过程。马尔可夫过程不仅能够描述时间序列的变动过程，也能够描述结构变动的过程。因此，马尔可夫过程为我国省际间人口迁移流动的动态分析提供了有效的依据。我们的目的是利用数学模型模拟：①河南人口迁移流动到外省的方向和规模。②外省人口迁移到河南的规模。

3. 河南省内人口迁移流动模型

从研究方法看，运用马尔可夫链模型，根据多次人口普查和人口抽样调查资料中市际间人口迁移的流量流向数据，建立河南市际间人口迁移的流量流向概率矩阵，进而分析和预测省内人口迁移和流动的状况，描述省内人口迁移和地区分布变化的动态过程，是理想的方法。但由于没有相关的调查数据，只能使用各地级市现有流动人口的数据和流动外出人口的数据作为分析的依据。在此我们以河南省分地级市外来人口比重（拉力系数）和外出人口比重（推力系数）作为因变量，以民生指数为自变量，分析拉推力系数与民生指数的关系。民生指数根据教育、就业、收入分配、社会保障、医疗卫生和社会安全等指标计算。具体数据见表 3–9 和表 3–10。

表 3–9 河南省各省辖市民生指数及位次

地区	总指数	位次	教育指数	位次	就业指数	位次	收入分配指数	位次	社会保障指数	位次	医疗卫生指数	位次	社会安全指数	位次
郑州市	1.742	1	3.384	1	-0.824	17	2.23	1	0.97	4	3.682	1	0.852	18
开封市	1.478	3	2.679	3	0.414	7	1.468	12	0.878	5	1.797	12	1.653	7
洛阳市	1.403	4	2.327	5	0.522	4	1.508	11	0.258	11	2.271	6	1.522	8

---

① 段成荣. 中国省际人口迁移研究 [M]. 北京：海潮出版社，2001.
② 严善平. 中国省际人口流动的机制研究 [J]. 中国人口科学，2007 (1).

续表

地区	总指数	位次	教育指数	位次	就业指数	位次	收入分配指数	位次	社会保障指数	位次	医疗卫生指数	位次	社会安全指数	位次
平顶山市	0.941	12	1.912	6	0.133	9	1.426	14	-1.22	14	2.085	9	1.174	15
安阳市	1.177	7	0.947	10	0.518	5	1.654	7	0.579	7	2.175	8	1.401	12
鹤壁市	0.884	13	0.544	17	0.621	2	1.775	5	-1.33	17	2.465	3	1.265	13
新乡市	1.554	2	2.948	2	0.518	6	1.622	8	0.416	10	2.222	7	1.407	11
焦作市	1.242	5	2.527	4	0.324	8	1.912	2	-1.28	15	2.377	4	1.259	14
濮阳市	1.214	6	0.512	18	0.732	1	1.350	16	1.341	1	2.022	10	1.903	6
许昌市	1.032	10	1.121	8	-0.654	16	1.847	4	1.211	2	1.617	13	1.449	10
漯河市	1.031	11	0.597	16	-0.087	10	1.699	6	1.035	3	1.901	11	1.500	9
三门峡市	1.080	9	0.621	15	0.531	3	1.533	9	0.570	8	2.355	5	1.048	16
南阳市	0.761	15	0.961	9	-0.286	12	1.527	10	-0.68	12	1.493	14	2.003	4
商丘市	0.578	17	0.649	14	-0.356	13	1.295	17	-1.44	18	1.484	15	2.536	2
信阳市	0.558	18	0.737	12	-0.397	14	1.468	13	-1.29	16	1.267	16	2.003	5
周口市	0.643	17	0.776	11	-0.621	15	1.278	18	-1.19	13	1.236	18	3.507	1
驻马店市	0.769	14	0.728	13	-0.891	18	1.354	15	0.661	6	1.248	17	2.443	3
济源市	1.152	8	1.337	7	-0.196	11	1.907	3	0.547	9	2.503	2	0.854	17

资料来源：河南省统计局《民生统计监测方法研究》。

表 3-10 河南拉推力系数和民生指数

地　区	拉力系数1	推力系数	拉—推差	民生指数
郑州市	7.7	0.58	7.12	4.924
开封市	1.02	2.96	-1.94	3.859
洛阳市	3.27	2.52	0.75	4.238
平顶山市	1.87	2.33	-0.46	3.73
安阳市	1.79	3.48	-1.69	4.026
鹤壁市	2.08	2.1	-0.02	4.183
新乡市	1.45	2.33	-0.88	4.094
焦作市	2.09	1.1	0.99	4.254
濮阳市	1.56	1.59	-0.03	4.213
许昌市	1.45	2.39	-0.94	3.899
漯河市	1.69	2.84	-1.15	4.14
三门峡市	3.14	0.93	2.21	4.19
南阳市	1.15	0.84	0.31	3.627
商丘市	0.36	1.92	-1.56	3.407
信阳市	0.56	1.49	-0.93	3.611
周口市	0.3	2.66	-2.36	3.513
驻马店市	0.66	3.45	-2.79	3.441
济源市	1.32	0.9	0.42	4.556

拉推力系数（y）和民生指数（x）的相关回归分析显示，两者的相关程度高（相关系数为 0.778）。民生指数大的地区拉推力系数大，吸引外来人口的能力强，人口流动外出倾向低，是集聚流动人口的地区；民生指数小的地区拉推力系数小，吸引外来人口的能力弱，人口流动外出倾向高，是流动人口的来源地区。

回归方程为：y = 4.018 + 0.14x

Adjusted R Square = 0.58

（三）考虑人口迁移流动后的河南省未来人口分布预测

自 1990 年以来我国人口迁移和流动进入了快速增长时期，农业生产方式的变革也深刻影响着作为农业大省的河南省人口的分布格局。根据考虑人口自然变动、迁移变动和人口功能区政策影响等因素的人口预测，2020 年中原城市群的人口总量将达到 6000 万人。人口在中原城市群九个城市的分布见表 3-11。

表 3-11　考虑自然变动、迁移变动和政策影响的 2020 年河南人口预测

单位：万人；平方千米；人/平方千米

地　区		2007 年人口数	仅考虑自然变动的 2020 年人口预测数	考虑自然变动、迁移变动的 2020 年人口预测数	考虑自然变动、迁移变动和政策影响的 2020 年人口预测数	土地面积	2020 年人口密度
	河南省	9869	10700			167000	
中原城市群	郑州市	660	715.57	1388.63	1263.47	7446	1696.84
	开封市	481.82	522.39	536.68	806.32	6444	1251.27
	洛阳市	650.45	705.22	863.57	1193.27	15200	785.05
	平顶山	498.52	540.49	576.95	636.96	7882	808.12
	新乡市	557.89	604.87	682.33	682.33	8169	835.27
	焦作市	344.92	373.96	471.25	471.25	4071	1157.58
	许昌市	454.41	492.67	496.61	556.48	4996	1113.85
	漯河市	255.69	277.22	279.76	279.76	2617	1069.01
	济源市	67.77	73.48	83.79	83.79	1931	433.92
	小计	3971.46	4305.87	5379.55	5973.63	58756	1016.68
其他城市	安阳市	539.43	584.85	663.59	663.59	7413	895.17
	鹤壁市	145.1	157.32	181.31	181.31	2182	830.93
	濮阳市	361.32	391.74	445.42	445.42	4266	1044.12
	三门峡市	222.89	241.66	284.07	284.07	10496	270.65

续表

地　区		2007年人口数	仅考虑自然变动的2020年人口预测数	考虑自然变动、迁移变动的2020年人口预测数	考虑自然变动、迁移变动和政策影响的2020年人口预测数	土地面积	2020年人口密度
其他城市	南阳市	1085.48	1176.88	1054.41	874.65	26600	328.82
	商丘市	824.37	893.78	683.49	563.63	10704	526.56
	信阳市	798.57	865.81	532.81	383.01	19541	196.00
	周口市	1081.26	1172.31	837	807.04	11959	674.84
	驻马店市	844.23	915.32	725.85	546.21	15083	362.14
小计		5902.66	6399.68	5407.94	4748.92	108244	438.72

预测方法和依据如下：

1. 结合相关政策进行预测

根据河南省人口发展战略研究对未来人口发展50年的预测（总和生育率1.65、年均自然增长率控制在6.5‰以内、死亡率按年均6.42‰计算），2020年河南省人口将达到1.07亿人。假设各市人口按相同的增长速度增长，在不考虑人口迁移和流动的情况下，中原城市群2020年人口预计为4305.87万人。

2. 城镇化水平预测

2007年河南省城镇化率为34.3%，比2000年的23.2%增长11.1%，年平均增长1.59个百分点。考虑到河南省各项加快城镇化措施的实施和国家人口功能区规划的要求，预计2020年河南省人口城镇化率为55%，城镇人口将达到5885万人，比2007年城镇人口3389万人增加2496万人。

3. 流动人口预测

（1）省际人口流动。2007年河南省跨省外出人口为509万人（户籍人口9869万人，常住人口9360万人）。根据河南省未来社会经济发展和北京、"珠三角"、"长三角"等河南省人口外出地的人口承载状况，预计到2020年河南省际人口迁移和流动基本平衡。

（2）省内人口流动状况。根据2005年1%人口抽样调查数据，2005年河南省内流动人口接近300万人。考虑流动人口增加的趋势、本地化政策的实施和流动人口主要集中在城市的因素，两者相抵消，省内城市流动人口将稳定在300万人。如果将跨省回流的500万人口和省内300万人流动人口视为城镇人口，2020

年城镇人口比 2007 年增加的数量将达到 2996 万人。

4. 吸引来自本省其他县（市）、市区外来人口能力指数的构造和计算

一个地区吸引外来人口的能力取决于经济社会发展水平等多种因素。人口迁移的推拉理论认为人口迁移是由一系列"力"引起的，一部分为推力，另一部分为拉力。人口迁移是迁出地的推力或排斥力和迁入地的拉力或吸引力共同作用的结果。影响迁移行为的因素可概括为四个方面：①与迁入地有关的因素；②与迁出地有关的因素；③各种中间障碍；④个人因素。

一个地区吸引外来人口的能力大小直接表现为外来人口占本地区常住人口的比重。"长三角"、"珠三角"和北京等地区外来人口的集聚从本质上取决于这些地区吸引力的大小。由此我们构造了吸引来自本省其他县（市）、市区外来人口能力指数以反映一个地区吸引省内外来人口能力的大小。

在此，我们根据 2000 年人口普查数据和 2005 年 1% 人口抽样调查数据中各省辖市"来自本省其他县（市）、市区外来人口"计算吸引来自本省其他县（市）、市区外来人口能力指数（见表 3-12）。

吸引来自本省其他县（市）外来人口能力指数（%）=

$$\frac{\text{本市吸引来自本省其他县（市）外来人口数量}}{\text{全省各市吸引来自本省其他县（市）人口总量}} \times 100\%$$

表 3-12　各市吸引来自本省其他县（市）、市区外来人口能力指数

单位：人；%

地区　　时间	2000 年	2005 年	合计	比重
郑州市	476824	720000.00	1196824.00	25.16
开封市	47591	134848.48	182439.48	3.84
洛阳市	141557	387727.27	529284.27	11.13
平顶山	89932	237727.27	327659.27	6.89
新乡市	77210	132121.21	209331.21	4.40
焦作市	68386	175303.03	243689.03	5.12
许昌市	63895	185303.03	249198.03	5.24
漯河市	41303	62727.27	104030.27	2.19
济源市	8484	23787.88	32271.88	0.68
安阳市	92564	226515.15	319079.15	6.71
鹤壁市	28642	35454.55	64096.55	1.35
濮阳市	54619	158787.88	213406.88	4.49

续表

地区＼时间	2000 年	2005 年	合计	比重
三门峡市	68168	63636.36	131804.36	2.77
南阳市	120147	228030.30	348177.30	7.32
商丘市	28413	47272.73	75685.73	1.59
信阳市	42904	240757.58	283661.58	5.96
周口市	31199	43484.85	74683.85	1.57
驻马店市	53774	116818.18	170592.18	3.59
合计	1535612	3220303.03	4755915.03	100.00

资料来源：2000 年数据为第五次全国人口普查数据，2005 年数据根据 2005 年 1%人口抽样调查数据计算。

2020 年各省辖市吸引来自本省其他县（市）外来人口数量＝2007~2020 年全省增加城镇人口数×吸引来自本省其他县（市）外来人口能力指数。

5. 计算外出指数

根据所掌握的数据，在此以 2005 年 1%人口抽样调查数据中"外出半年以上人口数"为依据。

$$外出指数（\%）＝\frac{本省辖市外出半年以上人口数}{各省辖市外出半年以上人口总数}×100\%$$

2020 年外出人口数量＝2007~2020 年河南增加城镇人口数×外出指数。

6. 未考虑人口功能区政策因素的 2020 年各省辖市迁移流动完成后的人口数量

迁移完成后的 2020 年人口数＝2007 年人口数＋吸引来自本省其他县（市）外来人口数量－外出人口数量

预测结果表明，按照未来的人口自然增长和迁移流动增长的趋势，到 2020 年，中原城市群将吸纳来自本省其他区域的 991.73 万人，成为人口总量达到 5379.55 万人的人口集聚区（见表 3-13）。

表3-13　考虑人口自然增长、人口迁移流动、未考虑人口功能区政策因素的2020年各省辖市迁移流动完成后的人口数量

单位：万人；%

地区		2007年人口数	占2007年人口比重	仅考虑自然变动的2020年人口预测数	吸引来自本省(市)、其他县(市)市区外来人口能力指数	吸引来自本省(市)、其他县(市)市区外来人口数量	外出半年人口占户籍人口比重	外出人数	外出指数	转移出人口	净移入(+)出(-)人口	考虑自然增长、迁移增长的2020年人口预测数
河南省		9869.00	100.00	10700.00			11.19	82.31	5.43	162.70	591.10	1388.63
中原城市群	郑州市	735.60	7.45	797.54	25.16	753.79	10.58	50.98	3.36	100.76	14.29	536.68
	开封市	481.82	4.88	522.39	3.84	115.05	13.62	88.59	5.84	175.11	158.35	863.57
	洛阳市	650.45	6.59	705.22	11.13	333.45	17.25	85.99	5.67	169.97	36.45	576.95
	平顶山	498.52	5.05	540.49	6.89	206.42	4.93	27.50	1.81	54.36	77.46	682.33
	新乡市	557.89	5.65	604.87	4.4	131.82	8.23	28.39	1.87	56.11	97.29	471.25
	焦作市	344.92	3.49	373.96	5.12	153.40	17.04	77.43	5.11	153.05	3.94	496.61
	许昌市	454.41	4.60	492.67	5.24	156.99	12.48	31.91	2.11	63.07	2.54	279.76
	漯河市	255.69	2.59	277.22	2.19	65.61	7.51	5.09	0.34	10.06	10.31	83.79
	济源市	67.77	0.69	73.48	0.68	20.37						
	小计	4047.05	41.01	4387.83	64.65	1936.91		478.20	31.55	945.19	991.73	5379.55
其他城市	安阳市	539.43	5.47	584.85	6.71	201.03	11.47	61.87	4.08	122.29	78.74	663.59
	鹤壁市	145.10	1.47	157.32	1.35	40.45	5.74	8.33	0.55	16.46	23.98	181.31
	濮阳市	361.32	3.66	391.74	4.49	134.52	11.32	40.90	2.70	80.84	53.68	445.42
	三门峡市	222.89	2.26	241.66	2.77	82.99	9.21	20.53	1.35	40.58	42.41	284.07
	南阳市	1085.48	11.00	1176.88	7.32	219.31	15.93	172.92	11.41	341.78	-122.47	1054.41
	商丘市	824.37	8.35	893.78	1.59	47.64	15.83	130.50	8.61	257.94	-210.30	683.49
	信阳市	798.57	8.09	865.81	5.96	178.56	32.41	258.82	17.07	511.57	-333.00	532.81
	周口市	1081.26	10.96	1172.31	1.57	47.04	17.89	193.44	12.76	382.34	-335.30	837.00
	驻马店市	844.23	8.55	915.32	3.59	107.56	17.80	150.27	9.91	297.02	-189.47	725.85
	小计	5902.66	59.81	6399.68	35.35	1059.09		1037.57	68.45	2050.82	-991.73	5407.94

7. 考虑人口功能区政策实施影响人口迁移流动的人口预测数

我国已从七个方面提出若干大的政策和制度框架，以积极促进人口发展功能区的形成。这些政策的实施，将促使人口限制区、人口疏散区和人口稳定区的人口向人口积聚区迁移和流动。由于中原城市群主要是人口集聚区，随着引导人口积聚的就业、教育、医疗卫生、社会保障等政策的实施，内部各城市对人口的吸引能力会不断提高，人口外出的力度将不断降低。中原城市群内部的人口城市化主要表现为本地城市化。所以对各市的吸引力指数和外出指数进行调整。

（1）将中原城市群内各市吸引力指数调高，将城市群外各城市的吸引力指数调低，依据是人口功能区政策影响、各市 GDP 承载潜力。南阳和黄淮四市由于 GDP 承载能力超载，吸引外来人口的能力将有所降低。具体调整：信阳（−5）、驻马店（−3）、南阳（6）、商丘（−1）、周口（−1）。考虑到"郑汴洛一体化"将提高开封和洛阳的吸引力，调高开封（+7）、洛阳（+9）的吸引力指数。郑州的吸引力指数前期偏高，调低 2 个百分点。

（2）将中原城市群内部部分市外出指数调低，同时提高中原城市群外部分市的外出指数。具体调整为：将洛阳、平顶山、许昌的外出指数各调低 2 个百分点；将商丘、驻马店的外出指数各调高 3 个百分点。

考虑人口自然变动、人口迁移流动和人口功能区政策影响的人口预测结果表明：2020 年中原城市群人口总量将达到 5973 万人。需要指出的是，我们使用的吸引力指数和外出指数是 2000 年和 2005 年的数据。未来时期各城市的吸引力指数和外出指数的变动，取决于各市所在区域的功能划分和其经济社会发展在河南省格局中的地位。

第四章 河南省人口城镇化与空间分布

一、河南省人口的地区分布

(一) 河南省人口的分布密度

新中国成立以来，河南人口密度随人口的增长而不断提高。1953 年第一次人口普查时，人口密度为每平方千米 265 人，1964 年增加到 306 人，1982 年增加到 446 人，1990 年增加到 518 人，2000 年增加到 554 人。2010 年河南人口密度按常住人口为 563 人/平方千米，按户籍人口为 625 人/平方千米（如图 4-1 所示）。

(人/平方千米)

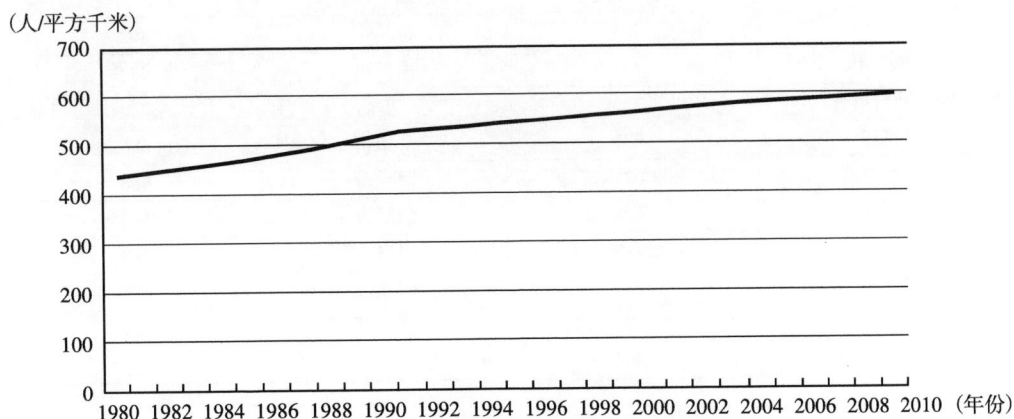

图 4-1 1980~2010 年河南人口密度

国际上一般把人口密度分为四个等级。第一级：人口密集区（>100人/平方千米）；第二级：人口中等区（25~100人/平方千米）；第三级：人口稀少区（1~25人/平方千米）；第四级：人口极稀区（<1人/平方千米）。2010年河南省各市的人口密度都大于200人/平方千米，所以河南省是人口相对密集的地区（如图4-2所示）。

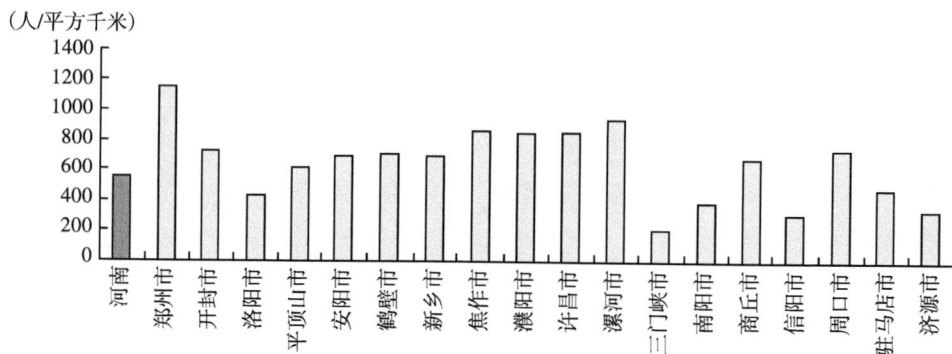

图4-2　河南各地市的人口密度

分地区看，郑州是河南省人口最密集的地区，其人口密度为1159人/平方千米，超过了1000人/平方千米；其次是漯河，人口密度为937人/平方千米。另外，三门峡、南阳、信阳和济源四个地市的人口密度不到400人/平方千米，三门峡的人口密度最小，仅为213人/平方千米（见表4-1）。

表4-1　河南省各地市按常住人口计算的人口密度

单位：人/平方千米

地 区	人口密度	地 区	人口密度
河　南	563	许昌市	862
郑州市	1159	漯河市	937
开封市	726	三门峡市	213
洛阳市	431	南阳市	386
平顶山市	621	商丘市	688
安阳市	698	信阳市	313
鹤壁市	719	周口市	749
新乡市	699	驻马店市	479
焦作市	870	济　源	350
濮阳市	844		

（二）河南省人口的城乡分布

2010 年河南省的总人数为 94029939 人，其中城市人口为 18331493 人，占总人口的 19.50%；镇地区的人口为 17888274 人，所占比重为 19.02%；乡村人口为 57810172 人，占总人口的 61.48%。2010 年末河南省城镇化率为 38.8%，全国为 49.95%，河南比全国低 11.15 个百分点。2000 年以来，河南省的城镇化率水平和全国的差距在逐步缩小。从世界城镇化过程看，1998 年世界平均城镇化率水平为 47%，1995 年发达国家和地区为 75%，发展中国家为 38%，最不发达国家为 22%。所以，河南省绝大部分市的城镇化率水平还未达到 20 世纪末世界的平均水平。

分地区看，南阳市是河南省人口最多的地市，达到了 10263660 人，占河南省人口的 10.92%；其次是周口市，有 8953793 人，所占比重为 9.52%；郑州是河南省人口第三大城市，有 8627089 人，占河南省的 9.17%。人口最少的当属济源市，仅有 675757 人。

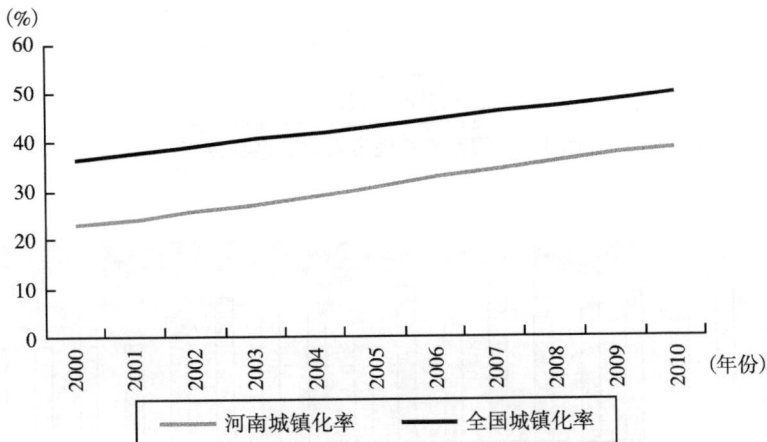

图 4-3 2000~2010 年全国和河南的城镇化率变化

从分市的城乡人口分布来看，在河南省 18 个城市中，城市人口大于乡村人口的只有郑州，其城市人口为 4638804 人，占全市人口的 53.77%，乡村人口比重为 36.51%（如图 4-4 所示）。其余 17 个地市均是乡村人口多于城市人口。在河南省 18 个地市中，城镇化率水平超过河南省平均水平的有郑州、济源、鹤壁、

焦作、三门峡、洛阳、平顶山、新乡、漯河和许昌，郑州的城市化率达到了
63.6%。城镇化率未超过河南平均水平的有周口、商丘、驻马店、濮阳、南
阳、信阳、开封、安阳，周口的城镇化率水平最低，仅为29.7%（见图4-5和
表4-2）。

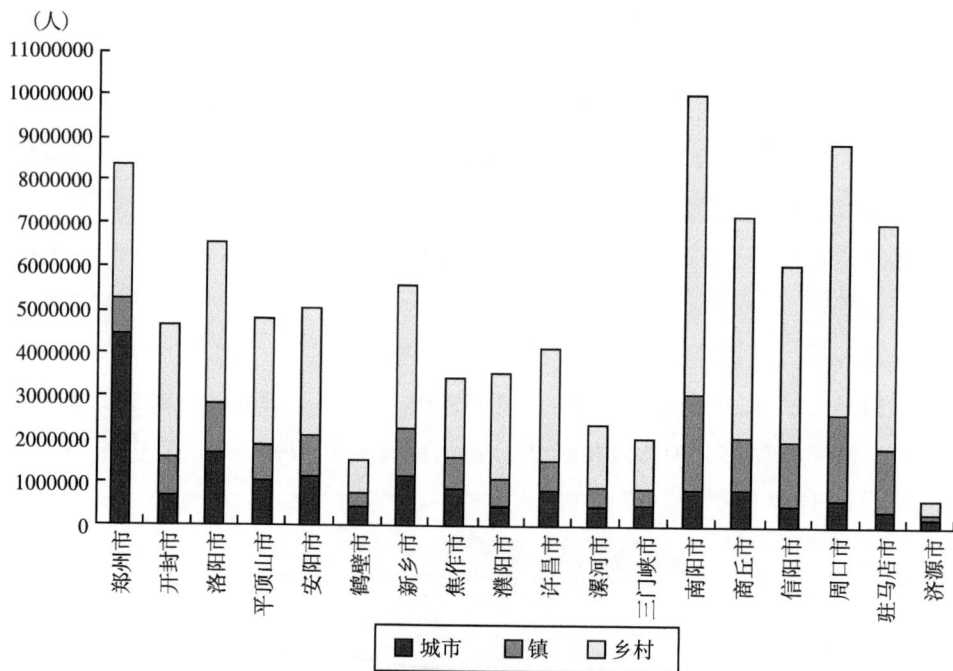

图 4-4   河南省各地市人口的城乡分布

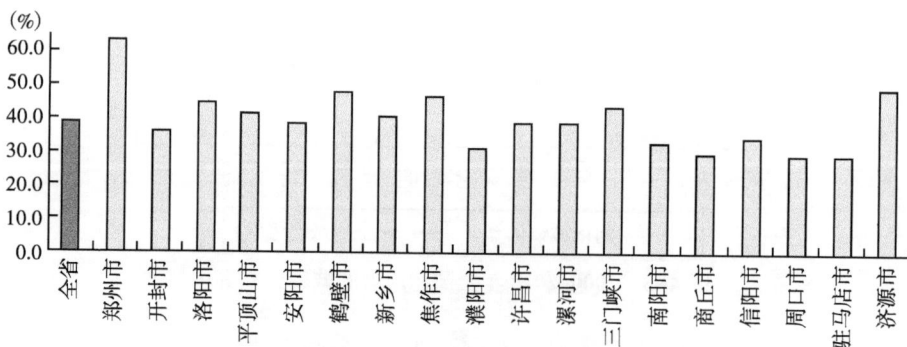

图 4-5   2010年河南省各地市的城镇化水平

表 4-2　2010 年河南省各地市的城镇化水平

单位：%

地　区	城镇化水平	地　区	城镇化水平
全省	38.8	许昌市	39.1
郑州市	63.6	漯河市	39.2
开封市	36.0	三门峡市	44.3
洛阳市	44.3	南阳市	33.0
平顶山市	41.4	商丘市	29.8
安阳市	38.6	信阳市	34.4
鹤壁市	48.0	周口市	29.7
新乡市	41.1	驻马店市	29.8
焦作市	47.1	济源市	49.4
濮阳市	31.5		

（三）河南省人口分布的集中程度

人口集中系数[①] 是反映人口相对于土地之分布均匀程度的指标。2010 年河南人口集中指数为 17.79，人口分布比较均匀。从人口分布集中系数的变动看，河南省人口有向局部地区集中的趋势，如表 4-3 所示。

表 4-3　2010 年河南省人口分布集中情况

单位：人；%；平方千米

地　区	人　口	占总人口比重	土地面积	占总面积比重	比重差绝对值
河　南	94029939	100.00	167000	100.00	0.00
郑州市	8627089	9.17	7446	4.46	4.72
开封市	4676483	4.97	6444	3.86	1.11
洛阳市	6549941	6.97	15200	9.10	2.14
平顶山市	4904701	5.22	7904	4.73	0.48
安阳市	5173188	5.50	7413	4.44	1.06
鹤壁市	1569208	1.67	2182	1.31	0.36
新乡市	5708191	6.07	8169	4.89	1.18
焦作市	3540101	3.76	4071	2.44	1.33
濮阳市	3598740	3.83	4266	2.55	1.27

---

① 人口集中系数 $c = \frac{1}{2} \sum |p_i - s_i|$，$p_i$ 为某地区人口占总人口的比重，s_i 为某地区土地面积占土地总面积的比重。该指标反映人口相对于土地分布的均匀程度。c 值越小，说明人口相对于土地分布越均匀；c 值越大，说明人口相对于土地分布越不均匀，即人口向局部区域地区的集中程度越高。

续表

地　区	人　口	占总人口比重	土地面积	占总面积比重	比重差绝对值
许昌市	4307488	4.58	4996	2.99	1.59
漯河市	2544266	2.71	2716	1.63	1.08
三门峡市	2234018	2.38	10496	6.29	3.91
南阳市	10263660	10.92	26600	15.93	5.01
商丘市	7362975	7.83	10704	6.41	1.42
信阳市	6109106	6.50	19541	11.70	5.20
周口市	8953793	9.52	11959	7.16	2.36
驻马店市	7231234	7.69	15083	9.03	1.34

二、人口迁移、流动的现状及原因

　　随着工业化、城镇化进程的加快，近年来我国各地区的"人户分离"现象越来越普遍，这将直接影响各级政府的政策制定与实施。因此，我们很有必要对"人户分离"问题进行深入研究。与"五普"相同，2010年的"六普"也这样规定，凡是离开户口登记地异地居住的人都属于"广义人户分离人口"。进一步细分，广义人户分离人口应该包含两类差别很大的人群：一类是远离家乡到"外地"经营、就业或学习的人；另一类是在一个城市市区范围内因为搬迁等原因而导致居住地与户口登记地相分离的人。前一类人口称为"流动人口"，后一类人口便是"市内人户分离人口"。

　　流动人口与市内人户分离人口在教育、婚姻、就业、迁移原因等诸多方面存在巨大的差别。从城市内部人户分离人口产生的原因看，"拆迁搬家"是最主要的，这和以"务工经商"原因为主的流动人口有着显著的区别。因此，在进行统计和分析时很有必要将城市内部人户分离人口从流动人口中剥离出来，将两者分开考虑。

　　由于户籍制度的存在，国内学者常常把人口移动区分为"人口迁移"和"人口流动"两种，发生迁移和流动行为的人则分别称为"迁移人口"和"流动人口"；从空间上来说，户口登记地发生了变化且与现住地保持一致的人口为"迁移人口"，相对应的，户口登记地与现住地不一致的称为"流动人口"。也就是说，迁移人口伴随有户口的相应变动，流动人口则没有户口的相应变动。

关于"流动人口"时间界限的确定，目前被大家普遍认可的是段成荣、孙玉晶在《我国流动人口统计口径的历史变动》一文中的观点：流动人口和人户分离人口应包括离开户口登记地半年以下或者半年以上的全部流动人口和人户分离人口，这样才能得到更完整、更接近实际的流动人口和人户分离人口。但是，河南省的"六普"数据仅提供了离开户口登记地半年及以上的"人户分离人口"，因此，本章在下面章节描述分析的均是离开户口登记地半年及以上的"人户分离人口"，不包括半年以下的"人户分离人口"。

流动人口又可以进一步细分为县内流动人口、省内跨县流动人口、跨省流动人口以及跨境流动人口。市内人户分离人口（"狭义人户分离人口"）是广义人户分离人口中非常特殊的一部分，它是一个城市的人口在同一个城市内部不同区域间的人与户口相分离的现象，近年来这种市内人户分离人口在全国各城市均显著增加。具体分类方法如图4-6所示。

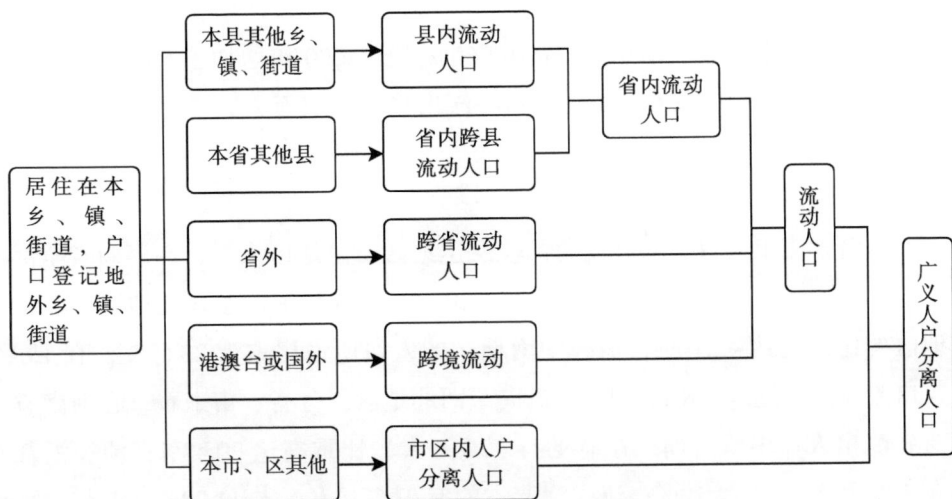

图4-6 根据户口登记状况区分的人户分离人口类型

本章依据河南省"六普"资料，对河南省流动、迁移人口进行了全面分析。首先，考察了河南省流动、迁移人口的空间分布（包括省际人口流动、省内流动人口和市区内人户分离人口，由于河南省跨国境流动人口数量比较少，本章不再讨论）；其次，分析了河南省流动、迁移人口的结构特征；再次，利用五年前常住地法简单分析了河南省人口流动、迁移的基本情况；最后，对河南省"人口流动"现象做了相关讨论。本书中用到的一些概念之间的关系如下：①省内流动人口=省内跨县流动人口+县内流动人口；②河南省广义人户分离人口=跨省流入人口+跨省流出人口+省内流动人口+本省市区内人户分离人口；③河南省内人户分离人口=河南省户口登记地在本省其他乡镇街道的人口=河南省内流动人口+本省市区内人户分离人口；④河南省户口登记地在外乡镇街道的人口=跨省流入人口+河南省户口登记地在本省其他乡镇街道的人口=跨省流入人口+省内流动人口+本省市区内人户分离人口。

（一）省际人口流动的规模及流向

随着城市化进程的加快，河南省的省际流动人口规模越来越大，且流出数量远远高于流入数量，成为我国第三大人口流出大省（仅次于安徽省和四川省）。据全国2010年"六普"资料计算，河南省际迁移、流动人口总量为922万人，总流动率为9.80%，比2000年增加了567万人。其中，河南省跨省流出人口为863万人，占河南省际流动总人口的93.60%，比2000年增加了556万人；跨省流入人口为59万人，占6.40%；省际净流出量为804万人，可见河南省的省际流动为净流出型。

1. 河南跨省人口流出情况

河南跨省流出人口大部分流向了较发达地区。分地区来看，在河南省全部跨省流出人口中，有2%流向了东北三省，20.79%的人口流向了华北地区，流往华东地区的比重高达43.16%，流往中南地区的人口所占比重为23.63%，有1.61%的人口流往西南地区，8.1%的人口流向了西北地区。分省、市来看，在河南省全部跨省流出人口中，流向广东省的有176万人，比重高达20.43%；流往浙江省的有122万人，占14.19%；流往江苏省的有102万人，占11.78%；流往北京市的有98万人，占11.36%；流往上海市的有78万人，占9.07%。流向这五个省市的人口占河南跨省流出人口的66.83%（见表4-4）。

2. 河南跨省流入人口情况

在全部跨省流入人口中，来自华北地区的人口占全部跨省流入人口的15.93%；来自东北地区的比重仅为5.39；由华东地区流入到河南省的人口比重最高，为36.97%；来自中南地区的跨省流入人口比重为18.37%；由西南地区流

表 4-4 2010 年河南省跨省流出人口的目的地分布

单位：人；%

现住地	流出人口	比重	现住地	流出人口	比重
合计	8626229	100	湖北	189654	2.20
北京	979741	11.36	湖南	45912	0.53
天津	331307	3.84	广东	1762133	20.43
河北	181149	2.10	广西	40119	0.47
山西	197438	2.29	海南	36557	0.42
内蒙古	103645	1.20	重庆	25532	0.30
辽宁	122054	1.41	四川	59436	0.69
吉林	25648	0.30	贵州	28186	0.33
黑龙江	25240	0.29	云南	41947	0.49
上海	782553	9.07	西藏	8640	0.10
江苏	1016424	11.78	陕西	160447	1.86
浙江	1224230	14.19	甘肃	57449	0.67
安徽	96612	1.12	青海	44426	0.52
福建	277933	3.22	宁夏	49339	0.57
江西	40997	0.48	新疆	386615	4.48
山东	284866	3.30			

资料来源：国务院普查办公室，国家统计局人口与就业统计司编《中国 2010 年人口普查资料》。

入到河南的人口比重为 10.26%；由西北地区流入到河南的人口比重为 10.13%。

分省市来看，由安徽省流入到河南省的有 6.1 万人，占全部跨省流入人口的 10.34%；由湖北省流入的有 6 万人，所占比重为 10.15%；由山东省流入的人口有 5 万人，所占比重为 8.29%。流入到河南省人口数量较多的有四川省、河北省、山西省，所占比重分别为 6.65%、6.53%、6.12%（见表 4-5）。可见，流入河南省人口较多的均是与河南相邻的省份，其社会经济发展程度与河南省基本相当，因此，河南省在拉动流动人口上并没有十分明显的拉力优势。邻省人口流入量之所以位居前列，主要是因为这些省份距离河南较近，即跨省人口迁流的规模大小往往同省市间的距离呈较强的正相关关系。

2010 年，在流往河南省的约 59 万外省人口中，郑州市的跨省流入人口最多，约 25 万人，占所有跨省流入人口的 42.37%。另外，跨省流入人口较多的还有洛阳、许昌、安阳。这四座城市容纳了所有跨省流入人口的 61.59%。通过以上的数据分析，我们可以发现省际间迁移、流动人口绝大部分是由经济相对落后的省份流往发达省份。一个地区的综合实力越强，就越能吸引外来人口。

表 4-5　2010 年河南跨省流入人口的来源地分布

单位：人；%

户口登记地	流入人口	比重	户口登记地	流入人口	比重
合计	592134	100.00	湖北	60084	10.15
北京	6863	1.16	湖南	24661	4.16
天津	4674	0.79	广东	16888	2.85
河北	38663	6.53	广西	7194	1.21
山西	36250	6.12	海南	3145	0.53
内蒙古	7851	1.33	重庆	14346	2.42
辽宁	8996	1.52	四川	39356	6.65
吉林	8437	1.42	贵州	11227	1.90
黑龙江	14519	2.45	云南	8826	1.49
上海	3670	0.62	西藏	1309	0.22
江苏	31668	5.35	陕西	29910	5.05
浙江	33679	5.69	甘肃	12010	2.03
安徽	61209	10.34	青海	7212	1.22
福建	20286	3.43	宁夏	2441	0.41
江西	19261	3.25	新疆	8432	1.42
山东	49067	8.29			

（二）河南省内流动人口的规模及流向

"六普"数据分析结果显示，2010 年河南省内广义人户分离人口为 9171933 人，比 2000 年增加了 445 万人，占河南省总人口的 9.75%。

从表 4-6 中可以看出，2010 年河南省内流动人口为 7445877 人，占省内广

表 4-6　2010 年河南省内流动人口的现住地分布

单位：人；%

现住地	省内流动人口	比重	现住地	省内流动人口	比重
总计	7445877	100.00	许昌市	373637	5.02
郑州市	2014130	27.05	漯河市	134381	1.80
开封市	208566	2.80	三门峡市	162343	2.18
洛阳市	597254	8.02	南阳市	710073	9.54
平顶山市	341022	4.58	商丘市	257004	3.45
安阳市	319010	4.28	信阳市	534454	7.18
鹤壁市	60901	0.82	周口市	356549	4.79
新乡市	341351	4.58	驻马店市	461134	6.19
焦作市	277368	3.73	济源市	95101	1.28
濮阳市	201599	2.71			

义人户分离人口的 81.18%，比 2000 年增加了 591 万人。分地市来看，河南省内流动人口有 2014130 人流入了郑州市，占全部省内流动人口的 27.05%；其次是南阳、洛阳、信阳、驻马店等地市，这五个城市集中了省内流动人口的 57.98%。省内流动人口数量较小的有鹤壁市、济源市和漯河市，所占比重分别为 0.82%、1.28% 和 1.80%。

2010 年河南省内流动人口大部分流向了城市地区，有 4010367 人，占所有省内流动人口的 53.86%；其次是镇地区，有 35.57% 的人流向了镇；最后只有 10.57% 的人流向了乡村。

（三）河南省市区内人户分离人口

2010 年河南省市内人户分离人口为 173 万人，比 2000 年减少了 146 万人，占全部广义人户分离人口的 18.82%。分性别来看，几乎所有地市的市内人户分离人口均是女性多于男性。这一现象就是我国的"男婚女嫁"在人口流动上的具体表现。换句话说，正是女性在结婚之后往往跟随丈夫居住这一特点，造成了市区内人户分离女性多于男性这一现象（见表 4-7）。

表 4-7　2010 年河南省市内人户分离人口的分布状况

单位：人

现住地	市区内人户分离	男	女
总计	1726056	845702	880354
郑州市	444934	216944	227990
开封市	102033	49019	53014
洛阳市	188553	92346	96207
平顶山市	122576	61679	60897
安阳市	127203	61619	65584
鹤壁市	39149	19527	19622
新乡市	86192	42208	43984
焦作市	87985	43249	44736
濮阳市	57447	28495	28952
许昌市	63129	30330	32799
漯河市	47852	23979	23873
三门峡市	18120	8847	9273
南阳市	140140	70784	69356
商丘市	50424	24377	26047

续表

现住地	市区内人户分离	男	女
信阳市	94760	45239	49521
周口市	26101	12628	13473
驻马店市	29458	14432	15026
济源市	0	0	0

资料来源：河南省人口普查办公室编《河南省 2010 年人口普查资料》。

郑州市、洛阳市、南阳市、安阳市集中了较多的市内人户分离人口，这些地市的市内人户分离人口在河南省市内人户分离总人口中所占比例均在 7%以上，其中，郑州市的人户分离人口比重高达 25.78%。

（四）河南省户口登记地在外乡镇街道的人口流动方向

在 891188 名户口登记地在外乡镇街道的人口中，有 63.23%流向了河南省城市地区，27.31%流向了河南镇地区，仅有 9.46%的人口流向了河南乡村地区。在流往河南省城市地区的户口登记地在外乡镇街道的全部人口中，户口登记地为街道的人口所占比重最高，为 40.13%，其次是户口登记地为乡的人口，比重为 27.82%，另外，现住在城市的人口还有 23.68%来自镇的村委会，仅有 8.37%来自镇的居委会。在流往河南省镇地区的户口登记地在外乡镇街道的全部人口中，有 46.65%的人口其户口登记地为乡，28.10%的人口其户口登记地为镇的村委会，还有 15.49%和 9.76%的人口来自镇的居委会和街道。在流往河南省乡村地区的户口登记地在外乡镇街道的全部人口中，户口登记地类型为乡的人口所占比重最高，为 42.48%，其次为镇的村委会，比重为 31.93%，另外，流往乡村的人户分离人口仅有 25.59%来自街道和镇的居委会（见表 4-8 和表 4-9）。

表 4-8 2010 年河南省按现住地划分的户口登记地在外乡镇街道的人口绝对数

现住地	合计	户口登记地			
		乡	镇的居委会	镇的村委会	街道
总计	891188	306126	93830	228748	262484
城市	563486	156754	47165	133434	226133
镇	243403	113558	37701	68400	23744
乡村	84299	35814	8964	26914	12607

资料来源：河南省人口普查办公室编《河南省 2010 年人口普查资料》。

表 4-9 2010 年河南省户口登记地在外乡镇街道人口的户口类型分布

单位：%

现住地	合计	户口登记地			
		乡	镇的居委会	镇的村委会	街道
总计	100.00	34.35	10.53	25.67	29.45
城市	100.00	27.82	8.37	23.68	40.13
镇	100.00	46.65	15.49	28.10	9.76
乡村	100.00	42.48	10.63	31.93	14.96

户口登记地在河南省外乡镇街道的全部人口，有 34.35% 的人口其户口登记地为乡，比重最高；其次有 29.45% 的人户分离人口其户口登记地为街道，还有 25.67% 的人口来自镇的村委会，仅有 10.53% 的人户分离人口其户口登记地为镇的居委会。户口登记地为乡的外乡镇街道人口有 51.21% 流向了城市，37.10% 流向了镇地区，另外还有 11.70% 流往乡村。在户口登记地为街道的全部外乡镇街道人口中，流往城市的人口比重高达 86.15%，仅有 9.05% 和 4.80% 的人口分别流向了镇地区和乡村。户口登记地为镇村委会的外乡镇街道人口有 58.33% 流向了城市，29.90% 流向了镇地区，11.77% 流向了乡村。在户口登记地为镇居委会的外乡镇街道人口中，有 50.27% 流向了城市，40.18% 流向了镇地区，仅有 9.55% 流向了乡村（见表 4-10）。

表 4-10 2010 年户口登记地在河南省外乡镇街道的人口现住地分布

单位：%

现住地	合计	户口登记地			
		乡	镇的居委会	镇的村委会	街道
总计	100.00	100.00	100.00	100.00	100.00
城市	63.23	51.21	50.27	58.33	86.15
镇	27.31	37.10	40.18	29.90	9.05
乡村	9.46	11.70	9.55	11.77	4.80

（五）基于"出生地法"的河南迁移、流动人口

"出生地法"的原则：出生地和现住地不一致的人口就是迁移、流动人口。采用"出生地法"来分析流动、迁移人口有很多缺陷，例如，出生地法不能反映人口迁移发生的时间，出生地法假定所有出生地与登记地一致的人均为非迁移

者，这很可能与事实不符。但是出生地法操作简单，便于调查人员询问，同时也便于被调查者理解、回忆和回答。因此，我们有必要分析出生地法下的人口流动、迁移情况。

1. 跨省迁入、流入河南省人口的出生地分布情况分析

根据出生地法，河南省出生地在外乡镇街道的流动、迁移人口有 9224288 人，出生地在县（市、区）的有 8558134 人，占 92.78%，出生地在本省其他县（市、区）的有 556063 人，占 6.03%，出生在外省的有 110091 人，占 1.19%。

迁移、流动到河南省的人口较多的有山东省、湖北省、四川省、安徽省、河北省，这五个省份的流动、迁移人口占全部跨省流入、迁入人口的 47.11%（见表 4-11）。

表 4-11 2010 年跨省流入、迁入河南的人口出生地分布

单位：人；%

出生地	人数	百分比	出生地	人数	百分比
合计	110091	100.00	湖北	10775	9.79
北京	1276	1.16	湖南	3918	3.56
天津	685	0.62	广东	1968	1.79
河北	8636	7.84	广西	1259	1.14
山西	5407	4.91	海南	320	0.29
内蒙古	1246	1.13	重庆	1372	1.25
辽宁	4071	3.70	四川	9205	8.36
吉林	2137	1.94	贵州	1881	1.71
黑龙江	3935	3.57	云南	2064	1.87
上海	1219	1.11	西藏	196	0.18
江苏	5836	5.30	陕西	6167	5.60
浙江	3462	3.14	甘肃	2739	2.49
安徽	8851	8.04	青海	887	0.81
福建	2001	1.82	宁夏	346	0.31
江西	2053	1.86	新疆	1715	1.56
山东	14397	13.08	港澳台	67	0.06

2. 河南省各地市的不同出生地人口分布

出生在省外的人口有 30.24% 流入了郑州市，12.46% 流入了洛阳市，10.71% 流入了濮阳，这三个地市容纳了所有跨省迁流人口的 53.41%。

出生在本省其他县区的人口有 38.87% 流入了郑州，9.51% 流入了洛阳，

6.19%流入了平顶山市,这三个地市容纳了所有省内跨县迁流人口的54.57%(见表4–12)。

表4–12 河南省各地市的不同出生地分布情况

单位:人

现住地	出生地			
	合计	省内		省外
		本县市区	本省其他县市区	
总计	9224288	8558134	556063	110091
郑州市	838260	588856	216117	33287
开封市	466877	443306	19677	3894
洛阳市	656310	589692	52899	13719
平顶山市	479317	440645	34428	4244
安阳市	508583	479024	24284	5275
鹤壁市	154564	143132	10516	916
新乡市	560571	530848	25056	4667
焦作市	345506	315449	25408	4649
濮阳市	353599	323888	17925	11786
许昌市	414810	398258	14492	2060
漯河市	237231	224444	11777	1010
三门峡市	210046	191945	15178	2923
南阳市	1002163	961820	31552	8791
商丘市	724324	709486	11959	2879
信阳市	607099	586692	15371	5036
周口市	893899	880090	12258	1551
驻马店市	703987	686508	15115	2364
省直辖县级行政区划	67142	64051	2051	1040

(六)"五年前常住地法"下的河南人口流动、迁移情况

根据"五年前常住地法"的原则,流动、迁移人口是指"2005年以前常住地和现住地不一致的人口"。因此,本节仅对这一部分流动、迁移人口作一简单描述。

1. 2010年河南省各地市的流入、迁入人口

首先,在河南省各地市中,流入、迁入人口数量最多的是南阳市,占所有地市的10.66%,其次是周口市,比重为9.72%,郑州市的流入、迁入人口有78.47

万人，占所有地市的 9.22%。流入、迁入人口数量较少的有济源市、鹤壁市、三门峡市，所占比重分别为 0.74%、1.68% 及 2.33%（见表 4-13）。

表 4-13　2010 年河南省各地市的流入、迁入人口

单位：人；%

现住地	总流入、迁入人口	比重	省内其他乡镇街道的流入、迁入人口	比重	外省流入、迁入人口	比重
总计	8511822	100.00	8468669	100.00	43153	100.00
郑州市	784700	9.22	767785	9.07	16915	39.20
开封市	429656	5.05	428259	5.06	1397	3.24
洛阳市	611614	7.19	607588	7.17	4026	9.33
平顶山市	437842	5.14	436453	5.15	1389	3.22
安阳市	462568	5.43	460540	5.44	2028	4.70
鹤壁市	143094	1.68	142859	1.69	235	0.54
新乡市	515592	6.06	514229	6.07	1363	3.16
焦作市	325067	3.82	323916	3.82	1151	2.67
濮阳市	323248	3.80	321996	3.80	1252	2.90
许昌市	381931	4.49	380795	4.50	1136	2.63
漯河市	220835	2.59	220335	2.60	500	1.16
三门峡市	198731	2.33	197737	2.33	994	2.30
南阳市	907532	10.66	904682	10.68	2850	6.60
商丘市	673036	7.91	671518	7.93	1518	3.52
信阳市	558908	6.57	555871	6.56	3037	7.04
周口市	827017	9.72	825751	9.75	1266	2.93
驻马店市	647405	7.61	645696	7.62	1709	3.96
济源市	63046	0.74	62659	0.74	387	0.90

资料来源：河南省人口普查办公室编《河南省 2010 年人口普查资料》。

其次，本省其他乡镇街道的人口，有 90.47 万人流入、迁入了南阳市，占全部省内流入、迁入人口的 10.68%；有 82.58 万人流入、迁入了周口市，所占比重为 9.75%；流入、迁入到郑州市的省内其他乡镇街道人口为 76.78 万人，所占比重为 9.07%。省内其他乡镇街道人口流入、迁入量较小的有济源市、鹤壁市、三门峡市。

最后，在河南省各地市中，跨省流入、迁入人口数量最多的为郑州市，郑州市的跨省流入、迁入人口占所有地市的 39.20%，洛阳市有 9.33% 的外省流入、迁入人口，信阳市有 7.04% 的外省流入、迁入人口。

2. 跨省流入、迁入人口的五年前常住地分布

从表 4-14 中可看出，在全国各省份中，由湖北省流入、迁入到河南省的人口最多，比重达到了 9.60%，其次为安徽省和山东省，比重分别为 9.23% 和 7.82%。流入、迁入到河南省人口数较少的有西藏自治区、宁夏回族自治区、海南省等地区。

表 4-14　2010 年河南省跨省流入、迁入人口的五年前常住地分布

单位：人；%

五年前常住地	迁入河南人数	比重	五年前常住地	迁入河南人数	比重
合计	43153	100	湖北	4143	9.60
北京	1095	2.54	湖南	1838	4.26
天津	366	0.85	广东	2694	6.24
河北	2868	6.65	广西	710	1.65
山西	2350	5.45	海南	246	0.57
内蒙古	563	1.30	重庆	729	1.69
辽宁	734	1.70	四川	2431	5.63
吉林	691	1.60	贵州	758	1.76
黑龙江	1017	2.36	云南	799	1.85
上海	499	1.16	西藏	147	0.34
江苏	2085	4.83	陕西	2017	4.67
浙江	2157	5.00	甘肃	835	1.93
安徽	3982	9.23	青海	400	0.93
福建	1276	2.96	宁夏	180	0.42
江西	1194	2.77	新疆	789	1.83
山东	3373	7.82	港澳台	187	0.43

资料来源：河南省人口普查办公室编《河南省 2010 年人口普查资料》。

（七）年龄、性别结构分析

1. 跨省流入人口

总的来看，2010 年河南省的跨省流入人口中，男性占 58.12%，女性占 41.88%，且任一年龄组均是男性多于女性。分年龄来看，跨省流入人口的年龄结构特点呈现出低年龄和高年龄较少、青壮年集中的特点。有 65.01% 的外省流入人口集中在 15~39 岁，其中又以 20~24 岁的比例最高，达到 19.84%。

2. 河南省内流动人口

总的来看，河南省内流动人口中，男性占51%，女性占49%，男女性别结构基本平衡。分性别、年龄来看，首先，15~19岁、20~24岁和25~29岁这三个年龄组的省内流动人口均是女性多于男性，其他年龄组则是男性多于女性；其次，在男性流动人口中，省内流动人数最多的是15~19岁年龄组，该年龄组的男性省内流动人数占18.26%，而在女性流动人口中，省内流动人数最多的是20~24岁年龄组，所占比重为22.18%。

从图4-7中可看出，河南省内流动人口以青壮年为主体，年龄构成呈"两头少、中间多"的特征。河南省内流动人口主要集中在15~39岁年龄组，这五个年龄组集中了河南省内流动人口的64.37%，比重分别为19.01%、20.12%、8.83%、7.97%和8.45%。50岁以上的流动人口在全部省内流动人口的比重仅为11.23%。

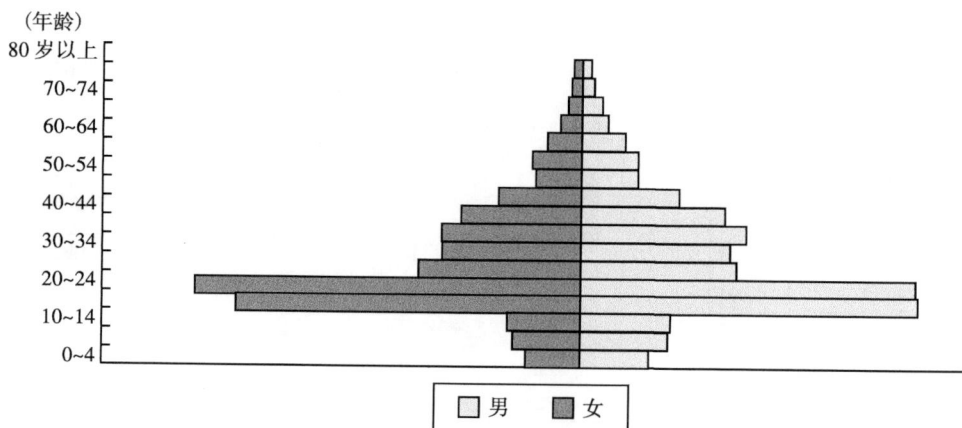

图4-7 2010年河南省内流动人口的年龄、性别构成

3. 市区内人户分离人口

总的来看，河南省市区内人户分离人口女性多于男性，女性占51%，男性占49%。

首先，2010年河南省市区内人户分离人口主要集中在15~39岁年龄组，这五个年龄组集中了44.48%的市区内人户分离人口，呈"两头少、中间多"的特征。其次，不论男女，河南省市区内人户分离人口所占比重最大的在35~39岁年龄组，该年龄组的市区内人户分离人口占所有市区内人户分离人口的11.25%。最后，15~39岁年龄组的市区内人户分离人口均是女性多于男性。

(年龄)

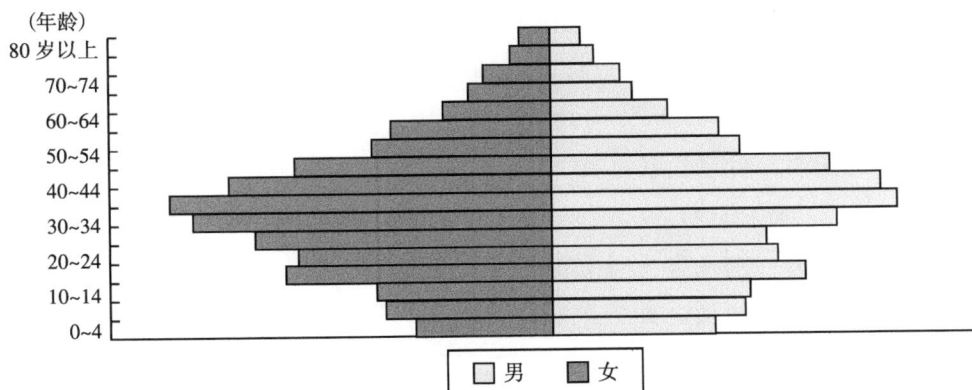

图 4-8　2010 年河南省市区内人户分离人口的年龄构成

(八) 流动原因分析

流动人口按流动原因可分为经济型流动人口和社会型流动人口两类。经济型流动人口包括因工作调动、分配录用、务工经商、学习培训等原因而流动的人；社会型流动人口包括因婚姻迁入、随迁家属、投亲靠友和退休退职等原因而流动的人。段成荣（2008）指出，随着社会的发展，人口流动由社会型流动逐渐转变为经济型流动，即流动原因"经济化"。

1. 河南省户口登记地在本省其他乡镇街道的人口流动原因

前文我们已提到省内流动人口和市区内人户分离人口的迁移、流动原因存在很大差别，应该分开来讨论，但是由于数据资料有限，我们在这里只能笼统地讨

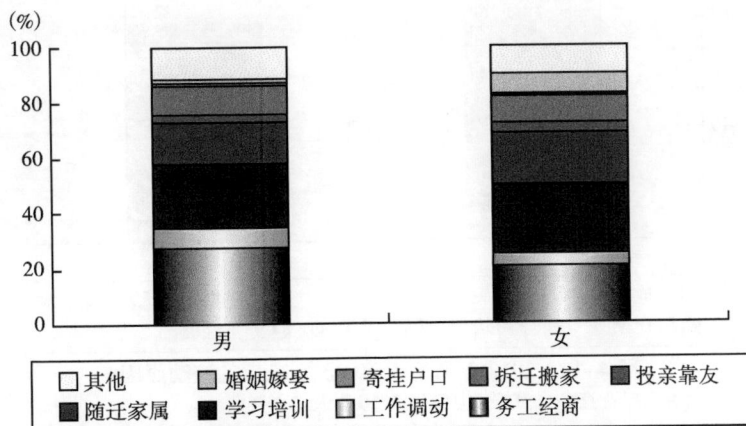

图 4-9　2010 年河南省户口登记地在本省其他乡镇街道的人口流动原因
资料来源：河南省人口普查办公室编《河南省 2010 年人口普查资料》。

论一下河南省户口登记地在本省其他乡镇街道的人口流动原因。

总的来看，2010 年河南省户口登记地在本省其他乡镇街道的人口以务工经商比重最高，成为省内人口流动的第一位原因，其次是学习培训为 23.71%，随迁家属为 17.19%，拆迁搬家为 10.25%，工作调动为 5.60%，婚姻嫁娶为 4.79%。而在 2000 年，河南省内广义人户分离人口流动的第一位原因则为婚姻迁移，比重为 22.44%。分性别来看，河南省内的人户分离男性人口比女性更多的是属于经济型流动的务工经商，即务工经商是省内男性流动的第一位原因，比重为 27.99%，其次是学习培训、随迁家属和拆迁搬家三种社会型流动，比重分别为 22.75%、15.09%和 10.75%。而省内人户分离女性人口的第一位原因是学习培训，其比重为 24.70%，务工经商是第二位原因，其比重为 21.01%，另外还有 19.36%的女性是由于随迁家属而人户分离。

2. 河南省跨省流入人口的流动原因

从图 4-10 中可看出，2010 年河南省的跨省流入人口有 47.30%是属于经济型流动的务工经商，务工经商是外省人口流入的第一位原因。其次，由于学习培训、随迁家属流入到河南省的外省人口也分别占到了 15.95%、11.96%，属于这三种迁移原因的跨省流入人口占全部跨省流入人口的 75.21%。从前面的分析中，我们很容易发现户口登记地在本省其他乡镇街道的人口流动原因处于前三位的也是务工经商、学习培训和随迁家属。

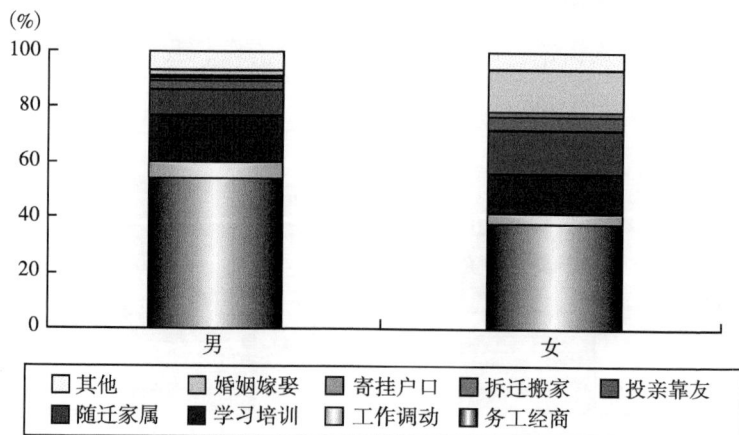

图 4-10 2010 年河南省跨省流入人口的流动原因

资料来源：河南省人口普查办公室编《河南省 2010 年人口普查资料》。

分性别来看，在跨省流入的男性人口中，有 53.86%属于务工经商，而跨省流入的女性人口仅有 38.18% 属于务工经商，跨省流入务工经商的男性比女性多出 907004 人；跨省流动男性人口的第二位流入原因是学习培训，比重为 16.84%，跨省流动女性人口的第二位流入原因是婚姻嫁娶，比重为 15.43%；另外还有 9.53% 的跨省男性属于随迁家属流动，同时跨省女性的第三位流动原因也是随迁家属，比重为 15.33%。可见，跨省女性的流动原因更多的是社会型流动，跨省男性的流动原因更多的是经济型流动。

3. 现住在河南省的户口登记地在外乡镇街道的人口流动原因

不论城乡，现住在河南省的户口登记地在外乡镇街道的人口以"经济型"流动为主。分城乡来看，现住在河南省城市地区的户口登记地在外乡镇街道的人口以"务工经商"为主，其次是"学习培训"和"随迁家属"。现住在河南省镇地区的户口登记地在外乡镇街道的人口以"学习培训"为主，其次为"务工经商"和"随迁家属"。现住在河南省农村地区的户口登记地在外乡镇街道的人口以"务工经商"为主，其次为"学习培训"和"婚姻嫁娶"。

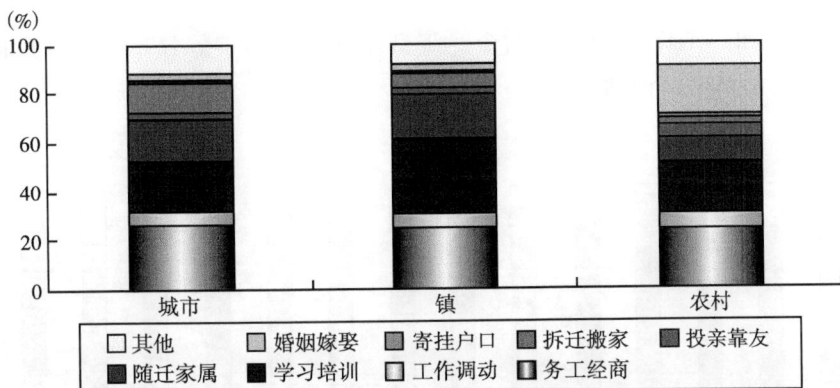

图 4-11　现住在河南省的户口登记地在外乡镇街道的人口流动原因
资料来源：河南省人口普查办公室编《河南省 2010 年人口普查资料》。

4. 河南省各地市户口登记地在外乡镇街道的人口流动原因分析

户口登记地在外乡镇街道的现住在河南省 18 个地市的人口，以"经济型"流动原因为主的有郑州、开封、洛阳、平顶山、新乡、濮阳、信阳、许昌、漯河、三门峡、南阳、商丘、周口、驻马店、济源 15 个城市，这些城市的"经济型"流动人口比重均高于"社会型"流动人口；以"社会型"流动原因为主的有安阳、鹤壁、焦作三个城市，这三个城市的"社会型"流动人口比重要高于"经济型"流动人口比重。

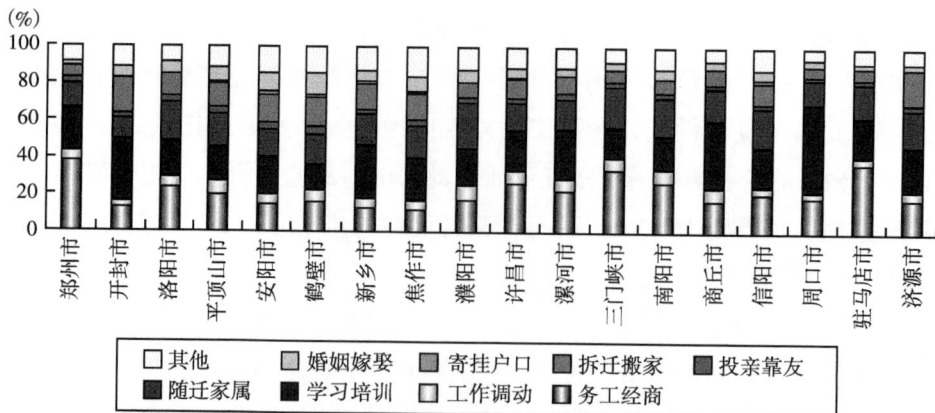

图 4–12　现住在河南省各地市的户口登记地在外乡镇街道的人口流动原因

资料来源：河南省人口普查办公室编《河南省 2010 年人口普查资料》。

5. 分年龄的户口登记地在外乡镇街道人口的迁移原因

0~4 岁、5~9 岁及 10~14 岁这三个年龄组的流动原因以随迁家属为主，15~19 岁和 20~24 岁年龄组以学习培训为主，25~59 岁七个年龄组均以务工经商为主。"务工经商"和"工作调动"这两个经济型流动原因的年龄分布均呈开口向下的抛物线形状（如图 4–13 所示）。

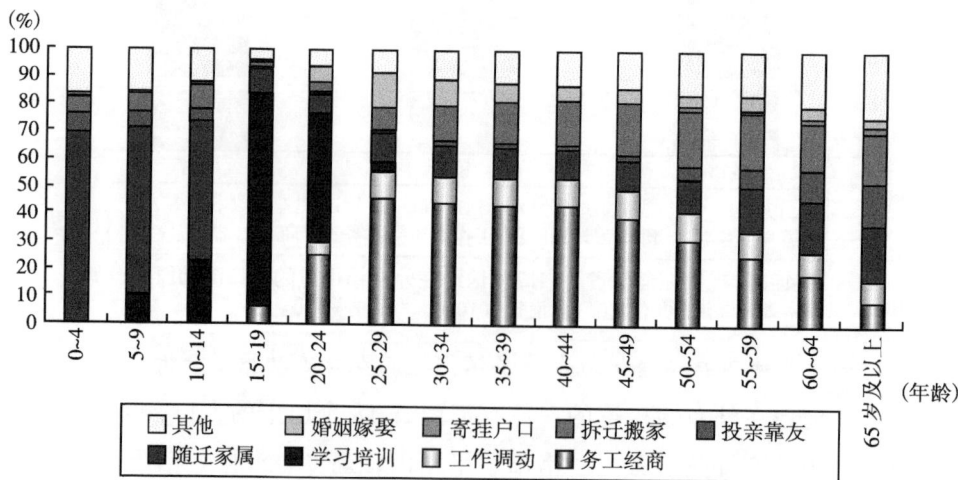

图 4–13　各年龄组的户口登记地在外乡镇街道的人口流动原因

资料来源：河南省人口普查办公室编《河南省 2010 年人口普查资料》。

25 岁之前，"务工经商"流动人口随着年龄的增长逐渐上升，25~29 岁年龄组的"务工经商"流动人口比重最高；29 岁以后，"务工经商"流动人口随着年龄的增长逐渐下降。"工作调动"流动原因的年龄分布亦是如此。"拆迁搬家"、"投亲靠友"及"随迁家属"这些"社会型"流动原因的年龄分布恰好和"经济型"流动原因相反。25 岁以前，社会型流动人口随着年龄的增长逐渐减少，25~29 岁是社会型流动最少的年龄组，29 岁以后，社会型流动人口随着年龄的增长逐渐增多。

（九）受教育程度结构分析

受教育程度，是体现人口素质的一个重要方面，迁移、流动人口的受教育程度构成，对流入和流出地区的社会经济发展往往有不同的影响，同时也反映了流入地对迁移、流动人口受教育程度的选择情况。本章现从以下两个方面来分析流动人口的受教育程度情况。

1. 各类人口的受教育程度比较

根据表 4-15 可计算出，2010 年在河南省 6 岁及以上的人口中，城镇常住人口的平均受教育年限为 9.86 年，农村常住人口的平均受教育年限为 7.81 年，市区内人户分离人口的平均受教育年限为 11.75 年，省内流动人口的平均受教育年限为 10.89 学年，跨省流入人口的平均受教育年限为 10.46 年。显然，河南省农村常住人口的文化程度低于城镇常住人口，而城镇常住人口的文化程度又低于各种人户分离人口。在各种人户分离人口中，跨省流入人口的受教育程度明显低于省内流动人口，省内流动人口的受教育程度又明显低于本省市区内人户分离人

表 4-15　2010 年河南省常住人口及人户分离人口的教育构成

单位：%

受教育程度	各种受教育程度人口占 6 岁及以上人口比重				
	农村常住人口	城镇常住人口	市区内人户分离	省内流动人口	省外流入人口
总计	100.00	100.00	100.00	100.00	100.00
未上过学	6.77	3.01	1.20	1.41	1.83
小学	31.58	18.65	11.76	11.87	13.42
初中	51.43	39.30	21.08	32.59	42.83
高中	8.42	23.93	31.01	32.25	20.74
大学专科	1.41	9.82	20.73	13.58	9.48
大学本科	0.36	4.98	12.90	8.00	11.03
研究生	0.03	0.33	1.31	0.30	0.67

资料来源：河南省人口普查办公室编《河南省 2010 年第六次人口普查资料》。

口。在6岁及以上的市区内人户分离人口中，受教育程度为高中的人口所占比重最高，达到了31.01%，其次受教育程度为初中的人口所占比重为21.08%，受大学专科及以上教育的占34.94%。在6岁及以上省内流动人口中，受教育程度为初中的人数所占比重最高，为32.59%，其次有32.25%的人接受了高中教育，受大专及以上教育的人口所占比重为21.88%。在6岁及以上跨省流入人口中，有42.83%的人口受教育程度为初中水平，受教育程度为高中的人口占到了20.74%，另外还有21.18%的人口是大专及以上水平。

2. 户口登记地在外乡镇街道的流动人口的教育构成（按户口登记地类型划分）

由表4-16和表4-17可见，不论是跨省流入人口还是本省人户分离人口，户口登记地类型为街道的流动人口受教育程度明显要高于户口登记地类型为乡、镇的流动人口；户口登记地在镇的居委会的流动人口受教育程度又明显高于户口登

表4-16　2010年跨省流入人口的教育构成

单位：%

受教育程度	乡	镇的居委会	镇的村委会	街道
合计	100.00	100.00	100.00	100.00
未上过学	2.53	1.91	2.20	1.23
小学	17.91	12.90	16.53	10.44
初中	48.85	34.27	48.89	22.17
高中	17.71	22.26	18.84	22.31
大学专科	7.27	13.66	7.24	17.78
大学本科	5.49	14.15	6.10	23.79
研究生	0.25	0.85	0.20	2.28

资料来源：河南省人口普查办公室编《河南省2010年人口普查资料》。

表4-17　2010年户口登记地在本省其他乡镇街道的人口教育构成

单位：%

受教育程度	乡	镇的居委会	镇的村委会	街道
合计	100.00	100.00	100.00	100.00
未上过学	1.89	1.22	1.57	1.18
小学	14.33	12.57	13.22	11.08
初中	35.28	26.34	34.83	21.64
高中	32.04	30.42	31.24	29.43
大学专科	11.58	18.54	12.53	20.96
大学本科	4.71	10.33	6.39	14.43
研究生	0.16	0.58	0.21	1.28

资料来源：河南省人口普查办公室编《河南省2010年人口普查资料》。

记地在乡、镇的村委会的流动人口。

3. 按现住地划分的户口登记地在外乡镇街道的人口教育构成

总的来看，现住在河南省的户口登记地在外乡镇街道的流动人口，平均受教育年限为 11.01 年。其中，受教育程度为高中的人口所占比重最高，为 31.33%，其次为初中教育水平，比重为 31.21%，比例最低的为研究生人口，仅为 0.50%。现住在河南省城市地区的流动人口，其平均受教育年限为 11.38 年。其中，初中教育程度的人口比重最高，达 28.73%。现住在河南省镇地区的流动人口，平均受教育年限为 10.46 年，其中，高中水平的人口所占比重最大，为 41.96%。现住在河南省乡村地区的人口，平均受教育年限为 10.27 年。可见，按平均受教育年限从高往低排列依次是现住在城市的流动人口、现住在镇地区的流动人口、现住在乡村地区的流动人口。

表 4-18　2010 年不同现住地的户口登记地在外乡镇街道的流动人口教育构成

单位：%

受教育程度	合计	现住地		
		城市	镇	乡村
总计	100.00	100.00	100.00	100.00
未上过学	1.40	1.29	1.48	1.85
小学	11.94	11.26	12.96	13.36
初中	31.21	28.73	32.17	44.12
高中	31.33	27.98	41.96	21.99
大学专科	14.58	17.90	7.87	12.91
大学本科	9.04	12.09	3.48	5.69
研究生	0.50	0.75	0.09	0.08

资料来源：河南省人口普查办公室编《河南省 2010 年人口普查资料》。

4. 现住在河南各地市的户口登记地在外乡镇街道的人口教育构成

现住在河南省各地市的户口登记地在外乡镇街道的人口平均受教育年限都在 10 年以上。其中，现住在郑州、开封、新乡、济源、商丘、漯河、周口的户口登记地在外乡镇街道的人口，其受教育程度较高，平均受教育年限均在 11 年以上；其余城市的户口登记地在外乡镇街道的人口，其平均受教育程度稍低一些（如图 4-14 所示）。

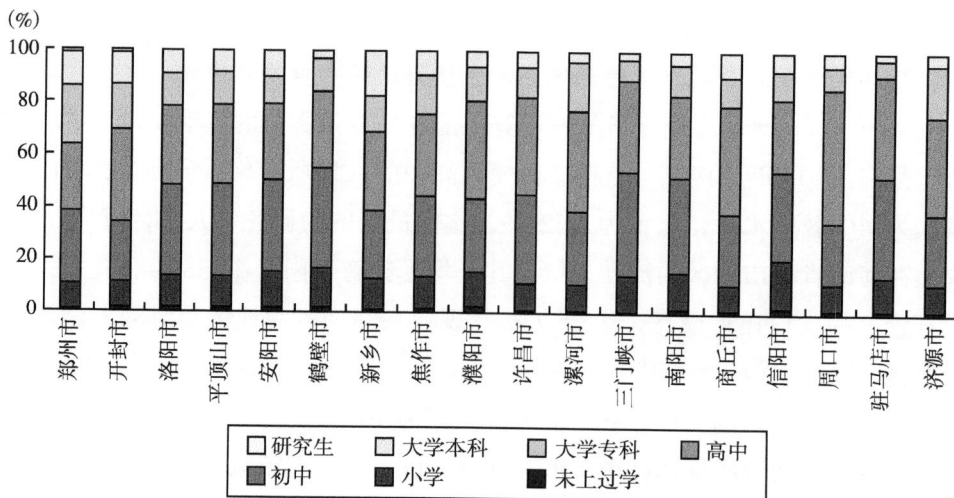

图 4-14   现住在河南各地市的户口登记地在外乡镇街道的人口教育构成
资料来源：河南省人口普查办公室编《河南省 2010 年人口普查资料》。

（十）职业结构分析

人口的职业，是指 15 岁及以上的人口所从事的具体工作性质。全面系统了解迁移、流动人口的职业状况在一定程度上可以帮助政府解决劳动力资源配置等相关问题。

1. 河南省户口登记地在外乡镇街道的人口职业构成

2010 年河南省户口登记地在本省其他乡镇街道的全部人口中，从事商业、服务业的人口所占比重最高，为 39.19%；其次为生产、运输设备操作人员及有关人员，所占比重为 24.32%，另外，从事专业技术人员、办事人员和有关人员、农林牧渔及水利业生产人员的人口比重依次为 16.21%、9.56%、7.22%，在党政机关、企事业单位就业的人口所占比重仅为 3.28%。分性别看，户口登记地在本省其他乡镇街道的女性人口较之男性更多的是在商业、服务业就业，而男性较之女性更多的是从事生产、运输设备操作及有关工作（见表 4-19）。

表 4–19　2010 年河南省户口登记地在外乡镇街道的人口职业构成

单位：%

职业	户口登记地在本省其他乡镇街道			户口登记地在外省		
	合计	男	女	合计	男	女
合计	100.00	100.00	100.00	100.00	100.00	100.00
国家机关、党群组织、企业、事业单位负责人	3.28	4.23	2.02	3.97	5.09	2.20
专业技术人员	16.21	13.21	20.19	9.01	8.55	9.75
办事人员和有关人员	9.56	10.79	7.93	3.51	3.93	2.84
商业、服务业人员	39.19	35.50	44.08	44.26	43.07	46.14
农、林、牧、渔及水利业生产人员	7.22	5.04	10.12	10.38	3.44	21.45
生产、运输设备操作人员及有关人员	24.32	31.00	15.46	28.64	35.71	17.36
不便分类的其他从业人员	0.21	0.24	0.18	0.23	0.21	0.26

资料来源：河南省人口普查办公室编《河南省 2010 年人口普查资料》。

户口登记地在省外的全部人口，按各职业的比重高低排序：商业、服务业人员占 44.26%，生产、运输设备操作人员及有关人员占 28.64%，农林牧渔及水利业生产人员占 10.38%，专业技术人员占 9.01%，党政机关、企事业单位负责人占 3.97%，办事人员和有关人员占 3.51%，不便分类的其他从业人员占 0.23%。分性别看，在外省流入的女性人口中，较之男性更多的是从事农林牧渔及水利业的生产职业，而男性比女性更多的是从事生产、运输设备操作及有关工作。

总的看来，不管是户口登记地在本省其他乡镇街道的人口还是跨省流入人口，从事商业、服务业工作的人员所占比重最高，其次是生产、运输设备操作人员及有关人员，从事这两大类职业的户口登记地在本省其他乡镇街道的人口比省外流入人口低 9.39 个百分点。户口登记地在本省其他乡镇街道的专业技术人员比跨省流入人口的专业技术人员高 7.2 个百分点。

2000 年在河南省的户口登记地在本省其他乡镇街道的人口中，从事商业、服务业的人员仅占 20.61%，2010 年该比例达到了 39.19%，比重上升迅速。这与河南省的社会经济发展密不可分，近年来，省政府先后出台了多项发展第三产业的政策措施，工商、税务、劳动等部门提供了许多便利条件，而且随着河南社会经济的迅速发展、人们收入水平的提高以及观念的更新，许多社会服务业如看护、家政、保姆等工作吸纳了大量的流动人口。

综上所述，2010 年河南省人户分离人口在流入城市后绝大部分从事体力劳动，例如商业、服务业，生产、运输，农林牧渔及水利业等职业，从事这三项职业的流动人口占河南省 15 岁及以上人户分离人口的 71.68%，而专业技术人员、国家党政机关、办事人员和有关人员这三类职业的从业人数仅占 28.10%，但与 2000 年相比，2010 年河南省从事智力型工作的流动人口所占比重增加了近两个百分点。由此看来，流动人口从事智力型工作的规模正在逐步扩大。

2. 现住地的户口登记地在外乡镇街道的人口职业构成

户口登记地在外乡镇街道的人口都以商业、服务业就业人员为主，其比重均在 30% 以上。其次是生产、运输人员，比重均在 20% 以上。除了郑州市，其他 17 个地市，在国家机关、党群组织工作的户口登记地在外乡镇街道的人口都是最少的，比重均在 5% 以下，如图 4-15 所示。

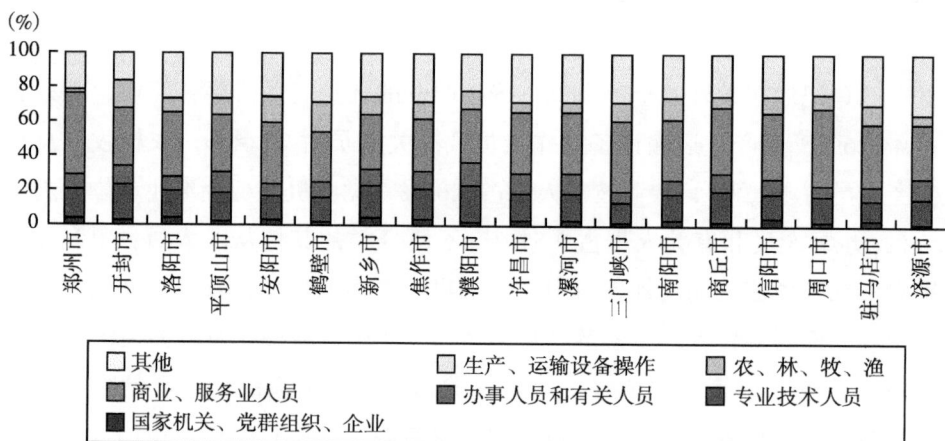

图 4-15　各地市的户口登记地在外乡镇街道的人口职业构成

现住在每个地市的户口登记地在外乡镇街道的人口，相对于其他地市来说，流入郑州市从事商业、服务业的人员比重最高，流入开封从事专业技术工作的人员比重最高，流入濮阳从事办事人员工作的人口比重最高，流入鹤壁从事农林牧渔业的人口比重最高，流入济源市从事生产、运输设备操作工作的人口比重最高。

三、人口迁移对河南省经济发展的影响

(一)"人口流动"现象的积极作用

1. 带动了流入地的经济发展，促进了城镇化进程

首先，人口的大规模流动，尤其是乡村人口向城镇的大规模流动，弥补了城镇经济中"中间地带"的岗位空缺，满足了城镇经济对劳动力的需求，优化了城镇的就业结构。据调查，由于户籍壁垒和文化素质等各种原因，流向城镇的农村劳动力大部分是在城市的"中间地带"就业。所谓"中间地带"，就是指在这个地带，劳动者的收入要远低于城镇"正规部门"劳动者的收入，且工作环境很差、劳动强度很大，以至于城镇待业人员或者失业人员宁愿享受最低生活救助也不愿从事这些"不体面"的工作。而鉴于我国城乡居民收入之间的现实差距，农村流动劳动力只要能在城市的"中间地带"就业，就能够比待在农村获取更多的收入。其次，流动人口生活、工作在城市，毫无疑问会刺激城镇的经济发展。大量的流动人口本身就是一股巨大的消费力。最后，流动人口在城市工作、生活的时间越来越长。事实上，目前在名义城市化率的计算上，居住在城市半年及以上的这些流动人口已经被计算在内了。所以，从某种意义上说，他们成了名义上的城市人口，从而提高了名义城镇化率。同时，人口的大量流入会促使城镇加快住房、交通、通信及水电暖等基础设施的建设，促进医疗卫生、文化教育事业的发展，大大加快了城市化的进程。

2. 增加了农民的经济收入，搞活了乡村经济

首先，农村剩余劳动力的输出，增加了农村家庭的经济收入，成为农村家庭脱贫致富的重要途径。农村劳动力会把务工经商获得的收入以各种方式送回农村。其次，调查结果表明，外出打工的农民返回家乡后，首选目标是利用学到的技能、管理经验以及了解的市场信息和积攒下的资金发展非农产业。例如，安徽省蒙城县57%的乡镇企业都是由返乡农民工创办的。返乡农民工用自己的经济收

入投资办厂，为搞活当地的经济注入了新的活力，同时农民工回乡创业，吸纳了更多的农民向第二、第三产业转变，在一定程度上促进了农村的城市化进程。最后，农民工作为在城乡间循环流动的特殊群体，切身感受到了现代都市文化的冲击，即使在城市中不能完全融入都市主流文化之中，但受到的影响却是显著的，最典型的便是婚姻观和生育观的转变。来自四面八方的人们汇聚到同一个城市工作、生活，增加了相互接触的机会，而且共同的打工经历、志趣爱好使他们的婚姻更加牢靠，比以往的"包办婚姻"更有利于增强感情基础，提高了婚姻质量。同时，优生、优育的观念正成为新一代农村人的主要态度，据调查，大多数外出务工年轻夫妻都已形成优生优育的观念。

（二）人口流动现象带来的消极影响

1. 导致"城市病"的出现

"城市病"的具体表现是居住条件恶化、卫生状况极差、社会秩序混乱、交通堵塞、环境污染、贫富两极分化、出现大量的失业流浪者等。随着流动人口的持续增长，中国一些大城市已经出现"城市病"。例如，城市的流动人口聚居区、城郊结合处的棚户区生活条件一般都不大好。比如北京一直是缺水城市，由于近年来人口总量不断增加，供水形势日趋严重，在一些流动人口聚居地区，自来水已是滴流。流动人口聚居区普遍存在环境卫生脏、乱、差的问题，严重损害了城市地区的环境质量。

2. 一定程度上阻碍了农业的发展，带来"留守儿童"、"随迁子女"问题

从农村流出的大多是年轻力壮、文化程度较高、技术能力较强、身体素质和文化素质比较好的劳动力，剩下在家务农的妇女、儿童和老人，由于身体素质不强、技术能力不高，导致农业科技推广工作难以持续，农业产出效益较低，影响了当地农业生产的发展。众所周知，儿童教育包括家庭教育、学校教育、社会教育等几方面。近年来，随着农村人口的大量外出，农村社会中出现了越来越多的"留守儿童"，"留守儿童"问题也随之而来。据调查，超过一半的外出务工者的孩子都是留在家中上学，其饮食起居主要由爷爷奶奶照顾，更有甚者，是大孩带小孩，即由姐姐或者哥哥照顾弟弟妹妹。外出务工的农民父母虽然可以解决孩子的教育费用问题，但是却远远不能保证孩子的良好教育环境。

最近几年，流动人口呈现出家庭式流动的新特点，这就直接导致随迁子女的比例逐渐增大。与此同时，随迁子女的教育问题越来越突出。由于户籍制度的约束，在几乎所有城市，流动随迁子女要进入当地正规学校学习必须缴纳一定数额的借读费，这对收入本就处于低水平的流动人口家庭来说，无疑是一个沉重包袱。而游离于正规教育体系之外的"农民工子弟学校"，有相当一部分学校的办学资格没有被有关法规所认可，稳定性较差，经常被迫搬迁，这就进一步导致了流动人口子女入学率低、超龄严重、中途失学等现象，随迁子女的教育问题亟待引起社会的关注。

第五章　河南省人口资源环境与可持续发展

　　人口与自然资源和生态环境的关系的协调是人类实现可持续发展的基本条件之一。人口增长与自然资源和生态环境变化之间，绝不是一种简单的单向关系，而是一种直接和间接的相互作用和影响的复杂过程。

　　人口与自然资源和生态环境的相互关系具有两个鲜明的特点：一是受时间和空间变化的影响；二是受政治、经济、社会、文化、技术等多方面因素的影响。从长期来看，人口与自然资源和环境之间的关系在以下几方面尤为重要：①人口增长对土地和农业的压力；②人口增长对水资源的压力；③人口增长对能源和其他资源的压力；④人口迁移和流动对城市和农村环境的影响；⑤环境污染和退化对人类健康的影响；⑥资源耗费及资源分布变化对人口分布和迁移的影响。

　　人口数量是影响人类实现可持续发展的关键因素。人口数量的不断增长不仅会对自然资源和环境的利用及保护带来持续的压力，同时人口过快增长也是阻碍居民生活水平提高的重要因素之一。因此，只有在人口规模及其增长速度与自然资源和生态环境相协调的条件下，才可能实现可持续发展。

一、河南省人口与资源

　　人口与资源有着非常密切的相互依赖关系，人要想得到生存与发展，离不开资源的支持，同时人口的发展可以促进资源的开发利用。当资源满足人口发展的需要时，资源表现出促进作用；但当现有资源不能满足人口发展的需要时，就会产生阻碍作用。可持续发展的含义不是停止消耗资源，不是使发展完全摆脱对资

67

源环境的影响和依赖，而是使人口与资源环境的关系处于一种可持续的状态，即既要将发展保持在资源环境可承载力的限度以内，又不能使发展处于停滞状态。

（一）人口与资源可持续利用的关系

所谓资源，特别是自然资源，是指在一定的技术经济条件下，自然界中对人类有用并可以提高人类当前和未来福利的一切物质和能量，如土地、水、矿物、草场、森林、野生动植物、阳光、空气等自然环境因素和条件。自然资源是人类社会生存和发展的物质基础及能量来源。在人口、资源、环境与发展的相互关系中，人口与资源的关系处于核心地位。人口增长与随之而来的资源开发促进了社会经济的发展，同时资源的过度开发和不合理利用也对作为资源载体的生态环境造成了破坏。得不到合理的利用，资源不但无法为人类带来真正的福利，甚至有可能危及整个生态环境。

在人口和资源可持续发展的相互关系中，人口数量、分布、年龄结构和质量等对资源的可持续利用均会产生影响。通常情况下，人口数量的增长会引起生产和生活资料需求的增加，为满足这一需求的增加势必要消耗更多的自然资源，因而会加速资源的利用和需求，导致资源的稀缺。对自然资源，比如土地、水、矿产等的消耗增大，显然不利于资源的可持续利用。人口数量的增长对资源可持续利用的压力不仅来自于人口绝对数量的增长，而且来自人均资源消耗量的增长，后者显示出很强的加权效应。人口数量对资源可持续利用的影响分析是以一个整体区域为范围，人口分布对资源的影响则是人口数量对其影响的一个细化，主要体现在整体区域内局部人口分布密度与资源承载力之间的关系上。如果人口分布不合理，比如局部人口过度集中或过度疏散，就会使该区域内的土地资源、水资源等各种资源承载力与实际的人口分布发生错位，对合理利用资源造成一定的困难和转移成本。人口年龄结构对资源可持续利用的影响分为两个方面：一是人口年龄结构不同对现有资源的消费需求不同，比如成年型人口会比老年型人口对资源产生更大的消耗；二是人口年龄结构的不同也造成人口增长方式和速度的不同，因而对未来资源的需求也会不一样。人口质量对资源可持续利用的影响是不言而喻的，掌握先进科学技术的高素质人口在资源开发和利用上可以减少资源的浪费，提高资源利用率，同时对资源的广泛利用可以避免过度利用和破坏依赖性较强的少数资源。相反，人口素质偏低则在充分、合理利用资源时存在较大的局限，不利于资源的可持续利用。

（二）河南省人口与资源可持续利用

在区域人口、资源可持续发展研究中，一般把人口数量和人口分布作为主要的衡量指标，即人口密度和局部人口密度。1957 年，河南省人口密度为每平方千米 290 人，1965 年增加到 314 人，1982 年增加到 450 人，1990 年增加到 518 人，2000 年增加到 568 人， 2005 年 1%人口抽样调查数据显示，河南省人口密度达到 585 人，到了 2008 年，这一数据则增加为 594 人（如图 5-1 所示）。从人口密度的线性趋势可以看出，河南省人口密度呈递增趋势，对区域资源可持续利用产生巨大压力。而局部人口密度的研究则需要与具体分区域内各种资源数量研究相结合，接下来的研究中资源承载力计算等会体现这一点。

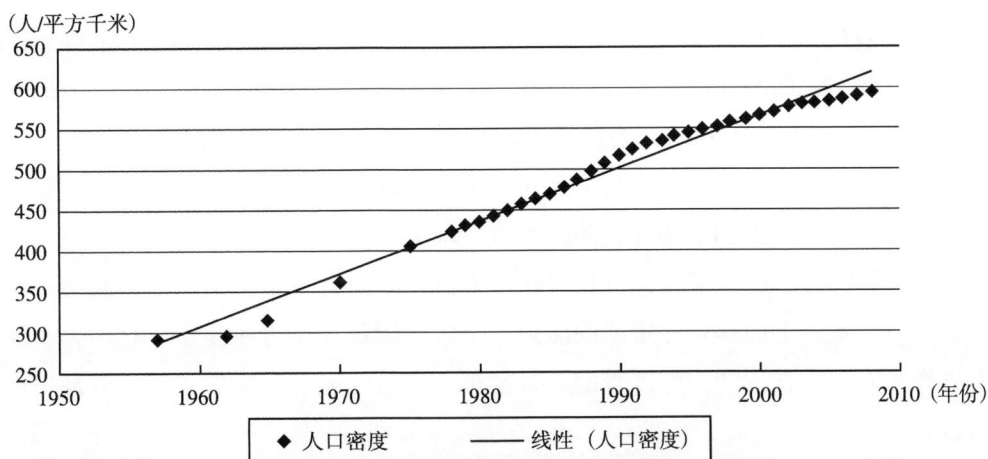

图 5-1　河南历年人口密度

1. 对河南省人口发展与自然资源态势的分析和基本判断

（1）从资源总量上看，河南省是个资源大省，但从人均资源占有量上讲，其又是个资源小省。河南省土地总面积 16.7 万平方千米，2008 年的统计数据显示，河南省年末总人口 9918 万人，人口密度为 594 人/平方千米，是全国平均水平的 4 倍多，人均土地资源量仅为 0.17 公顷，不及全国平均水平的 1/4。河南省作为全国最古老的农业开发区之一，土地开发程度较高，然而可利用的后备土地资源，特别是后备耕地资源严重不足。

水资源方面，河南省横跨黄河、淮河、汉水、海河四大水系，境内 1500 多条河流纵横交织，流域面积在 100 平方千米以上的河流有 493 条。河南省水资源量多年平均值为 413.4 亿立方米，水资源总量在全国排第 19 位；人均水资源占有量 441 立方米，为我国人均水量的 1/5；每公顷平均占有量 6045 立方米，为我国每公顷平均水量的 1/6，河南省正常年份缺水 40 亿~50 亿立方米。因此，河南省属于缺水省份，且省内水资源分布不均衡，干旱和洪涝交替发生。2008 年河南省水资源总量为 371.53 亿立方米，人均水资源量为 374.6 立方米，约占全国水资源量的 1/6，世界水资源量的 1/24。

河南省拥有丰富多样的地质矿产和生物资源，但由于人口众多，人均矿产占有量处于全国的中下游水平。

（2）随着河南省社会经济的发展和人民生活水平的不断提高，人口对自然资源的需求压力日益增大，资源消耗总量增长趋势在未来一段时间内将有增无减。比如河南省的人均能源消耗量从 1978 年的 0.47 吨增长到 2008 年的 1.89 吨，翻了两番还要多，同时伴随着人口的增长，能源消耗总量从 1978 年的 3353 万吨增长至 2008 年的 18784 万吨，增加了 460.21%。根据相关预测，2025 年之前河南省人口总数会持续增长，而人均消耗在未来 20~30 年内也将持续提高，由此带来的资源消费总量增加和结构优化的压力将有增无减。

（3）现行的计划生育政策有效缓和了人口发展与自然资源的矛盾，减轻了河南省人口对水、土地等自然资源的压力。全国共因计划生育少生了 3 亿多人，河南省作为人口大省，同样因现行的人口政策在人口增长方面减轻了对资源环境的压力。

（4）人口发展总体上没有超越自然资源承载力，局部地区和部分资源已出现资源紧张和供需失衡现象。河南省是农业大省，多数地区的土地承载力都表现出盈余状态，从 2008 年数据来看，2008 年河南省粮食总产量为 5365.48 万吨，按人均 400 千克的标准计算，粮食承载力为 1341.37 万人，即河南省土地承载力比现有人口多出了 349.57 万人。数据显示，21 世纪以来，只有在 2003 年，河南省因为秋季自然灾害的影响导致秋季粮食减产 35.8%，而全年粮食产量更是同比减少了 15.2%，从而造成本年度土地承载力出现超载现象，其他各年份的土地承载力都是盈余的。尽管整体如此，各年份中河南省内不同地区的土地承载力却是有很大差异的，大部分平原地区土地承载力都比较大，而中部往西的偏远山区，土地较为贫瘠，土地相对承载力也就比较小，出现超载的情况。

2. 河南省耕地、粮食和人口

河南省位于我国中东部，黄河中下游，处于我国北亚热带和暖温带的过渡区；横跨我国二、三级地貌台阶。河南省土地总面积16.7万平方千米，占全国土地总面积的1.74%，居全国第17位。河南土地面积中平原、盆地面积为929.15万公顷，占56.1%；山地面积为279.53万公顷，占16.9%；丘陵岗地面积为389.59万公顷，占23.5%；水面面积为56.73公顷，占3.4%。河南省地处中纬度地带，由于受地质、自然和社会经济等因素的综合影响，形成了其特定的土地资源，主要特点如下：

（1）土地利用率比较高，河南省土地利用率为86.7%，土地垦殖率为48.99%，两者在全国均居前列。未利用地占土地总面积的13.3%，其中可开垦为耕地的仅有33万公顷。

（2）土地利用类型分布规律明显。由于受南北气候过渡性和东西地貌差异性的影响，农用地地域分布表现出明显的过渡性。耕地面积约有75%集中分布于占河南土地总面积56.1%的平原，约有25%分布于占河南土地总面积40.4%的山地丘岗地区。灌溉水田主要分布于豫南淮河两岸地区，水浇地相对集中于豫北平原。林木用地2/3以上集中于山区，广大平原不足1/3。

（3）土地资源开发条件区域差异性大。河南省东部黄河、淮河、海河平原区和南阳盆地地区水、热、土的组合条件好，是河南省耕作农业发展的主体，西部丘陵山区水土条件相对较差，土地开发利用难度大，投入产出率低，适宜发展林果牧业，南部丘陵山区则有较好的水热条件，土地开发条件较好，潜力亦较大。

（4）居民点及工矿用地所占比重较大，河南省居民点及工矿用地面积占土地总面积的11.08%，高于北方多数省份，甚至超过南方人口密集的部分省份，其中主要是农村居民点占地过多。

（5）牧草面积极少，河南省牧草面积仅占土地总面积的0.09%，严格界定应属荒草地，不能作为牧场，只能做农民零星放牧用。

如前文所述，河南省从2000年以来土地资源相对承载力基本上处于盈余状态，人口数量和粮食产量均在不断增长，但总体上看粮食产量增长的幅度要大于人口数量增长的幅度，以 400 千克/人的标准，各年度的承载力状况如表 5-1 和图 5-2 所示，除 2003 年以外，其余均呈现盈余状态。

表 5-1　河南省 2000~2008 年土地资源承载力

单位：万人；千公顷

年份	人口数量	土地资源相对承载力	土地资源相对盈余人口数
2001	9555	10299.7	744.7
2002	9613	10525	911.95
2003	9667	8923.68	-743.33
2004	9717	10650	933
2005	9768	11455	1687
2006	9820	12780.8	2960.75
2007	9869	13113.1	3244.05
2008	9918	13413.7	3495.7

资料来源：《河南统计年鉴》。

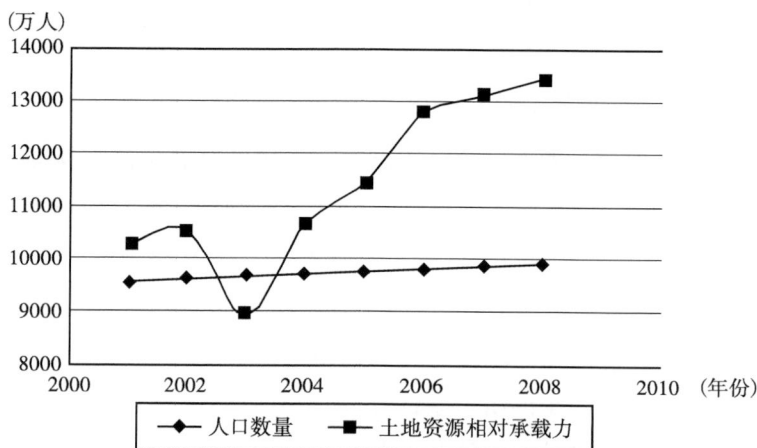

图 5-2　河南省历年土地资源承载力

从全省范围来看，土地资源承载力中富富有余的地区主要分布在驻马店、信阳的大部分地区，许昌、新乡、鹤壁的部分地区，即豫中、豫南、淮河平原一带；富裕地区主要分布在周口、商丘、开封、许昌、新乡、安阳、焦作以及驻马店、信阳部分地区等；盈余地区主要分布在豫中、豫西的部分地区。即中部、北部、东部、南部都是土地资源承载力比较高的地区，而中部往西，南阳、三门峡等地由于地处偏远山区，土地较为贫瘠，土地资源承载力相比之下不是很好，多数属临界超载、过载或者严重超载等。

　　随着河南省人口数量的不断增加，其对土地资源的压力日益加重。河南省人口对土地资源的压力主要表现在以下几个方面：一是耕地面积持续减少，加重土地资源的承载压力。以上所计算的土地资源承载力都是以粮食产量为考据对象的，没有过多考虑耕地面积的影响。有关资料显示，1985年河南省耕地面积为7033.2千公顷，到2000年减少至6875.3千公顷，平均每年减少0.7%；2000年，河南省人均耕地已从1949年的0.18公顷减少到0.07公顷，不仅与0.33公顷的世界平均水平相去甚远，而且低于全国0.11公顷的平均水平，人均耕地面积只有全国平均水平的63.05%（见表5-2）。平均每公顷土地养育人数也由1949年的5.5人增加到2000年的14人。人均土地资源和人均耕地面积只有全国人均水平的20.6%和63.05%。有关研究表明，在现有的经济发展水平、技术水平和资源环境条件下，河南省人口最大承载力为1.5亿，最优人口规模为6000万。可以看出，河南省现有的人口规模，大大超出了最优人口规模的范围。二是土地资源退化严重。人口数量的增加必然导致对粮食需求的增加，在耕地日益减少的情况下，人们往往千方百计地提高复种指数，并增施化肥、农药，以提高单位面积产量来增加粮食总产量。土地利用强度的加大，致使部分地区的土地肥力严重下降，土地资源退化严重，有关资料显示，河南省耕地的复种指数已由新中国成立之初的150%提高到2000年的170%以上，河南省土壤有机质低于1%的耕地约占河南省耕地面积的50%左右。三是非生产用地急剧增加，乱占滥用耕地，土地浪费现象严重。据统计，河南省1995年比1986年减少耕地33.81万公顷，等于减少了三个平顶山市的耕地，1995~1999年每年分别减少耕地3.1万公顷、4.5万公顷、2.3万公顷、1.9万公顷和2.3万公顷。

表5-2　河南省人均土地资源与全国平均水平的比较

单位：公顷；%

指　标	人均国土面积	人均耕地面积
世界平均水平	2.76	0.26
中国	0.9	0.12
中国占世界平均水平的百分比	32.6	41.0
河南省	0.185	0.076
河南占全国平均水平的百分比	20.6	63.05

3. 河南省人口与水资源

　　河南省有大小河流1500多条，流域面积在100平方千米以上的河流470多条，分属黄河、淮河、汉水、海河四大水系，水资源总量为 413 亿立方米。多年平均地表水资源总量为 312.84 亿立方米，人均 435 立方米，为全国的 1/6。河南省属东南季风气候区，水资源的时空分布不均。空间上，地表水量约有 70%集中在耕地只占 30%的山地丘陵区，而占河南耕地 70%的平原地区，地表水量仅占 30%；时间上，受降水季节变化的影响，径流量集中于夏季，主要河流汛期（6~8 月）水量山区占 50%~70%，平原占 65%~85%，同时年际变化剧烈，较大的年际变化和不均的年内分配，给地表水资源的开发利用带来了一定的困难。目前，河南省对水资源利用效率还比较低。河南省是个农业大省，农业灌溉用水所占比重较大，但是许多地区仍沿用落后的灌溉方式，水库灌区灌溉有效利用系数仅为 0.5 左右，井灌区为 0.7 左右，水资源大量浪费。河南省工业用水重复利用率也仅为 30%~50%，低于全国平均水平。再加上人口数量的持续增长等，使得河南省水资源的开发利用面临严峻的形势：①河南省的人均水资源和地均水资源均远远小于全国水平，属于水资源贫乏的地区，并且还存在年内分布集中（7、8、9 三月降水量占全年降水量的 60%以上）、年际变化较大（比如 2006 年数据与多年均值相比就有较大的差异）、地区分布不均等特点。②根据人均用水量的调整和人口增长的预期可以对河南省的未来用水需求量进一步预测，如果供水能力不能进一步加强，势必会对河南省的用水造成威胁。③经多年的开发利用，河南省水资源开发利用已经达到较高的程度，水资源负载指数均处于较高水平。④河南省存在一定比例的水资源承载超载的状况。郑州市及其辖区和濮阳市及其辖区的供水问题不容忽视。

4. 河南省人口与能源

河南省是全国重要的能源基地之一，能源的总量比较丰富。从历年数据来看，河南省能源生产总量总趋势是不断增加的，其中，原煤约占 90%，原油所占比例在 1981~2001 年一直维持在 10%左右，从 2001 年后比例开始逐步下降到 5%以下，天然气约占 2%，水电所占比例很小，但一直在不断增加。

河南省煤炭保有地质储量居全国第七位，并且多年来煤炭产量居全国第二位。河南省石油探明的地质储量也居全国前列，在全国各大油田中，中原油田的原油产量居第五位，河南油田居全国第九位。探明天然气储量居全国第九位。水能资源蕴藏量 484 万千瓦，可供开采量 323 万千瓦。但按人均水平却均低于全国平均水平，并且由于人们生活水平的提高和工农业生产发展的需要，使得河南的

（万吨标准煤）

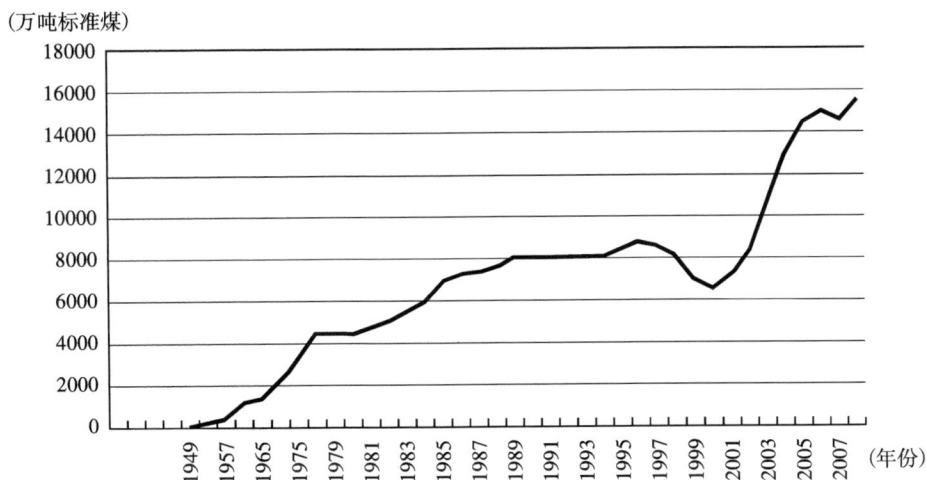

图 5-3　河南省历年能源生产总量

能源消耗增长也较快。1990 年能源消费总量比 1952 年增长 29 倍，年均递增 9.4%；1980~1990 年，能源消耗总量年均递增 4.3%；年均增加能源消费量为 181 万吨标准煤。此外，人口的过快增长，直接导致能源需求量增加，比如，在农村，近年来，不仅人均耗煤量增加，而且总用电量也在不断增加。2000 年河南省农村用电量为 125.8 亿千瓦小时，比 1985 年（28.33 亿千瓦小时）增长 3.4 倍。因此河南省内人口与能源资源的矛盾不容乐观。

5. 河南省人口与矿产资源

河南省是一个矿产资源种类比较齐全、储量比较丰富的矿业大省。目前，已发现矿产 132 种，占全国已发现矿产的 2/3，其中已探明储量的有 78 种，储量居全国前十位的有 48 种。其中，保有储量居全国第一位的矿产有钼、天然碱、珍珠岩、蓝晶石、蓝石棉、铸型用砂岩；居第二位的有耐火黏土、天然油石、水泥配料用黏土、玻璃用凝灰岩；居第三位的有铝土矿、钨、铼、铁矾土、电石用灰岩、晶质石墨；居第四位的有铯、伴生磷、玉石；居第五位的有金、镓、铷、含钾砂页岩、水泥配料用黄土。另外，煤炭、石油、天然气、铝、金、银等矿产储量也极为丰富，矿产资源潜在价值达 2200 亿美元。虽然河南省的矿产资源比较丰富，但由于人口基数大，人口增长快，人均占有量大多数低于全国人均占有水平。如河南省的煤矿，人均占有量为 232.63 吨，比全国平均水平（834.75 吨）少 602.12 吨，煤的人均占有量相当于全国平均水平的 27.9%；河南省的石油探明储量人均为 9.58 吨，比全国平均水平（13 吨）少 3.42 吨，相当于全国平均水平的 73.7%；天然气储量河南省人均 444.79 立方米，比全国平均水平（616.18 立方米）少 171.39 立方米，相当于全国平均水平的 72.2%（见表 5-3）。另外，河南矿产分布极不均匀，如煤炭资源 60.3%分布在豫西、26%在豫北、12.8%在豫东，而豫南不足 1%，加上破坏、浪费现象比较严重，资源开发利用程度低、科技含量低以及注重短期行为、掠夺性开采资源等问题，使得河南省的人口与矿产资源的矛盾更加突出。

表 5-3　河南省主要矿产人均占有量与全国比较

矿种	计量单位	全国人均	河南人均	河南比全国少	河南占全国的百分比（%）
煤	吨	834.75	232.63	602.12	27.9
石油	吨	13.0	9.58	3.42	73.7
天然气	立方米	616.18	444.79	171.39	72.2
铜	金属量公斤	55.83	2.14	53.69	3.8
铅	金属量公斤	29.19	6.22	22.97	21.3
锌	金属量公斤	73.44	12.0	61.44	16.3
锑	金属量公斤	1.71	0.45	1.26	26.5
金	金属量克	2.75	2.66	0.09	96.6
银	金属量克	75.39	39.13	36.26	51.9
硫铁矿	矿石吨	3.75	1.75	2.0	46.8
磷	矿石吨	13.75	0.2	13.55	1.4
水泥灰岩	矿石吨	33.99	21.14	12.85	62.2
石墨	矿属量公斤	135.12	86.25	48.87	63.8
萤石	矿石公斤	101.21	36.19	65.02	35.8

6. 河南省人口与森林资源

河南省人口数量与森林资源的矛盾也比较突出。主要表现在：第一，人均占有森林资源少。1998 年河南省第三次森林资源普查数据显示，河南省林业用地面积为 370.13 万公顷，占河南省土地面积的 22.2%；其中有林地面积 157 万公顷，占林业用地面积的 41.5%，低于全国 43.2%的平均水平，居全国第 20 位；人均占有林地面积 0.02 公顷，为全国人均水平（0.12 公顷）的 1/6，居全国第 21 位；有林地覆盖率为 9.4%，低于全国 12.7%的平均水平，居全国第 18 位；人均活立木蓄积量为 1.14 立方米，为全国平均水平（9.1 立方米）的 1/10，居全国第 21 位。第二，森林保存率低。根据省林业厅调查统计，1949~1987 年，河南省共造林 386 万公顷，1985 年森林资源清查时，只保存 75.5 万公顷，保存率只有 19.5%。第三，林地水土流失，河床泥沙淤积严重。由于人口数量多，毁林开荒、发展林副产品和生活用柴激增，导致水土流失，河床泥沙淤积。河南省多数山区农村耗柴量一般占生活用能的 50%~60%；现有薪炭林产柴量满足不了群众生活用能需要，就砍伐用材林取柴，造成针叶树（如杉树、松树等）修枝过度；阔叶树（尤其是栎类树）砍伐过多；山区农民为了发展食用菌（香菇、猴头、黑木耳等）大力砍伐木材。据 2000 年统计，河南省水土流失面积为 60798 平方千米，虽比 1985 年（61417 平方千米）减少了 619 平方千米，但水土流失治理面积 38102 平方千米，仅占水土流失面积的 62.7%。森林资源的破坏，还使库塘泥沙淤积，河床逐年淤高。如淮河河床每年以 3.5 厘米的速度不断抬高。

(三) 河南人口发展的资源需求规模与可能保证程度

1. 粮食需求水平与可能耕地规模

未来人口的食物消费结构和膳食营养水平将向动植物并重型发展，据此推算 2010 年在 400~410 千克，2020 年将在 420 千克左右，2035 年人口高峰时期将在 430~450 千克。同时，根据相关人口预测，2020 年按低、中、高三个方案人口数量将分别为 10536 万、10666 万、10886 万；2035 年这一数据将分别为 10362 万、10635 万、11021 万。据此估计 2020 年和 2035 年河南省粮食总需求最高将分别达到 457.2 万吨、496.0 万吨，具体数据如表 5-4 所示。河南省农业资源仍将面临人口增加与消费扩张带来的粮食总量需求持续增长的双重压力。

表 5-4　未来粮食需求状况

年份	预测各年总人口数（人）		人均粮食需求（千克/人）	粮食需求总量（万吨）
2020	低方案	105359001	420	442.51
	中方案	106663231	420	447.99
	高方案	108855011	420	457.19
2035	低方案	103619196	430~450	445.56~466.29
	中方案	106350897	430~450	457.31~478.58
	高方案	110214588	430~450	473.92~495.97

多项研究表明，河南省未来 30 年的粮食产量可以持续增长。随着生态退耕

任务的完成，耕地安全与粮食安全将成为影响耕地数量变化的主要原因。

2. 水资源需求量与可能供给水平

随着人口数量的增长，需水总量将进一步增加。以人均综合用水 420~450 立方米计，同样根据相关人口预测的低、中、高三个方案的计算，河南省 2020 年和 2035 年最高需水量将分别达到 489.85 亿立方米、495.97 亿立方米。具体预测水资源需求见表 5-5。

表 5-5　未来水资源需求状况

年份	预测各年总人口数（人）		人均综合用水量（立方米/人）	水资源需求总量（亿立方米）
2020	低方案	105359001	420~450	442.51~474.12
	中方案	106663231	420~450	447.99~479.98
	高方案	108855011	420~450	457.19~489.85
2035	低方案	103619196	420~450	435.20~466.29
	中方案	106350897	420~450	446.67~478.58
	高方案	110214588	420~450	462.90~495.97

河南省未来人口规模在水资源承载力范围之内，但区域之间极不平衡，跨流域调水已成为必然。总体上河南省的人口数量在水资源人口承载力范围之内。但由于各地人口和水资源分布极不均衡，一些地区表现出水资源人口承载力的严重超载，而一些地区具有极高的水资源人口承载力盈余，一些地区的人口与水资源承载力基本均衡。水资源超载区域的用水主要来自于该区域之外，随着人口的增长，水资源超载现象会更加严重，水资源承载力状况将成为区域社会经济发展的重要影响因素，跨区域调水等一系列战略措施应在河南省广泛实施。

3. 能源需求规模与可能保证程度

以千克标准煤为标准，河南省人均生活能源消费量在 1995 年为 112.97 千克标准煤，2000 年为 121.27 千克标准煤，2005 年为 161.29 千克标准煤，而 2006 年、2007 年、2008 年这一数据分别为 163.02 千克标准煤、160.69 千克标准煤、167.99 千克标准煤。可以看出，人均生活能源消费量在 2005 年有一个猛烈的提升，且此后居高不下。此处以人均能源消费量 200 千克标准煤（此处考虑到随着时间的推移人均能源消费标准会提升，同时由于科技进步，将来可以稳定到某一个值上），同样根据相关人口预测的低、中、高三个方案的计算，河南省 2020 年和 2035 年最高生活能源需求量分别达到 2177.10 万吨标准煤、2204.29 万吨标准煤。具体预测生活能源需求见表5-6。

表5-6 未来生活能源需求状况

年份	预测各年总人口数（人）		人均生活能源消费（千克标准煤）	生活能源需求总量（万吨标准煤）
2020	低方案	105359001	200	2107.18
	中方案	106663231	200	2133.26
	高方案	108855011	200	2177.10
2035	低方案	103619196	200	2072.38
	中方案	106350897	200	2127.02
	高方案	110214588	200	2204.29

以上的计算为生活能源的消费状况，尽管生活能源消费只是能源消费中的一小部分，但从其增长趋势上依然可以看出能源需求的增长。能源消耗总量的增长将呈现一个由快渐缓的变化过程，随着总量需求的不断增长，河南省将面临挑战。能源消费结构会有一定改变，煤炭比重下降到一半水平，油气上升到1/3以上。河南省能源构成结构中原煤所占比例为90%左右，消费结构的变化也对现有资源情况提出了莫大的挑战。

二、河南省人口、发展与环境污染

（一）人口、发展与环境研究的进程、内容和思路

1. 人口、发展与环境研究的进程

当代关于人口、环境和发展的研究是从第二次世界大战以后开始的，大致可以划分为以下三个阶段：第一阶段（20世纪40年代中期到50年代），主要是用经济学和社会学的观点论证控制人口增长的必要性。第二次世界大战后，全球经济进入了恢复和调整时期，而人口增长则出现了补偿性回升，人口过剩和贫困仍是主要的人口经济问题，但其严重性加深，影响范围扩大，已成为一个全球性的问题。同时，在人口研究用语上，"人口过剩"已被"人口压力"和"人口危机"

等词所代替。人口—贫困问题上升到了危及人类生存的高度。除人口学家以外，许多经济学家和社会学家也纷纷著书立说进行探讨。当时比较著名的有：美国 F. 皮尔逊和 F. 哈珀合著的《世界的饥饿》（1945 年）、美国福格特的《生存之路》（1949 年）以及美国 J. 赫茨勒的《世界人口危机》（1950 年）。这些著作从不同角度论证了人口与人类生存和世界动荡的关系，提出了控制人口增长的改革主张。第二阶段（20 世纪 60 年代至 70 年代末期），一些学者开始从生态学的角度论证人口增长的环境极限问题，而后又逐步转入多学科的综合研究。20 世纪 60 年代是西方发达国家经济比较繁荣的时期，短期的"婴儿潮"并未造成西方国家严重的人口过剩，这些国家的人口增长后来还在一定程度上刺激了经济和消费的增长。一些出生率比较高的国家和地区，例如日本、中国台湾、韩国和新加坡，也因经济的起飞消除了贫困，并逐步走上了人口再生产类型转变之路。而像印度这样人口众多又高度贫困的国家，由于"绿色革命"和"家庭计划"的实施，也使人类看到了摆脱饥饿的希望，增强了依靠经济增长和科技进步解决人口问题的信心。相比之下，由于环境污染、自然资源短缺问题在工业化国家非常严重，突出了环境问题的重要性。人口的环境承受能力是保证人口和经济增长的基本条件，因而引起了人们的普遍重视。70 年代初，爆发了震惊世界的能源危机，人口、资源、环境与发展之间的矛盾开始尖锐化。在一些与能源问题密切相关的国家，不少学者认为，人类的生存离不开资源与环境，人口增长决定于生态系统的承载能力。人口压力可以出现在人口增长率很高的地区和国家，也会出现在人口规模小，但资源贫乏且人口承载力很低的国家。为保护环境而控制人口，成为这一时期争论的焦点。美国人类生态学家埃利奇夫妇在 1970 年所著的《人口、资源、环境》一书中，系统地从生态学的角度论证了"人口爆炸"与自然环境之间的关系。1971 年罗马俱乐部的研究报告《增长的极限》更是引起了轰动。此书标志着对人口控制问题的探讨不仅由经济学界、社会学界扩大到生态环境学界、未来学界，亦由人文科学领域扩展到自然科学领域，而且也由一个局部、静态和短期的问题，上升到一个全球、动态和长期的问题。第三阶段（20 世纪 80 年代初至今）转向以研究可持续发展为主。随着世界人口的不断增长，特别是发展中国家的"人口爆炸"以及世界性的环境危机、能源危机等不断加深，人们越来越认识到，要满足不断增长的人口的需求，不仅要求经济持续发展，为人类社会提供足够的物质保障；同时，必须考虑对人口发展进行调节和控制，还必须善待我们所处的自然环境。

2. 人口、发展与环境研究的内容

（1）人口、发展对环境的影响。人口与资源环境的关系，表现为人口学变量与资源环境诸变量之间的关系。这种关系首先是人口数量与资源环境之间的关系，即人口增长与粮食安全、环境污染、资源消耗之间的关系等。人口数量与资源环境之间的关系自马尔萨斯以来多次引起人类社会的高度关注，罗马俱乐部系统动力学模型的研究以及罗马俱乐部与西蒙等的争论，显示了这种研究的意义及复杂性。人口数量与资源环境的关系，不是简单而直接的关系，这既与人口消费水平变化有关，也与人类对资源开发和环境污染治理的水平相关。

良好的环境为人类提供了生活、生产的空间和场所，提供所需的生活、生产资料，并且吸收接纳人类生活、生产排出的部分废物。然而，近年来，良好的环境不断受到人类的影响。经济的高速增长带来资金、能源、劳动的高消耗，驱动了人们对资源的掠夺式开采，而粗放式经营又使高能耗变成了高污染，破坏了生态环境。

（2）环境因素对人口发展的影响。人口发展包括多方面的内容，其中环境对人口身体素质的影响尤为突出。首先，环境对人口身体素质的影响具有长期性。这可从两方面考虑：从个体来看，环境对人体的影响自胚胎形成时起，贯穿人的一生；从作用的结果来看，环境对人口身体素质的影响往往不是在很短时间内就能显现出来，尤其是环境对生殖细胞中遗传物质的改变，一般要经历几代人，甚至更长时间。其次，环境对身体素质的影响具有广泛性。人类每时每刻都要受到各种环境因素的作用。从作用对象上看，环境影响的是整个人口，而不是局限于某一类人口。从影响因素来看，主要表现在影响人口身体素质的环境因素多样而广泛，有原生环境因素，也有次生环境因素；有自然环境因素，还有社会环境因素；有突变事故，又有日常生活中碰到的各种各样的诱变物质等。最后，环境对身体素质作用的机理较为复杂。主要表现在：一是不同环境因素对人体作用的机理不同，因而影响也存在差异，有些影响当时就表现出来，有些可能还不易发现，但会产生远期效应，通过遗传影响到后代的健康；二是即使是同一种环境因素，因强度或持续时间不同，影响结果就不同；三是同一环境因素，即使作用强度或持续时间都相同，不同的人口群体（如性别、年龄、健康状况不同的人口），受环境因素影响所表现出的结果也会不同。

3. 人口、发展与环境的研究思路

人口与环境密不可分，两者相互联系，相互影响。一方面，环境是人口的载体，人口要依赖自然环境才能生存和发展，自然环境提供人口生存和发展的基本外部条件；另一方面，人口根据其生存和发展需要，通过生产劳动等社会经济对自然环境进行相应的改造和加工。但是，过度的和不适当的人口社会经济活动在一定程度上会对环境造成污染和破坏，这时人口的生存与发展就要受到环境的制约，甚至会出现各种各样危及人类生存和发展的环境问题。人口通过各种社会经济活动对环境产生直接影响，在诸多人口因素中，引起环境问题的最主要因素是人口数量。人类为了生存和发展，要不断开发利用身边的自然资源与环境，急剧增长的人口进行的大规模无节制的生产开发活动将逐渐导致土地面积减少、矿产资源枯竭、水土流失严重、淡水资源匮乏、沙漠面积扩大、生物多样性减少、生态环境失调、自然灾害频繁等危害人类正常生活的严重的环境问题。

对于人口发展、经济社会发展和环境之间关系的研究，应当结合人类生态学理论进行。埃利奇夫妇 1990 年建立的 I＝PAT 模型具有一定的借鉴意义。其中 I 为环境效应，P 为人口，A 为人均消费水平，T 为单位消费使用技术造成的环境恶化程度[①]。

人口数量与经济发展、资源环境、贫富程度直接相关。人口是经济行为的主体，如果没有人类的经济活动，就不会有经济的高速发展。但是如果人口的增长速度快于经济的增长速度，超过了资源环境承载量，必然对经济发展产生不利影响。这种不利影响主要表现在经济总量的增加受到制约、人均占有资源量减少、人均收入和消费水平降低、就业压力大、贫困人口多、劳动生产力低下等方面。与此同时人口的增长对环境产生的不利影响更是不容忽视。

环境问题是在经济发展过程中逐渐形成的。一方面，人类从自然环境中获取的资源大大超过了其补给和再生增值能力，造成资源枯竭和生态环境退化；另一方面，人类排入环境的废弃物，特别是其中有害物质的增加，超过了环境的自然净化能力，干扰了自然界的正常循环，甚至影响到全球气候的变化。这两个方面的问题相互影响，形成复合效应，威胁着人类的生存和发展。城市化是社会经济发展到一定阶段的产物，是国家社会进步的表现，人口城市化水平是衡量生产力

---

① 埃利奇夫妇著：《人口爆炸》，1990 年版。

和国民经济发展水平的主要标志之一。人口向大城市流动是城市化的途径之一，具有历史进步性，有助于城市规模的发展和人口素质的提高，对城市建设作出了不可磨灭的贡献，但人口向大城市聚集难免会对市区环境造成影响。

(二) 河南省人口发展、经济社会发展与环境关系的现状和问题

新中国成立 60 多年来，河南省人口控制取得了显著成效，自然增长率稳定在较低的水平，但人口基数依然庞大，总人口居全国第一位。由此看来，贯彻落实"控制人口数量，提高人口质量"的基本国策仍将是不能放松的重要任务。河南省人口多、底子薄，各种资源拥有量并不丰富，人均资源拥有量更是处于较低水平，因此，发展经济，振兴河南，全面建设小康社会，人口问题始终是首要问题，要保持政策的连续性，稳定低生育水平，加强各项人口计生服务的措施，在经济社会各项事业发展的背景下，实现人口与经济社会的协调发展。

1. 河南人口、发展与水环境

我国地面水环境质量分为五类，其中一类水最好，源头没有任何污染；三类以上的可作饮用水源；最差的五类可以用于农业灌溉。2008 年河南省废水排放总量 309193 万吨，其中生活污水排放量 176049 万吨。化学需氧量（COD）排放量 650788 吨，其中工业废水中 COD 排放量 303024 吨，生活污水中 COD 排放量 347764 吨。工业废水排放达标量 126308 万吨，达标率 94.87%。

表 5-7 中数据直观显示出，2004~2008 年，河南省废水排放总量在逐年增加，并且增长的速度在不断加快，2004 年废水排放总量是 250652 万吨，2008 年就增加到 309193 万吨，平均每年增加 11708.2 万吨。近年来，随着人口的增多和人们生活水平的提高，河南省生活污水排放量在废水排放总量中的比重明显增加，已从 2004 年的 53.19%增长到 2008 年的 56.93%。虽然河南的人口自然增长率稳定在较低的水平，但人口基数依然庞大，人口对环境造成的污染仍然很严峻，特别是生活污水的排放。而且现在已不仅是由于人口的增长使得生活污水增长如此迅速，由图 5-4 可知，人口的自然增长已经控制在较低的水平，然而近年来河南省的生活污水却迅速提高。

表 5-7　2004~2008 年河南省废水排放情况

年　份	废水排放总量 （万吨）	生活污水排放量 （万吨）	人均生活污水 排放量（吨）	生活污水占废水排放 总量的比重（%）
2004	250652	133324	13.72	53.19
2005	262564	139088	14.24	52.97
2006	278022	147864	15.06	53.18
2007	296467	162123	16.43	54.68
2008	309193	176049	17.75	56.93

资料来源：《河南统计年鉴》。

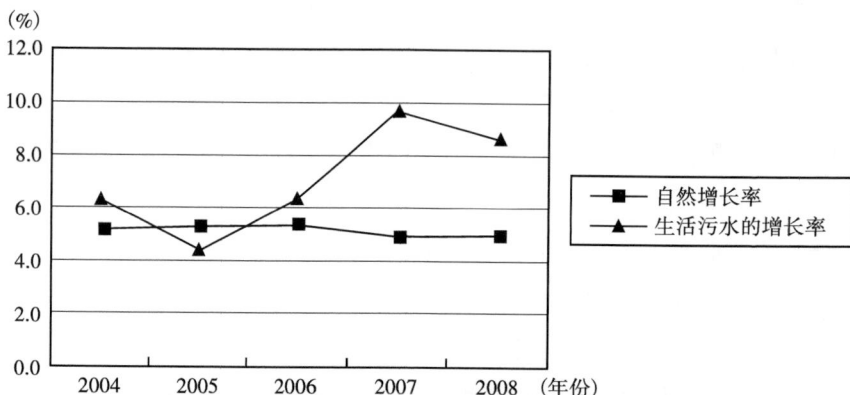

图 5-4　人口的自然增长与生活污水增长的关系

资料来源：《河南统计年鉴》。

城市污水排放量剧增，水环境防治面临重大挑战。由图 5-4 可知，人口的低速稳定增长并没有抑制生活污水的逐年增长。这有两方面的原因：一方面，河南省人口的自然增长率虽然已经控制在一个较低的水平，但由于人口的基数大，每年增加的人口数量仍然相当大。另一方面，由于人均消费水平的提高，人们对水资源的需求量越来越多，人均生活污水排放量在逐年增多。更值得注意的是，生活污水的排放量在污水排放总量中的比例正在逐年上升。而经济的发展，工业化的加快，人口的高度集中，城市用水量和污水的排放量不断增加，加剧了用水紧张和水质污染。工业生产中的废渣、废水、废气直接流入江、河、湖、海或渗入地表都会对水体产生影响，危害人们健康。城市中的生活用水，尤其是各种洗涤剂、洗衣粉、浴液、洁厕液等的大量使用，使城市废水中的化学成分和有毒物质的比重上升，再加上一些城市对污水处理和排放不当，使水污染更加严重。

2. 人口、发展与大气环境

（1）二氧化硫排放。2008 年河南省的二氧化硫（SO_2）排放量为 145.20 万吨，其中工业 SO_2 排放量为 128.06 万吨，生活 SO_2 排放量为 17.14 万吨。而从表 5-8 中我们可知近几年河南省的二氧化硫的排放总量有所下降，但是生活二氧化硫的排放量却在以每年 4.96% 的速度增长。

表 5-8　河南省 2004~2008 年的二氧化硫排放情况

单位：万吨

年　份	二氧化硫（SO_2）排放量	工业 SO_2 排放量	生活 SO_2 排放量
2004	125.6	111.3	14.3
2005	162.4	147.1	15.3
2006	162.44	146.43	16.01
2007	156.39	141.02	15.37
2008	145.20	128.06	17.14

资料来源：《河南统计年鉴》。

（2）汽车尾气排放。近几年人们的生活水平有所提高，私家车的数量迅速增加。汽车尾气污染排放迅速增加，且这种趋势将在未来的几年内更加明显。汽车在给人们生活带来极大便利的同时，对城市的空气质量污染也日益加剧，逐渐上升为城市大气环境污染的主要污染源，初步形成了煤烟与汽车尾气的复合型污染。汽车尾气作为一种流动的污染源，因其具有频繁性、交流性和近地面性，污染浓度带主要出现在城市交通干线、十字路口等人口密集区，大量有害气体排放在 0.3~2 米的人体呼吸带之间，对人体健康造成很大危害，特别是在上下班车流、人流高峰期，车速较慢，对过往群众、学生和执勤交警危害更大。因此，采取措施，加强监管，控制汽车尾气污染已刻不容缓。

3. 人口、发展与固体废弃物

随着城市居民生活水平的提高，城市生活垃圾每年以 10% 的速率增长。全国城市生活垃圾年产生量约为 1.4 亿吨，达到无害化处理要求的不到 10%。不少城市由于垃圾得不到及时处理而受到"垃圾围城"的困扰。2008 年河南省工业固体废物产生量 9556.67 万吨，其中危险废物产生量 14.51 万吨，危险废物处置量 5.23 万吨。而工业固体废物综合利用率 73.6%，工业固体废物处置率 25.6%。据调查，2006 年郑州市区日产生活垃圾 2841.5 吨，人均日产生量 0.82 千克。由此可见，日常生活产生的垃圾是值得人们关注的。

4. 农村人口、发展与农村生态环境

在这里我们只探讨农村特有的生态环境问题，像空气污染、水污染等这种在中国城市和农村都普遍的污染问题，这里不再赘述。农业生产中大量使用化肥、农药、地膜，导致环境污染加剧。并且近几年河南省农用塑料薄膜使用量和农用化肥使用折纯量都在逐年增加（见表 5-9），这无疑加重了环境污染的程度。

表 5-9　部分农用物资使用情况

单位：万吨

年　份	农用塑料薄膜使用量	农用化肥使用折纯量
2005	10.84	518.14
2006	11.84	540.43
2007	12.66	569.68
2008	13.07	601.68

资料来源：《河南统计年鉴》。

氮、磷、钾等化学肥料，比传统农家有机肥含量纯度高，作物吸收快，能迅速提高农作物产量。农民为了提高农作物的产量，每年都在增加化肥的用量，由表 5-9 的数据可知，河南省农用化肥使用折纯量每年都增加（从 2005 年的 518.14 万吨增加到 2008 年的 601.68 万吨）。此时，农民却忽视了大量使用化肥的负面作用：土壤板结，土壤质量下降，更严重的是造成水质污染，化肥含量高的农田用水特别是稻田用水排入河湖，使鱼、虾、蟹等水生动物减少甚至有些物种已经濒临灭绝。

河南省的农药污染一直比较严重。一些菜农、果农为了追求产量大量喷洒农药，一方面，喷洒农药的农民虽然戴着口罩，护着脸、耳、手等部位，身体还是免不了会少量吸收农药，喷洒完了觉得浑身不舒服；另一方面，长期过量施用农药，使害虫产生很强的抗药性，又导致农药的更严重的过量施用，如此恶性循环，使蔬菜、水果中的农药残留量加大，长期食用等于慢性中毒，不利于人们的身体健康。

（三）环境对人口、发展的影响

1. 环境对人口的影响

环境污染加重对人类寿命的影响是什么？我们不能准确回答这个问题。但环境污染影响人们身体健康，是不容置疑的。严重的空气污染事件已经证实，空气污染严重损害健康。进一步研究所产生的大量证据表明，长期暴露在污染物质里，即使浓度低，也会损害健康，并引起慢性病和过早死亡。对最脆弱的人——老年人和那些已经患呼吸系统疾病的人来说，尤其如此。

一般而言，环境污染对人体的危害主要分为急性危害和慢性危害。急性危害是指污染物在短期内浓度很高，或者几种污染物联合进入人体可以对人体造成窒息危害。慢性危害主要指小剂量污染持续作用于人体产生的危害，如大气污染对呼吸道慢性炎症率的影响等。

综上所述，随着社会的进步，人们的生活水平日益提高，对各方面的消费也更多了。比如居民对水的需求更多了，更多的居民有了私家车等。与此同时，人们的日常生活对环境污染的影响正在日益加剧。生活污水在污水总排放中占的比例在增加，生活 SO_2 的排放量占 SO_2 总排放量的比重在增加，生活垃圾成为一个不容忽视的问题，这些事实表明，居民生活对环境污染具有很大的影响，并有进一步加大的趋势。所以，增强城市居民环境保护意识是极有必要的。

2. 环境对发展的影响

在未来十几年里河南省经济总量的持续扩张，必然要面临资源短缺和环境污染的严重约束。一是河南省的资源难以支撑日益扩大的生产规模。研究资料表明，河南省煤炭资源保有储量不到山西的 1/10，铝土矿资源保有储量仅能满足 10~15 年的需求。到 2020 年，河南省将有总量超过 4000 万吨生产能力的煤矿矿井陆续报废。二是资源利用效率低，加剧了资源的短缺。2005 年河南省万元 GDP 能耗 1.38 吨标准煤，高出全国平均水平 13%；万元规模以上工业增加值能耗 4.02 吨，高于全国平均水平 55%。如果 2020 年河南省 GDP 达到 38500 亿元左右，现有资源潜力显然无法支撑未来巨大的能源需求量。水资源也不容乐观，按照河南省万元 GDP 耗用的水资源量 187 立方米计算，2020 年需要用水 748 亿立方米，是现有水资源总量的 1.3 倍，这样的用水量也是很难持续的。三是环境污染严重，可持续发展面临巨大障碍。河南省环境污染主要表现为工业水污染、粉尘污染、固体废弃物污染和城市生活造成的水和垃圾污染。郑州、洛阳、新乡、焦作是各种污染物排放较多的区域，发电、水泥、造纸、冶炼、采掘是产生污染的主要行业，尤其是电力生产，在三种污染物排放中均排名靠前。如不加强治理，河南省产业规模的扩张将对环境治理和环境友好型社会建设造成很大压力。

城市化加速，城市水资源问题突出。城市水资源需求与利用方式与农村地区存在着巨大差异，水量的持续稳定需求和水质的高标准要求是城市用水的主要特点。城市水资源问题的产生在于城市用水方式基本要求是否满足。在 21 世纪，中国农村人口向城市转移的规模之大、范围之广、速度之快是世界上前所未有的。在河南省，至今已出台的城市规划都是在没有考虑人口大规模移动的前提下制定的，城市并没有做好接纳大规模人口迁入的准备。城市水问题将面临前所未有的重大挑战。

（四）河南省近年来为实现人口发展、经济社会发展与环境协调采取的行动及其效果

1. 污染减排实现重大转折

"十一五"期间，国务院确定河南省主要污染物化学需氧量（COD）和二氧化硫（SO_2）排放总量要在 2005 年的基础上分别削减 10.8%和 14%以上。为确保完成这一目标，省委、省政府出台了节能减排实施方案，成立了由省长任组长的节能减排领导小组，印发了主要污染物总量减排考核、监测和统计办法，出台了关于实行节能减排目标问责制和"一票否决"制的规定，并与各省辖市政府签订了目标责任书。各省辖市政府也分别将总量削减任务分解落实到了各县（市、区）政府和重点排污企业。在各方面共同努力下，2007 年，河南省主要污染物化学需氧量和二氧化硫排放量分别减排 3.76%和 3.7%，首次呈现"双下降"，2008 年，两项指标分别比 2007 年下降 6.2%和 7.17%，污染减排比例位居全国前列，实现了重大转折。

2. 环境综合整治成效明显

为切实解决危害群众健康和影响可持续发展的环境问题，省委、省政府坚持把重点流域区域环境综合整治作为向人民群众承诺办好的"十大实事"之一，每年都确定几个污染严重的流域、区域、行业进行环境综合整治。近年来，先后开展了对南水北调中线工程水源地、贾鲁河等 11 个流域，安林公路沿线等九个区域，化工、医药、电力等六个行业以及 113 个饮用水源地的环境综合整治。截至2008 年底，河南省共关闭、取缔重污染企业 5204 家，对 3008 家企业进行深度治理，有效地改善了区域环境质量，解决了一大批群众反映强烈的环境问题。

河南省建设领域节能减排工作进展顺利。目前，河南省已建成的 135 座城市污水处理厂全部实现稳定运行，日处理污水达到 592 万吨，建成配套管网 3778 千米。2008 年前 10 个月，河南省污水处理厂累计处理污水 12.21 亿吨，主要污染物 COD 总量削减 35.4 万吨。河南省 105 个县（市）征收污水处理费 1.53 亿元，综合征收率 82.44%。2008 年建设的 20 个县级垃圾处理场升级改造项目一期工程也全部完成，新增生活垃圾处理能力 3122 吨。河南省 2009 年将继续加快污水垃圾处理设施建设，尤其是加快收集管网的配套建设，如南阳等 10 个省辖市第二污水处理厂、焦作等八个省辖市污水处理脱氮去磷升级改造、洛阳等 10 个省辖市中水回用、50 个县级垃圾处理场无害化处理系统等工程。此外，省建设厅还将在河南城乡一体化试点城市和有条件的县，建立"村收集、乡运输、县处理"的生活垃圾处理体系，鼓励有条件的工业和旅游强镇率先建设农村污水、垃圾处理设施。

三、河南省人口资源环境可持续发展的政策建议

（一）人口发展的资源安全战略及政策建议

2010~2030 年是河南省现代化发展的一个关键时期，在国家发展将基本完成小康社会整体框架建设的前提下，河南省也要紧跟国家步伐，努力实现这一发展目标，这就要求人口发展类型的转变。然而，在第一人口大省顺利实现这种人口发展的根本转变，需要拥有不断扩大的资源基础作为保障。

1. 耕地与粮食安全

以耕地资源安全为核心的粮食安全问题是关系中华民族生存与发展的根本问题，同样也是河南省作为农业大省应该考虑的重要问题。提倡适度消费，走动植物产品并重型食物发展道路，即改善饮食习惯，避免单纯以植物性食物作为单一来源。

实施"藏粮于土"计划，应是河南省配合国家耕地与粮食安全战略的长期选

择。一是要强化用途管理、切实保护耕地，建立国家级耕地保护区。二是合理开发利用荒地、实施土地管理工程，提高土地利用率，针对河南省土地后备资源有限的情况，土地资源的开发利用应以开源节流相结合，提高区域土地资源利用率。在切实保护现有耕地基础上，实施"拓荒"计划，利用现有的后备土地资源，搞好土地复垦，推动土地管理。三是建设基本农田、配套基础设施，提高土地资源生产效率。河南省土地投入少，设施差，经营粗放，因而利用水平并不高，经济效益差，因此对其进行深度开发具有很大的潜力。四是建立小区平衡机制，实行区域化、专门化生产，提高区域农业资源配置效率。五是立足河南省土地资源，广辟食物来源，全面提高土地资源的综合生产力。在切实保护耕地、充分挖掘粮食生产潜力的基础上，着眼于充分利用各种农业资源和整体土地资源，挖掘非耕地食物资源，全面提高河南省土地资源的综合生产能力。在土地资源开发利用的过程中应该注意以下问题：首先，必须先查清楚省内各地土地资源的数量、质量、种类、分布和潜力，并对这些资源进行生态、自然、经济等方面的评价后，才可确定这些资源的开发利用方向、利用措施及应达到的目标。其次，把上述调查、评价所得的结论形成规划，才可以组织人力、物力、财力实现规划，即开发利用这些资源。另外，需要把土地资源的开发利用纳入法制轨道。

2. 水资源安全

合理利用水资源、提高用水效率，并保护水资源是保障水资源安全的基本途径。一是贯彻落实科学发展观，全面建设节水型社会。节约用水、保护水资源应作为建设资源节约型社会的重要工作，无论是产业布局和调整，还是各项政策的制定和实施，必须充分考虑水资源的制约因素，建立节水型社会。二是加大水资源管理力度，努力提高水利用效率，河南省作为缺水省份之一，水资源短缺和浪费问题同时存在。河南省又是农业大省，农业用水在整体用水中占了很大的比例，省内大部分地区长期以来农业都采用粗放灌溉方式，水的利用效率很低，现在灌溉用水量超过作物的合理灌溉用水量，潜力相当可观。因此，我们应该发起以提高用水效率为中心的技术革命，如提高水利产业中科技含量，农业大力推行节水灌溉技术，工业要采用先进技术和工艺，提高循环用水的次数，生活用水设施采用先进的节水措施等。三是强化水资源监管，减少水体污染。由于省内水资源分布不均，因此也可以考虑跨区域调水。

3. 能源、矿产资源以及森林资源安全

合理使用现有的资源，提高资源使用效率，积极开发新资源。由于大部分能源、矿产资源是不可再生的，森林资源虽然可以再生，但是现在河南省森林资源已经比较匮乏，对于这些资源的使用就更要合理化。首先要落实科学发展观，建立资源节约型社会，不断强化整个社会节约资源的意识。对于不可再生资源，"开源节流"中的"节流"就显得更加重要。其次要加大资源管理力度，提高能源、矿产资源以及森林资源的利用率，使现有的资源发挥更大的效用。另外，对于能源中的一些可再生资源以及森林资源要注意保护其可再生的基本条件，不断创造、优化可再生的条件，以丰富此类资源的存量。尤其是森林资源的不合理利用和缺失，不仅会对经济产生影响，对环境的影响更是不可估量的，所以一定要把相关保护政策加入法规。资源的保障是发展的基础，河南省一定要把资源保障做好，紧跟国家不断发展的步伐。

（二）处理人口环境关系的政策建议

1. 加大人力资本投入，努力提高人力资源素质

人力资源素质是关系经济可持续增长的长远大计，河南省提高人力资源素质必须从以下三方面做起：一是大力发展基础教育。鼓励有条件的地方，在全面实现九年义务教育的基础上，推行12年义务教育。二是以职业培训为重点，加强职业技术培训，造就一批高素质劳动者。同时鼓励企业加强培训，提高员工的技术和文化素质，增强企业技术革新和技术进步的能力。三是全面提高企业经营管理者素质。围绕现代市场经济和现代企业制度，采取多种形式加强企业管理者的教育培训，引进国内外先进管理经验和先进经营理念，不断增强企业的市场竞争意识和法制意识，提高企业经营管理水平。

2. 综合治理环境污染，保护生态环境

要彻底改善环境质量，整治环境污染，应该坚持强化管理、预防为主以及谁污染谁治理、谁开发谁保护的原则，充分调动地方政府、经济部门、企业及广大群众保护环境的主动性、积极性和创造性。环境问题在本质上是由于资源的不合理利用造成的，环境问题的产生贯穿了资源的开发、加工及资源消费的全过程。因此，要加强对资源利用各个环节的管理，使环境问题降到最低限度。要根据资

源和环境的特点，做好资源开发保护规划及环境影响评价工作。在资源加工过程中，要通过技术改造，推行清洁生产与资源节约技术，提高资源利用率，使资源最大限度地转化为产品，减少废弃物排放。

3. 实现资源可持续开发利用

实现资源可持续开发利用的基本思路为：首先节约资源，保护环境，综合治理。对于生态脆弱的地区，开发与治理的关系异常复杂，既不能走"先开发，后治理"的路子，以牺牲生态环境为代价，换取一时的经济增长，又不能因噎废食。唯一可行的是边开发边治理。坚持"开发利用与保护增值并重"和"谁开发谁保护、谁破坏谁治理、谁利用谁补偿"的方针，确立生态破坏限期治理制度。在大规模能源开发建设中，要坚持"先规划、后建设"，"先环保、后立项"，将水、电、路、暖及"三废"处理等基础设施通盘考虑，既要节约资源，又要减轻污染。要综合运用经济手段、法律手段、行政手段和科技手段，制止对资源的浪费和对环境的破坏，提高资源利用率和生态效益。

4. 加快城镇污水处理厂的规划和建设

居民生活污水对水资源的影响日益突出，但河南省只有少数城镇建有生活污水集中处理场，因此加快生活污水的治理迫在眉睫。目前，河南省大多数城镇建设尚处于起步阶段。在中小城镇及中心村建设规划中，应重视废水处理系统的建设，污水处理系统及管网建设应与村镇建设同步，推广无动力污水处理系统或土地处理系统。

第六章 河南省流动人口家庭化研究

我国流动人口的流动模式正经历着从最初的个人流动到家庭化流动的转变。流动人口的家庭化指流动人口越来越多地生活在夫妇家庭、核心家庭等结构完整的家庭中，而不是独自生活或生活在集体户中。对人口流动的分析分为个人视角、家庭视角和村居委会视角。目前，基于全国流动人口动态监测数据的流动人口状况分析主要是个人视角的分析，但多数问题的家庭视角分析是个人视角不可替代的，如流动人口的家庭背景、流动家庭的结构、不同类型家庭的居住状况和成员生存状况等。流动人口的家庭化和社会融合是相互影响的两个方面。为了把握河南省流动人口的家庭化状况，本书利用河南省流动人口动态监测数据和专项调查数据，对流动人口的家庭结构、家庭化程度、影响家庭化程度的因素进行了研究。

本章的数据来源于全国流动人口动态监测调查河南数据。该调查的目的在于了解掌握人口流动迁移趋势、流动人口生存发展状况，完善流动人口服务管理、推进基本公共服务均等化、加强相关政策研究等，调查对象是"在本地居住一个月及以上，非本区（县、市）户口的男性和女性流动人口"。调查对象的年龄在15~59岁，调查时间为2013年5月。在流动人口动态监测调查问卷（A）中，对被调查者的家庭情况进行了调查。调查中获取了被调查者本人、配偶和子女（包括在本地、老家及其他地方的）以及与被调查者在本地同住的家庭其他成员情况。调查项目涉及成员序号、与被调查者关系、性别、出生年月、民族、教育程度、户口性质、婚姻状况、户籍地、现居住地、本次流动范围、本次流动时间和本次流动原因等。这些信息可以用来分析流动人口的家庭状况，进而从家庭视角分析流动人口的状况。

一、2013年河南省流动人口家庭化分析

（一）流动人口的家庭结构分析

从被调查者家庭成员的居住情况看，居住在本地的占85%，居住在户籍地的占12.7%，居住在其他地方的占1.9%。居住在流入地的人口是流动家庭的主体。为分析人口流动与家庭之间的关系，我们将流动人口家庭分为流动家庭、留守家庭和完整家庭。划分的依据是流动人口动态监测调查中的家庭成员"现居住地"状况，该项目的选项分为"本地、户籍地和其他"。按家庭成员的登记情况，由居住在流入地（现居住地为本地）的家庭成员组成的家庭即流动家庭；由流动家庭的仍居住在户籍地（现居住地为户籍地）的家庭成员组成的家庭即留守家庭；由调查登记时登记的全部家庭成员（包括在本地、老家和其他地方的以及与被调查者在本地同住的家庭成员）组成的家庭即完整家庭。流动家庭和留守家庭本质是完整家庭在人口流动后形成的两个分离的部分。

1. 流动人口的完整家庭结构分析

流动人口的完整家庭指家庭中既包含在流入地家庭成员也包含在户籍地家庭成员和在其他地方的家庭成员的家庭。2013年，在河南省6000个流动人口家庭中，3.2%的家庭（194个）无法用计算机程序辨别，可以辨别的家庭占96.8%，总量为5806个。数据分析显示，流动人口的家庭结构类型少，主要是核心家庭和单人户。在这些家庭中，单人户占39.9%，一对夫妇户占3.7%，核心家庭占56.1%，两代联合家庭占0.3%，三代直系家庭所占比重接近0。流动人口的家庭结构类型少，仅有5个，占十种家庭类型的一半。在这五种家庭结构类型中，核心家庭和单人户合计占96%（见表6–1）。与2012年相比，家庭结构变化不大。

表 6-1　河南省流动人口的完整家庭结构类型构成

单位：%

家庭结构类型	2013 年比重	2012 年比重
单人户	39.9	39.2
一对夫妇户	3.7	3.4
核心家庭	56.1	56.7
两代联合家庭	0.3	0.4
三代直系家庭	0.0	0.2
合计	100	100

2. 流动家庭的家庭结构分析

流动人口在流入地的家庭是指居住在流入地的家庭成员构成的家庭，家庭中不包括在户籍地和其他地方居住的家庭成员。这种家庭通常又被称为流动家庭，与之对应的留在户籍地的家庭成员组成的家庭被称为留守家庭。

从数据分析结果看，2013 年流动家庭中单人户占 46.2%，核心家庭占 38.7%，一对夫妇户占 14.8%，两代联合家庭占 0.3%，三代直系家庭所占比重接近 0。流动家庭的家庭结构类型也比较单一，实际上就是单人家庭、核心家庭和一对夫妇户三种形式。与 2012 年相比，流动人口的家庭化程度变化不大，但核心家庭比重从 6.3% 提高到了 38.7%，一对夫妇户比重从 46.4% 下降到了 14.8%，单人户比重只有微小的变化，从 2012 年的 46.4% 降低到了 46.2%（见表 6-2）。

表 6-2　流动家庭的家庭结构类型构成

单位：%

家庭结构类型	2013 年比重	2012 年比重
单人户	46.2	46.4
一对夫妇户	14.8	46.4
核心家庭	38.7	6.3
两代联合家庭	0.3	0.5
三代直系家庭	0.0	0.4
合计	100.0	100.0

从完整家庭与流动家庭的家庭结构比较看，人口流动导致完整家庭分解为流动家庭和留守家庭，分解后的两种家庭是规模更小、家庭结构更简单的家庭。流动家庭和留守家庭都属于不完整的家庭。2013 年，相对于完整家庭，流动家庭中的单人家庭比重增加了 6.26 个百分点，一对夫妇户比重增加了 11.12 个百分

点，核心家庭减少了 17.38 个百分点，两代联合家庭减少了 0.02 个百分点（见表 6-3）。

表 6-3　完整家庭与流动家庭的结构比较

单位：%

家庭结构类型	流动家庭构成	完整家庭构成	增减百分点
单人户	46.2	39.9	6.26
一对夫妇户	14.8	3.7	11.12
核心家庭	38.7	56.1	−17.38
两代联合家庭	0.3	0.3	−0.02
三代直系家庭	0	0	0.03
合计	100	100	0

从家庭成员分离导致的完整家庭向流动家庭和留守家庭的转变看，因家庭成员的分离，完整家庭中的一对夫妇户 84.8%没有变化，有 15.2%转变成了单人户；完整家庭中的核心家庭 69%没有变化，有 20.8%因子女留在户籍地或居住在其他地方而成为一对夫妇户，有 10.2%因子女和配偶留在户籍地或者居住在其他地方而转变成了单人户（见表 6-4）。

表 6-4　完整家庭与流动家庭的转变关系

单位：%

家庭结构类型		在流入地的家庭结构类型					合计
		单人户	一对夫妇户	核心家庭	两代联合家庭	三代直系家庭	
完整家庭的家庭结构类型	单人户	100.0					100
	一对夫妇户	15.2	84.8				100
	核心家庭	10.2	20.8	69.0			100
	两代联合家庭				100.0		100
	三代直系家庭					100.0	100
合计		46.1	14.8	38.7	0.3	0.0	100

3. 与流动家庭对应的留守家庭情况分析

留守在户籍地的家庭成员在调查中被看作流动家庭中分割出去的部分，至于他们在户籍地居住在什么样的家庭中调查并未涉及。居住在户籍地的家庭成员的身份也是"与户主关系"，但户主并未居住在户籍地。因此我们假设户主在户籍地进行留守家庭的结构分析，然后将户主剔除出去，将留守家庭还原为实际的家庭结构形式。

数据分析显示，假设户主在家，留守家庭中的单人户占41.4%，一对夫妇户占39.6%，核心家庭占19.1%。即留守在户籍地的成员组成的家庭在假设户主在的情况下只有单人户、一对夫妇户和核心家庭三种形式。但实际上户主是流动人口且居住在流入地，因此需要剔除户主。单人家庭剔除户主后就不再存在，一对夫妇户剔除户主后留下的是由户主配偶形成的单人户，核心家庭剔除户主后留下的是户主配偶和子女的单亲家庭户。由此推算出户主配偶形成的单人户和单亲家庭户分别占留守家庭的67.5%和32.5%。这是在户籍地成员独立居住情况下的家庭结构，但实际上他们可能会和其他亲属居住，如和户主的父母一起居住或者与户主的岳父母一起居住等。

（二）人口流动家庭化的特征及影响因素

人口流动影响家庭结构，家庭结构作为家庭背景的主要方面也影响着人口流动。人口流动的家庭化程度指在流动人口中多少人生活在家庭中，家庭由核心家庭、一对夫妇户、两代联合家庭、三代或者四代家庭组成，不包括单人户。流动人口生活在单人户中的越多，家庭化程度越低。

1. 户主流入本地时间越长，其家庭化程度越高

从户主流入本地时间（年数）看，流动人口的家庭化程度与流入时间成正比。在户主流入本地一年的家庭中，59.1%是单人户，35.7%是核心家庭，4.7%是一对夫妇户；在户主流入本地1~5年的家庭中，60.7%是核心家庭，36.2%是单人户，3%为一对夫妇户；在户主流入本地5~10年的家庭中，核心家庭所占比重上升到了79.2%，单人户比重降低到了17%，一对夫妇户占3.5%；在户主流入10年及以上的家庭中，核心家庭比重高达95.4%，单人户比重仅占2.1%，一对夫妇户比重为2.1%（见表6-5及图6-1）。

从流动人口在流入地的家庭结构看，流动人口的家庭化程度也和户主流入本地的时间成正比。户主流入时间为1年及以下、1~5年、5~10年、10年及以上的家庭中核心家庭所占比重分别为21.7%、40.8%、62.2%和71.4%；单人户所占比重从65.8%依次下降到42.4%、21.7%和9.4%；一对夫妇户比重变化不大，但也从12.1%依次增加到了16.7%、15.7%和18.8%。卡方检验显示按户主流入时间

分的家庭结构类型构成存在统计差异（见表 6-6）。

表 6-5 流动人口家庭（完整家庭）按户主流入本地年数的构成

单位：%

家庭结构类型	1 年及以下	1~5 年	5~10 年	10 年及以上	合计
单人户	59.1	36.2	17.0	2.1	39.9
一对夫妇户	4.7	3.0	3.5	2.1	3.7
核心家庭	35.7	60.7	79.2	95.4	56.1
两代联合家庭	0.4	0.1	0.2	0.2	0.3
三代直系家庭	—	—	0.1	0.2	0.0
合计	100.0	100.0	100.0	100.0	100.0

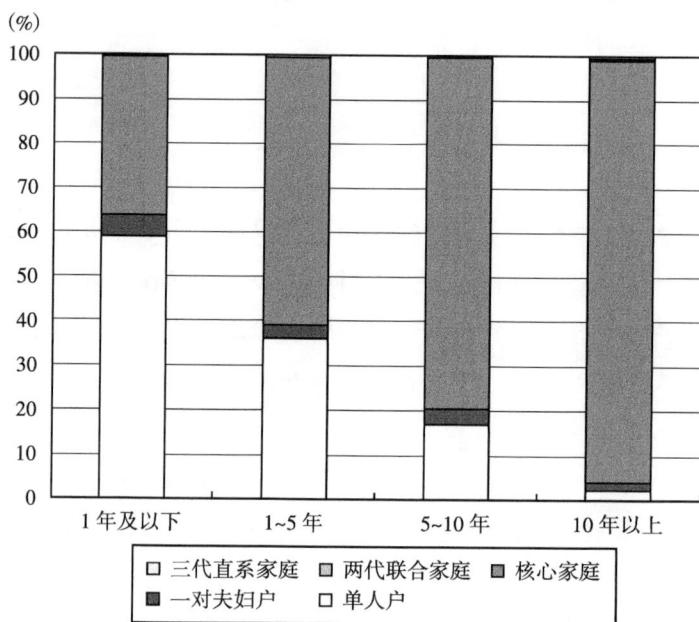

图 6-1 流动人口家庭（完整家庭）按户主流入本地年数的构成

表 6-6 流动人口家庭（流动家庭）按户主流入本地年数的构成

单位：%

家庭结构类型	1 年及以下	1~5 年	5~10 年	10 年及以上	合计
单人户	65.8	42.4	21.7	9.4	46.1
一对夫妇户	12.1	16.7	15.7	18.8	14.8
核心家庭	21.7	40.8	62.2	71.4	38.7
两代联合家庭	0.4	0.1	0.2	0.2	0.3
三代直系家庭	—	—	0.1	0.2	0.0
合计	100.0	100.0	100.0	100.0	100.0

2. 流动范围越大，家庭化程度越高

从流动人口的流动范围看，跨省流动人口的家庭化程度高于省内跨市流动人口和市内跨县流动人口。跨省流动人口的单人户仅占家庭户的 28.2%，省内跨市流动人口和市内跨县流动人口中的单人户比重却高达 48.8% 和 49.4%（见表 6-7）。原因可能是近距离流动人口虽然单身居住，但回家的费用低，与家庭之间的往来比较方便。

表 6-7　按流动范围分的流动家庭结构类型构成

单位：%

家庭结构类型	跨省流动	省内跨市	市内跨县	合计
单人户	28.2	48.8	49.4	46.1
一对夫妇户	21.8	14.2	11.8	14.8
核心家庭	48.8	36.9	38.4	38.7
两代联合家庭	1.2	0.1	0.2	0.3
三代直系家庭	—	—	0.1	0.0
合计	100.0	100.0	100.0	100.0

3. 户主文化程度越高，家庭化程度越低

从户主的受教育程度看，流动人口的家庭化程度与户主的受教育程度呈反向关系，户主的受教育程度越高，流动家庭越可能处于单人户状态（见表 6-8）。

表 6-8　按户主文化程度分的家庭结构类型构成

单位：%

家庭结构类型	未上过学	小学	初中	高中	中专	大学专科	大学本科	研究生	合计
单人户	37.0	14.4	35.6	53.4	68.6	76.2	82.9	100.0	46.2
一对夫妇户	13.0	21.6	16.6	12.9	16.1	6.5	7.0	—	14.8
核心家庭	50.0	62.9	47.6	33.1	15.3	17.1	10.1	—	38.7
两代联合家庭	—	0.7	0.2	0.6	—	0.2	—	—	0.3
三代直系家庭	—	0.2	0.0	—	—	—	—	—	0.0
合计	100.0	100.0	100.0	100.0	100.0	100.0	100.0	100.0	100.0

但上述结果似乎是受到了分年龄受教育程度的影响，为此我们按户主年龄组分析其文化程度与家庭成员的家庭类型构成。从数据分析结果看，高中是分界点，户主文化程度高于高中的，其家庭成员更多是非家庭化流动，而户主受教育程度低于高中的，其家庭成员更多处于家庭化流动状态。

4. 户主就业身份影响家庭化程度

户主的就业身份与其家庭成员所在的家庭类型之间存在明显的关系。户主为雇员的流动人口，其家庭更多是单人户，即家庭化程度低。户主为雇主、自营劳动者的，其家庭成员在一对夫妇和核心家庭中所占的比重较高。户主是家庭帮工的，其家庭成员在核心家庭和一对夫妇家庭中所占的比重最高。家庭帮工在调查中指在自家经营的摊位、商店、门市部或工厂工作的人，既然是家庭化经营，其家庭化程度高就符合实际（见表 6-9）。

表 6-9　按户主就业身份分的流动家庭类型构成

单位：%

户主就业身份	雇员	雇主	自营劳动者	家庭帮工	合计
单人户	76.0	21.5	17.6	4.4	47.3
一对夫妇户	9.2	21.1	21.1	12.6	14.8
核心家庭	14.8	57.1	60.9	77.8	37.5
两代联合家庭	0.0	0.2	0.3	5.2	0.3
三代直系家庭	—	—	0.0	—	0.0
合计	100.0	100.0	100.0	100.0	100.0

二、2014 年河南省流动人口家庭化状况分析

（一）河南省流入人口的家庭状况

1. 流动家庭成员的基本状况

河南省流入人口以农业人口为主，与当前流动人口以农村向城镇转移的总体趋势相符合。在河南省流入人口中，农业户口的占 94.3%，非农业户口的占 5.7%；农业转居民的占 2.6%，非农业转农业的占 0.1%。

在河南省流入人口调查中登记的人口，87.2% 的现居住地为本地，12.1% 的现居住地为户籍地，0.7% 的现居住地为其他地方。该数据意味着流动家庭的完整程度为 87.2%，如果留守在户籍地的家庭成员和居住在其他地方的家庭成员也到现

居住地一起生活，流动家庭就实现了完整的迁移。

从河南省流入人口的流动范围看，跨省流动占 20.1%，省内跨市流动占 63%，市内跨县流动人口占 16.9%。即河南省省内流动人口中从外省流入的仅占 1/5，流动人口主体是省内流动人口。河南省跨省流入人口主要来自浙江、福建、安徽、湖北、河北、山西、四川和重庆等省市。

河南省流入人口的流动原因以务工经商和随同流动为主。从具体原因看，务工经商占 64.2%，随同流动占 28.7%，出生占 3.1%，学习占 3%，投亲靠友占 0.5%，其余占 0.4%，婚嫁占 0.1%。

2. 流动人口的完整家庭结构分析

2014 年河南省内流动人口的完整家庭仍以核心家庭为主，其次是单人户和一对夫妇户，两代联合家庭很少，三代直系家庭和其他的家庭类型接近消失。在 2014 年河南省内流动人口家庭中，核心家庭占 64.1%，单人户占 31%，一对夫妇户占 4.7%，两代联合家庭占 0.2%（见表 6-10 及图 6-2）。从 2012~2014 年的变

表 6-10　2012~2014 年河南省省内流动人口的完整家庭结构类型构成

单位：%

家庭结构类型	2012 年	2013 年	2014 年
单人户	39.2	39.9	31
一对夫妇户	3.4	3.7	4.7
核心家庭	56.7	56.1	64.1
两代联合家庭	0.4	0.3	0.2
三代直系家庭	0.2	0	0
合计	100	100	100

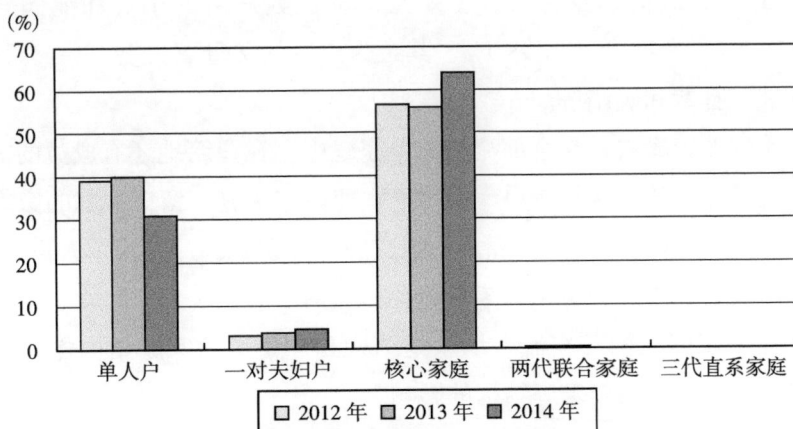

图 6-2　2012~2014 年河南省省内流动人口的完整家庭结构类型构成

化看，单人户所占比重降低，核心家庭和一对夫妇户所占比重上升。

3. 在流入地的家庭结构

流动人口在流入地的家庭是指由常住在流入地的家庭成员组成的家庭，家庭成员中不包括还留守在户籍地和居住在其他地方的成员。从数据看，扣除还留守在户籍地的成员和居住在其他地方的家庭成员后，流动人口的家庭结构发生了变化。核心家庭比重从 64.1% 下降为 47.2%，一对夫妇户则从 4.7% 上升到了 15.8%，单人户比重也从 31% 上升到了 36.8%（见表 6-11）。总体来看，流动家庭因为家庭成员的分离变为更小的家庭。

表 6-11　河南省流入人口的完整家庭结构与在流入地的家庭结构对比

单位：%

家庭结构类型	完整家庭构成	在流入地的家庭构成
单人户	31.0	36.8
一对夫妇户	4.7	15.8
一代及其他户	0.0	0.0
核心家庭	64.1	47.2
两代联合家庭	0.2	0.2
三代直系家庭	0.0	0.0
三代联合家庭	0.0	0.0
合计	100.0	100.0

4. 留守在户籍地的成员状况

家庭流动过程中谁领先、谁留守是家庭决策的结果。从河南省流入人口还留在户籍地的家庭成员的身份看，主要是流动家庭户主的子女和配偶，分别占 82.2% 和 16.2%，两项合计为 98.4%，其余为户主的父母（公婆、岳父母）、兄弟姐妹及配偶、孙辈和媳婿等。

从户籍地的家庭看，在全部流动人口家庭中，在户籍地还有成员的家庭占全部流动家庭的 15.1%。这些在户籍地的家庭即留守家庭，留守家庭的家庭结构类型只有两种，92.2% 为户主配偶和子女组成的核心家庭，7.8% 为单人户。

5. 从家庭转化看人口流动对家庭结构的影响

建立完整家庭结构、在流入地家庭结构和户籍地的家庭结构之间的转换矩阵，可以看出人口流动对家庭结构的影响。

表 6-12 中的数据显示，单人户流动到现住地后 100% 还是单人户。一对夫妇

户流动到现住地后 87.1%还是一对夫妇户，7.9%变成了单人户，即 7.9%的一对夫妇户是夫妻一方单独流动，另一方是留守在户籍地或者在其他地方。核心家庭流动到现住地后 73.7%还是核心家庭，18.5%变成了一对夫妇户，即 18.5%的核心家庭是夫妻一起流动但把子女留在了户籍地或其他地方；7.9%的核心家庭流动到户籍地变成了单人户，即核心家庭中只有夫妻一方流动到了现住地，留下了夫妻另一方和子女在户籍地或其他地方。三代及以上家庭案例较少，数据的代表性不大，因此不再分析。

表 6-12 完整家庭结构与在流入地家庭结构的交叉表

单位：%

		在流入地的家庭结构						合计
		单人户	一对夫妇户	核心家庭	两代联合家庭	三代直系家庭	三代联合家庭	
完整家庭的家庭结构	单人户	100.0						100.0
	一对夫妇户	12.9	87.1					100.0
	核心家庭	7.9	18.5	73.7				100.0
	两代联合家庭			9.1	90.9			100.0
	三代直系家庭					100.0		100.0
	三代联合家庭						100.0	100.0
	合计	36.6	15.9	47.2	0.2	0.0	0.0	100.0

（二）河南省跨省外出人口的家庭结构

1. 河南省跨省流出人口家庭的空间分布

按经济区划分，河南省跨省流出人口家庭 89%分布在东部地区，2.8%分布在中部地区，7.3%分布在西部地区，0.9%分布在东北地区。

按经济带划分，河南省跨省流出人口 18.3%分布在珠三角经济带，47.8%分布在长三角经济带，19.6%分布在环渤海经济带，14.2%分布在其他地区。

按城市群分，河南省跨省流出人口家庭主要分布在长三角城市群、京津冀城市群、珠三角城市群、海峡西岸城市群和乌昌石城市群等，分别占全部跨省流出人口家庭的 41.6%、18.2%、17.4%、6.8%和 1.4%（见表 6-13）。

表 6-13　河南跨省流出人口家庭按城市群的分布

单位：%

城市群	比重	城市群	比重
京津冀	18.2	关中城市群	0.7
珠三角	17.4	广西北部湾城市群	0.1
长三角	41.6	太原城市群	0.7
长江中游城市群	0.9	滇中城市群	0.2
成渝	0.3	黔中城市群	0.3
海峡西岸	6.8	呼包鄂榆	0.5
山东半岛	0.5	乌昌石城市群	1.4
哈长城市群	0.1	宁夏沿黄	0.1
辽中南	0.8	其他地区	9.1
江淮城市群	0.2	合计	100.0

2. 河南省跨省流出人口的完整家庭结构

2014 年河南省跨省流出人口的家庭结构类型以核心家庭为主。全部流动家庭中，核心家庭占 69.1%，单人户占 24.7%，一对夫妇户占 5.4%，两代联合家庭占 0.4%，三代直系家庭占 0.2%，隔代家庭占 0.1%。与省内流动人口相比，跨省流出人口的家庭化程度较高（见表 6-14）。

表 6-14　河南省跨省流出人口的家庭结构

单位：%

家庭结构类型	比重
单人户	24.7
一对夫妇户	5.4
核心家庭	69.1
隔代家庭	0.1
两代联合家庭	0.4
三代直系家庭	0.2
三代联合家庭	0.0
合计	100.0

3. 河南省跨省流出人口在现住地的家庭结构

河南省跨省流出人口在现住地（流入地）的家庭以核心家庭为主，其次是单人户和一对夫妇户。其中核心家庭占 42.5%，单人户占 30.8%，一对夫妇户占 25.8%，其他类型家庭合计仅占 0.8%（见表 6-15）。

表6-15　河南省跨省流出人口在流入地的家庭结构

单位：%

家庭结构类型	比重
单人户	30.8
一对夫妇户	25.8
一代及其他户	0.0
核心家庭	42.5
隔代家庭	0.1
两代联合家庭	0.5
三代直系家庭	0.2
三代联合家庭	0.0
合计	100.0

4. 人口流动对河南省跨省流出人口家庭结构的影响

长距离的人口流动需要克服的障碍大于短距离流动，因此可以假设跨省流动对家庭结构完整性的影响更大。

从河南省跨省流出人口的家庭结构变化看，人口流动对家庭结构的影响也是明显的。人口跨省流出后，一对夫妇户87.5%不变，12.5%变成了单人户。核心家庭60.1%不变，29.6%变成了一对夫妇户，10.3%变成了单人户（见表6-16）。从核心家庭的变化看，省内人口流动后，核心家庭73.7%还是核心家庭，18.5%变成了一对夫妇户，7.9%变成了单人户。跨省流动与省内流动相比，前者使核心家庭结构变得更不完整。

表6-16　河南跨省流出人口完整家庭结构与在流入地家庭结构的交叉

单位：%

		流入地家庭结构类型							合计
		单人户	一对夫妇户	核心家庭	隔代家庭	两代联合家庭	三代直系家庭	三代联合家庭	
完整家庭结构类型	单人户	100.0							100.0
	一对夫妇户	12.5	87.5						100.0
	核心家庭	10.3	29.6	60.1					100.0
	隔代家庭				100.0				100.0
	两代联合家庭					100.0			100.0
	三代直系家庭						100.0		100.0
	三代联合家庭							0.0	0.0
合计		30.5	26.0	42.8	0.1	0.5	0.2	0.0	100.0

（三）影响流动人口家庭化程度的因素

1. 户主在现住地时间与家庭化的关系

户主流入本地时间越长，就业时间越长，在流入地的社会适应性和融入程度越高。因此可以假设户主流入本地时间越长，其家庭化程度越高。表 6-17 中的数据显示，从 1 年及以下组到 10 年以上组，单人户比重从 58.60% 下降到 7.22%，核心家庭比重则从 27.41% 上升到 72.94%，一对夫妇户比重也从 13.61% 上升到了 19.59%。数据分析结果与假设一致。

表 6-17　户主流入时间长短与家庭结构的关系

单位：%

家庭结构	1年及以下	1~5年	5~10年	10年以上	合计
单人户	58.60	31.56	12.99	7.22	36.79
一对夫妇户	13.61	17.21	15.87	19.59	15.84
一代及其他户	0.05	0.00	0.00	0.00	0.02
核心家庭	27.41	51.07	71.03	72.94	47.13
两代联合家庭	0.33	0.13	0.11	0.00	0.19
三代直系家庭	0.00	0.00	0.00	0.26	0.02
三代联合家庭	0.00	0.04	0.00	0.00	0.02
合计	100.00	100.00	100.00	100.00	100.00

2. 流动人口家庭化程度和流动范围相关

表 6-18 中数据分析显示的趋势可以概括为：流入本地时间短的流动家庭，流动范围越大，家庭化程度越低。流入本地时间越长的流动家庭，流动范围越小，家庭化程度越高。

表 6-18　按户主流入本地时间和流动范围的流动家庭结构类型构成

单位：%

户主流入本地年数分组		家庭结构	本次流动范围			合计
			跨省流动	省内跨市	市内跨县	
1年及以下	在流入地的家庭结构	单人户	32.8	65.3	53.7	58.6
		一对夫妇户	20.2	12.5	12.3	13.7
		一代及其他户	0.3			0.0
		核心家庭	46.3	21.8	34.0	27.4
		两代联合家庭	0.3	0.4		0.3
	合计		100.0	100.0	100.0	100.0

续表

户主流入本地年数分组			本次流动范围			合计
			跨省流动	省内跨市	市内跨县	
1~5年	在流入地的家庭结构	单人户	13.4	37.1	30.2	31.5
		一对夫妇户	30.0	13.9	16.1	17.3
		核心家庭	56.1	49.0	53.2	51.0
		两代联合家庭	0.2		0.5	0.1
		三代联合家庭	0.2			0.0
	合计		100.0	100.0	100.0	100.0
5~10年	在流入地的家庭结构	单人户	11.1	14.8	9.5	12.9
		一对夫妇户	25.2	9.8	20.3	15.9
		核心家庭	63.7	75.2	70.3	71.1
		两代联合家庭		0.2		0.1
	合计		100.0	100.0	100.0	100.0
10年以上	在流入地的家庭结构	单人户	4.8	7.9	8.0	7.2
		一对夫妇户	27.4	18.5	14.8	19.6
		核心家庭	66.7	73.6	77.3	72.9
		三代直系家庭	1.2			0.3
	合计		100.0	100.0	100.0	100.0

三、主要结论与政策建议

目前，河南省流动家庭的结构类型比较单一。流动家庭的家庭结构类型实际上就是单人家庭、核心家庭和一对夫妇户三种形式。从家庭数量看，流动人口的家庭化程度还比较低。人口流动是导致家庭结构变动的主要原因。人口流动导致家庭的分离，完整家庭被分解为在流入地的流动家庭和在户籍地的留守家庭。从家庭成员分离导致的完整家庭向流动家庭和留守家庭的转变看，因家庭成员的分离，完整家庭中的一对夫妇户有15.2%转变成了单人户；完整家庭中的核心家庭有20.8%因子女留在户籍地或居住在其他地方而成为一对夫妇户，有10.2%因子女和配偶留在户籍地或者居住在其他地方而成为单人户。留守家庭主要以单人户和单亲核心家庭的形式存在。流动人口的家庭化程度与家庭在流入地居住的时间长短、户主的文化程度、户主的就业身份和流动范围等因素有关。户主在流入地时间越长，其家庭成员的家庭化程度越高；跨省流动人口的家庭化程度高于省内流动人口的家庭化程度；户主是经营者的家庭比雇员家庭更多以家庭化形式存在。

为了促进流动人口的社会融合，实现人口的城市化，首先要促进流动人口的家庭化。流动人口的家庭化程度影响着流动人口的社会融合度，也影响着家庭成员的生存与发展。人口流动使完整家庭分解为流入地的流动家庭和户籍地的留守家庭。目前大量结构不完整、功能无法正常发挥的家庭影响着社会的健康与和谐。流动人口的家庭化程度与流动人口的社会融合度成正比，家庭化程度越高，社会融合度越高。因此，必须在户籍、就业、就学、住房等方面采取有利于人口家庭化流动的政策，在政策的制定和实施过程中要考虑家庭的因素，以促进人口流动的家庭化，使得流动家庭和留守家庭回归为功能健全的完整家庭。其次要在城市化过程中从家庭角度进行流动人口的服务和管理。人口流动以及由此产生的留守家庭、流动家庭、三留守人群、流动人口会在我国经济社会发展中长期存在。因此在加强流动人口公共服务的过程中，要从家庭的角度制定有利于流动家庭和留守家庭发展的家庭政策。如在农村建立留守儿童、留守妇女和留守老人关爱服务体系，在城市完善流动人口的公共服务均等化，建立以家庭为单位的流动人口信息系统。

第七章 河南省人口家庭婚姻状况研究

一、研究意义、文献与数据来源

婚姻家庭是所有国家和地区最基本的社会组织单元和最重要的社会生活共同体，它关乎个人的生存、发展和社会的和谐。我国政府一直将维护家庭和谐作为政府工作的一个重要的方面。在 2004 年 12 月"海南三亚世界家庭峰会"上，我国代表曾提议各国政府必须把家庭问题融入社会发展政策和方案中，利用各种资源创造稳定、和谐、友爱的环境，保障家庭整体和家庭成员的利益，注重将家庭作为社会的基本细胞，推动社会的整体、公正、均衡发展。人口的婚姻、家庭结构及其分布，不仅折射着社会变迁和时代特点，而且对社会的发展和进步有着广泛、深刻且久远的影响。首先，婚姻家庭特征是人口事件和人口状态的重要标志之一；其次，婚姻家庭特征还会影响生育、死亡和迁移等其他人口事件的发生；最后，准确掌握婚姻家庭特征会为政府部门制定家庭政策提供可靠依据。所以，长期以来，婚姻和家庭状况都是各类人口调查包括人口普查必不可少的基本项目。本章将利用第六次人口普查的大量相关数据对河南省的婚姻家庭状况进行深入研究，旨在让更多的人了解河南省的婚姻家庭现状，并为其他学者分析相关问题提供基础资料，同时使人口普查数据的价值得到最大限度的发挥，丰富家庭人口学研究的内容。

国内外有规范的婚姻与家庭的研究方法，研究内容也很丰富。向月波等（2011）通过一系列的调查数据，对当代中国家庭离婚的特征进行了分析。笔者发现目前我国离婚年龄趋于年轻化，女性成为推高离婚率的"主力军"，农村家庭离婚率上升，低收入者离婚率上升，家庭软暴力增多。针对这些特征，笔者提出建议：男女双方慎重对待婚姻，婚后应加强沟通，并从社会和法律的角度加强引导，使家庭的婚姻质量得到提高，减少非理性的离婚。邢占军、金瑜（2003）通过在山东省范围内取样对我国城市居民婚姻状况与主观幸福感的关系进行了初步研究，得出了与西方研究者不同的结论：从总体上看城市居民中无婚姻生活者主观幸福感高于有婚姻生活者，性别是影响城市居民婚姻状况与主观幸福感关系的重要因素，有婚姻生活的女性比没有婚姻生活的女性体验到更多的幸福感，而男性则恰恰相反。周福林（2006）利用第五次全国人口普查 0.95‰ 抽样数据对 2000 年我国家庭结构的状况进行了研究。文章首先总结了当时我国的家庭结构状况：家庭类型以核心家庭为主体；三代直系家庭也占有重要地位；与 1990 年相比，两代联合家庭和一对夫妇户的比重有一定的增加；隔代家庭的比重也有所增加。最后作者分析得到：家庭结构类型在地区间的相似性具有明显的地缘关系，并受社会经济发展水平的直接影响；人口流动规模的扩大和生育水平的降低是影响我国家庭结构变化的重要因素。孟霞（2009）利用相关数据分析了人口结构对家庭结构的影响，并提出了促进家庭结构向合理方向发展的政策建议。她指出女性就业状况的好转、经济地位提高以及离婚率的上升和单亲家庭数量的增加都对家庭户规模逐渐缩小有显著作用，并指出由于婚姻积压效应会导致未来我国社会出现大批"剩男"，最后针对"如何促进家庭结构合理化发展"这一中心问题提出了多元化家庭结构、强化性别平等观念若干建议，论证了只有人口结构和家庭结构合理分布才能达到构建和谐社会的目的。赵静（2010）利用第五次人口普查数据深入分析了引起我国农村家庭结构变化的原因，阐述了农村家庭结构变迁的不利影响及对策建议。认为引起我国农村家庭结构变迁的原因有以下三个方面：第一，普遍的分家风俗与计划生育导致农村家庭结构核心化和"空巢化"；第二，农村教育水平提高和人才输出使农村家庭规模缩小；第三，外出务工和城乡二元结构造成了大量农村留守家庭和隔代家庭的出现。该文章还指出了农村家庭结构的简化、代际间亲情关系的削弱将导致家庭养老资源趋于萎缩以及留守儿童等一系列问题。最后提出了改革户籍制度和改进考试制度相结合、鼓励农民工回乡创业与就近就业相结合等措施以切实保障农村家庭结构的变化朝着有利方向发展。通过列举上述文献发现，关于婚姻家庭视角的研究，之前的研究者在自己的文章中仅对其中一个方面进行了研究，且有些文章研究所用数据是从自己组织的小型调查获取得到，缺乏权威性和全面性。

二、河南省人口的婚姻状况分析

2010年第六次人口普查为我们提供了丰富的婚姻状态分析数据，可以进行分年龄、文化程度的婚姻状况和各职业大类人口的分年龄、性别的婚姻状况研究，使我们对婚姻状况的认识更加完善和充实，也为人们分析当代河南省人口的婚姻状态提供了可靠的基础资料。

所谓人口婚姻状况，一般是指人口在婚姻方面所处的状态，即未婚、有配偶、离婚、丧偶四类。人口的婚姻状况不仅对个人有决定性的影响，而且对家庭状态、生活方式等都有很大的影响。而人口所处的婚姻状况不同，他们的需求和面临的问题也会有所不同。

1. 河南省人口婚姻状况及其趋势变化

由表7-1可见，2010年，河南省15岁及以上的人口中，有配偶的人口所占比例是最高的，占总人数的70.95%，比2000年的73.99%下降3.04个百分点；其次比例较高的是未婚人口，比重为22.47%，比2000年的19.73%上升2.74个百分点；2010年的丧偶人口占5.67%，比2000年的5.62%上升了0.05个百分点；处于离婚状态的人口比重由0.66%上升到0.91%。由此可见，2000~2010年，河南省人口婚姻状况发生了显著变化：河南15岁及以上人口中，未婚、丧偶人口和离婚人口比重均有所上升，有配偶的人口比重下降。

表7-1　河南省分性别的人口婚姻状况

单位：%

婚姻状况	2010年"六普"			2000年"五普"		
	总计	男	女	总计	男	女
未婚	22.47	25.36	19.71	19.73	22.85	16.55
有配偶	70.95	69.77	72.08	73.99	72.63	75.39
离婚	0.91	1.15	0.68	0.66	0.94	0.37
丧偶	5.67	3.72	7.53	5.62	3.6	7.68

2010 年河南省女性有配偶人口和丧偶人口比例均高于男性人口，而未婚人口和离婚比例明显低于男性人口。其中女性离婚人口仅为 250490 人，而男性有406010 人处于离婚状态，比例达到了 1.15%，首次超过了 1%，是女性离婚人口的 1.62 倍。值得注意的是，女性处于离婚状态的比例虽然比男性低，但 2000~2010 年，男性离婚人口比例增长了 22.34%，而女性人口处于离婚状态的比例却提高了 83.78%，增长迅速。从丧偶人口比例看，男性丧偶比例有所上升，女性丧偶比例反而有所下降，但女性处于丧偶状态的比例仍然比男性高出一倍以上，表现出明显的性别差异。另外，在处于丧偶状态的 4108020 人中，男性人数为1320510 人，女性人数为 2787510 人，河南省丧偶人口中女性比男性多 1467000人。在全部丧偶人口中，女性占 67.9%。

表 7-2 河南省各省辖市人口婚姻状况

单位：%

地区	未婚		有配偶		离婚		丧偶	
	2000 年	2010 年	2000 年	2010 年	2000 年	2010 年	2000 年	2010 年
郑州市	22.87	27.89	71.46	66.90	0.91	1.16	4.76	4.04
开封市	20.92	23.48	73.14	70.21	0.59	0.90	5.34	5.40
洛阳市	20.12	23.24	73.68	70.28	0.86	1.07	5.33	5.42
平顶山市	22.2	21.93	71.62	71.52	0.81	1.06	5.37	5.50
安阳市	18.44	20.17	75.17	72.96	0.67	0.88	5.72	5.98
鹤壁市	17.1	19.04	76.72	74.74	0.74	1.01	5.44	5.21
新乡市	19.62	21.38	74.41	72.37	0.67	0.91	5.3	5.34
焦作市	18.1	21.79	75.83	71.95	0.71	0.96	5.36	5.30
濮阳市	21.11	20.67	73.16	73.31	0.55	0.69	5.18	5.33
许昌市	18.42	20.22	75.17	72.96	0.6	0.86	5.8	5.97
漯河市	19.48	21.95	73.96	71.39	0.63	0.92	5.92	5.73
三门峡市	19.26	22.91	74.71	70.20	0.89	1.23	5.13	5.67
南阳市	21.34	20.12	71.95	72.70	0.71	0.93	6	6.25
商丘市	19.28	24.46	74.83	69.26	0.5	0.73	5.38	5.55
信阳市	14.23	20.48	78.42	71.78	0.57	0.81	6.78	6.93
周口市	20.76	24.56	73.11	68.80	0.43	0.61	5.7	6.04
驻马店市	18.43	20.68	74.91	71.99	0.63	0.94	6.04	6.39
济源市	19.15	23.66	74.63	70.26	0.52	0.71	5.7	5.37

由表 7-2 可看出，不管是"五普"还是"六普"，河南省未婚人口比重最高、已婚有配偶人口比重最低的是郑州市，2010 年郑州市的未婚比例和有配偶比例

分别是 27.89% 和 66.90%；2010 年离婚比例最高的是三门峡市，达到了 1.23%，最低的是周口市，比例为 0.61%，三门峡市的离婚比例是周口的一倍多；2000 年和 2010 年丧偶比例最高的均是信阳市，丧偶比例最低的均是郑州市，这可能与各地市的人口年龄结构分布有关。

从表 7-2 还可以看出：2000~2010 年，除平顶山、濮阳和南阳外，其他 15 个地区的未婚比例均有所上升；除濮阳、南阳外，其他各地区的有配偶人口比例均有所下降；河南省 18 个地市的离婚人口比例普遍提高，例如，三门峡市的离婚人口比例由 2000 年的 0.89% 迅速上升到 2010 年的 1.23%；在 18 个地市中，丧偶人口比例上升的地市要多于下降的地区。相关研究证实，离婚、丧偶者的身心健康状况均较正常人差，死亡率也高于已婚者，平均寿命缩短，严重影响社会的安定。该现象应引起河南省民政部门、计划生育等部门的重视。

2. 分性别年龄的人口婚姻状况分析

表 7-3　2010 年河南省分性别年龄的人口婚姻状况

单位：%

年龄组	未婚			有配偶			离婚			丧偶		
	合计	男	女	合计	男	女	合计	男	女	合计	男	女
15~19 岁	98.70	99.10	98.25	1.30	0.89	1.75	0.00	0.01	0.00	0.00	0.00	0.00
20~24 岁	71.87	76.92	67.14	27.96	22.87	32.73	0.15	0.20	0.11	0.02	0.02	0.03
25~29 岁	23.88	28.15	20.00	75.18	70.67	79.29	0.81	1.09	0.57	0.12	0.10	0.14
30~34 岁	6.96	9.35	4.68	91.34	88.62	93.93	1.41	1.80	1.04	0.30	0.24	0.36
35~39 岁	3.09	5.00	1.22	94.77	92.58	96.92	1.57	1.99	1.17	0.56	0.43	0.69
40~44 岁	1.87	3.42	0.40	95.51	93.79	97.15	1.42	1.83	1.04	1.19	0.96	1.41
45~49 岁	1.39	2.65	0.21	95.14	94.21	96.00	1.34	1.61	1.08	2.14	1.52	2.71
50~54 岁	1.87	3.63	0.17	92.79	91.76	93.80	1.16	1.46	0.86	4.17	3.15	5.17
55~59 岁	2.22	4.30	0.16	90.06	89.45	90.67	0.93	1.21	0.65	6.79	5.03	8.52
60~64 岁	2.59	4.97	0.20	84.90	85.69	84.10	0.78	1.01	0.55	11.73	8.32	15.15
65 岁及以上	2.71	5.23	0.53	61.90	71.47	53.66	0.65	0.79	0.52	34.75	22.51	45.29

从表 7-3 中我们可以发现：

（1）随着年龄的升高，人口未婚比例在迅速下降，在河南省，20~29 岁是未婚比例或者说是脱离单身状态去结婚的人口比例变化最为剧烈的年龄段。大致在 35 岁以后，人口未婚比例的变动幅度已非常小且该比例已非常低（均在 3.5% 以下）。表明结婚成家是河南省绝大多数成人的选择。

（2）未婚人口比重同年龄密切相关，随年龄的升高未婚比重呈下降趋势。15~19 岁年龄组的未婚比重最高，2010 年有 98.70% 的人处于未婚状态，其次为 20~24 岁年龄组，未婚比重为 71.87%。上述两个年龄组的未婚人口占全部未婚人口的 82.74%。很明显，河南省未婚人口以未达到法定最低结婚年龄或者未达到晚婚年龄的青年为主体。到 25~29 岁年龄组，由于多数青年陆续结婚，未婚比重下降为 23.88%。35 岁以后，未婚比重已经很低，多数年龄组稳定在 2%~3%。

（3）"普婚"一直是河南省人口婚姻的传统和最突出特点，这一点迄今未变。通常将 50 岁及以上仍未婚者视为终身不婚者。普查数据表明，河南省的终身不婚人口比例在 2% 上下，与之相对应的是河南省成年人口有配偶的比例非常高，在 30~59 岁的人口中，壮年年龄段有配偶比例均在 90% 以上。

（4）河南省每个年龄组的离婚人口比例均低于全国平均水平。成年人口的各个年龄组，离婚人口均不到 2%；30 岁以下的年轻人更不到 1%。

（5）丧偶现象主要发生在 60 岁及以上的老年人口中，60 岁以上的人口丧偶比例上升较快。

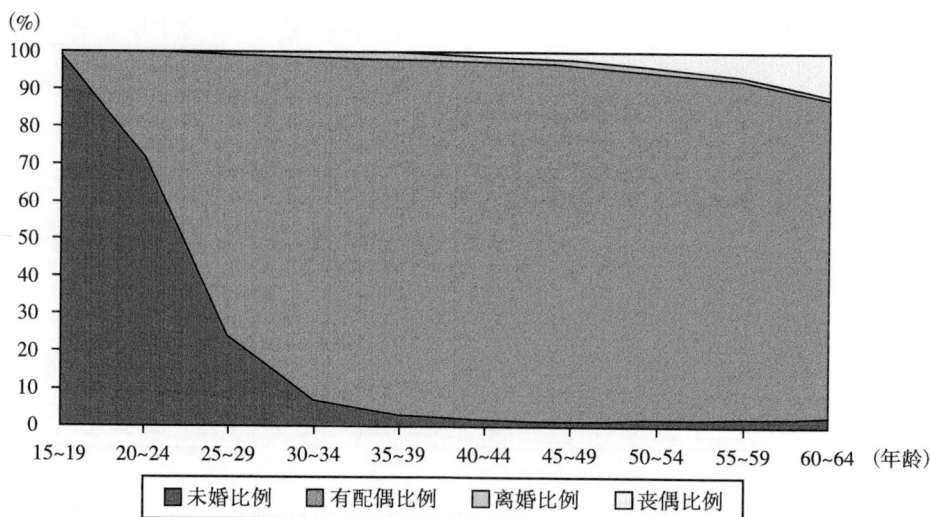

图 7-1　2010 年河南省分年龄人口婚姻状况

从图 7-1 至图 7-4 中可以看到，2010 年河南省人口婚姻状况具有以下特点：

早婚现象依然存在。按照法定婚龄，女性最低结婚年龄为 20 岁，男性为 22 岁，而实际上 2010 年 15~19 岁人口中有 90930 人已经处于已婚状态，约占该年龄段总人口的 1.30%，早于法定结婚年龄。

从图 7-1 还可看出，21~25 岁是结婚的高峰期。未婚人口比例 20 岁时是 90.61%，到 25 岁时急剧下降到 38.47%，相应的有配偶人口比例从 20 岁的 9.35%上升到 25 岁时的 60.98%，其中有配偶人口比例最高的年龄是 43 岁，比例为 95.56%。可见河南省大多数人在 25 岁时已经处于有配偶状态。

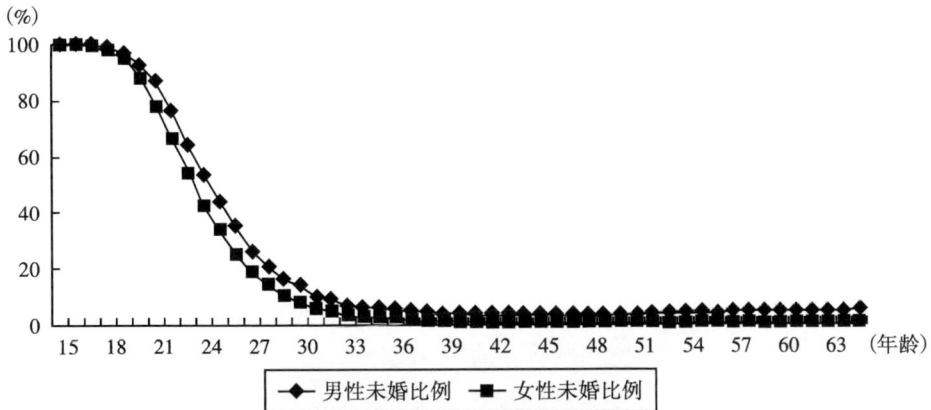

图 7-2　2010 年河南省分性别的未婚人口比例

由于女性结婚年龄往往小于男性，所以女性未婚人口比例的下降比男性更早，从图 7-2 可以更清楚地看到，女性未婚人口比例下降与男性基本平行，提前 2 岁左右，并且几乎在每个相同年龄别下，男性未婚比例都要高于女性。并且 35 岁以后的男性未婚人口平均比例为 4.04%，而女性仅为 0.40%，男性未婚人口平均比例约是女性的 10 倍。因此，大龄未婚现象主要集中在男性。

31~50 岁是离婚人口比例较高的年龄段，离婚人口比例都在 1%以上（如图 7-3 所示）。22 岁以后男性的离婚人口比例明显高于女性。从离婚人口比例的峰值年龄看，男性、女性的离婚人口比例最高的年龄都是 35 岁，男性离婚人口比例为 2.03%，女性为 1.23%。

从图 7-4 中可看出 50 岁以后丧偶人口比例开始明显上升，女性上升速度超过男性，在 65 岁及以上组，男性丧偶比例达到 22.51%，女性则达到了 45.29%，是男性丧偶人数的 2 倍。

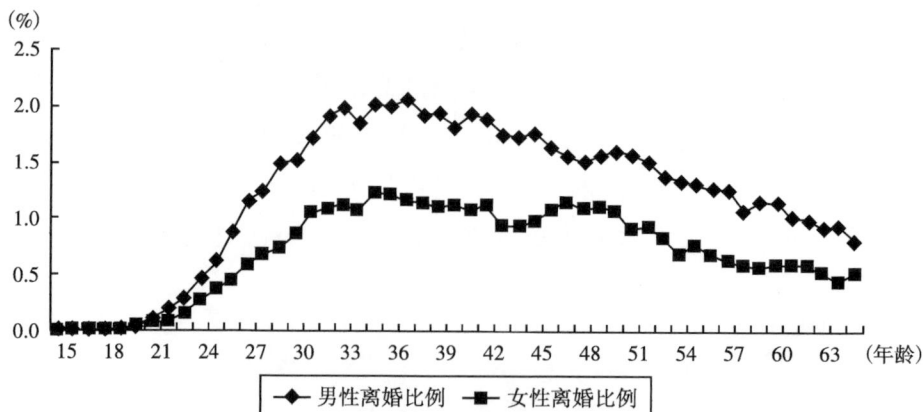

图 7-3 2010 年河南省分性别年龄离婚人口比例

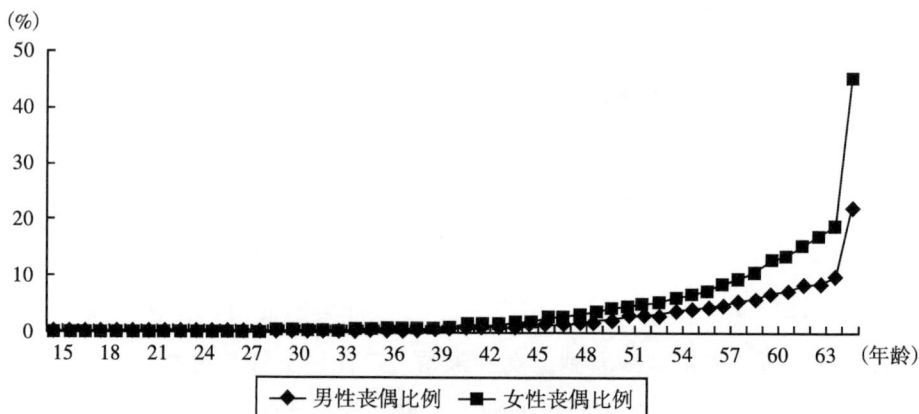

图 7-4 2010 年河南省分性别年龄丧偶人口比例

表 7-4 2000 年河南省分性别年龄的人口婚姻状况

单位：%

年龄组	未婚		有配偶		离婚		丧偶	
	男	女	男	女	男	女	男	女
15~19 岁	99.82	99.71	0.18	0.29	0.00	0.00	0.00	0.00
20~24 岁	72.22	58.45	27.61	41.42	0.14	0.10	0.03	0.03
25~29 岁	15.96	6.18	82.95	93.27	0.90	0.38	0.18	0.17
30~34 岁	4.99	0.56	93.25	98.55	1.33	0.52	0.42	0.37
35~39 岁	3.20	0.17	94.81	98.49	1.30	0.62	0.69	0.72
40~44 岁	4.20	0.09	93.14	97.77	1.38	0.62	1.27	1.51
45~49 岁	5.02	0.06	91.55	96.64	1.25	0.46	2.18	2.85
50~54 岁	5.48	0.06	89.69	93.73	1.21	0.40	3.63	5.82
55~59 岁	6.62	0.04	86.55	88.73	1.13	0.32	5.70	10.90
60~64 岁	7.02	0.05	82.45	79.58	1.02	0.29	9.51	20.08
65 岁及以上	4.63	0.08	69.60	49.15	0.79	0.31	24.98	50.47

从表7-3和表7-4的数据对比看，2000~2010年河南省分性别年龄人口的婚姻状况出现了一些变化。在未婚人口的年龄构成上，我们可看出：①15~19岁年龄组的人口无论男性还是女性，未婚人口比例都有所下降，20~39岁年龄组的人口，无论男性还是女性，2010年的未婚人口比例均高于2000年，但是每个年龄组比例上升的幅度是不同的，25~29岁年龄组下降非常显著。这说明，随着社会竞争越来越激烈，人们越来越推迟结婚年龄了。②较2000年的未婚人口，2010年男性人口的未婚比例20~39岁均有所上升，相反40~64岁男性的未婚人口比例均有所下降；对女性而言，从20岁开始，她们未婚比例的上升一直持续到65岁及以上，这说明，随着社会的发展，女性有越来越多的人推迟结婚，早婚的习惯开始变化。③25~29岁年龄组，无论男女，2010年未婚人口比例较2000年明显上升，2010年男性上升了12.19个百分点，女性则上升了13.82个百分点，这说明该年龄组的人口有越来越多的人推迟结婚。

有配偶的人口构成在低年龄组主要与未婚人口和离婚人口有很大关系，而到了35岁之后，有配偶人口的构成和丧偶人口有密切关系。就有配偶人口的结构来看：①15~19岁低年龄组2010年有配偶人口比例较之2000年反而上升了（一方面可能跟人口结构趋于老龄化有关，15~19岁年龄组的人口总数减少了，导致有配偶比重上升，另一方面说明了河南早婚现象趋于严重化）。②在20~29岁年龄组男女两性有配偶人口比例均低于2000年，这说明该年龄段的男女两性人口都在推迟结婚年龄。③有配偶人口比重的年龄变化曲线呈"∩"形。2010年，男性有配偶人口比例最高的是45~49岁年龄组，女性则是40~44岁年龄组，而2000年普查时，男性和女性有配偶人口比例最高的都在35~39岁年龄组。④在60岁之前女性有配偶人口比例一直高于男性，但在60岁之后，男性有配偶人口比例超过女性，原因之一是女性的预期寿命要高于男性，导致女性在老年时期丧偶比例较高。

就丧偶人口的构成看，分年龄丧偶人口的比例总是随着年龄的增大而上升的。从表7-4可以看出，在40岁之前，无论男性还是女性，丧偶的比例都很低，不到1%，40岁以后的丧偶人口比例开始明显上升。且从35岁开始，女性丧偶人口比例都要高于男性。但是总体上看，2010年男性和女性人口丧偶比例都比2000年有明显下降。

在河南省，离婚人口比例总体上并不高。但2010年和2000年相比，每个年龄组的离婚比例均有所上升，且两次人口普查中男性离婚率明显高于女性。2010年，男性和女性离婚人口比例最高的年龄组均是35~39岁，2000年男性离婚人口比例最高的年龄组在40~44岁，女性是35~39岁，2010年男性离婚人口比例的高峰比2000年大大提前了。

3. 河南省不同受教育程度的人口婚姻状况变化

受教育程度对人口的婚姻状况有很大影响，一方面，受教育时间的长短会影响人们的结婚年龄，受教育程度越高往往结婚的时间越晚；另一方面，由于受教育程度较高，人们也会倾向于转变婚育观念，更多的人会选择晚婚。

表7-5 2010年河南省不同受教育程度人口的婚姻状况

单位：%

受教育程度	未婚比例			有配偶比例			离婚比例			丧偶比例		
	小计	男	女	小计	男	女	小计	男	女	小计	男	女
未上过学	6.54	21.02	1.04	58.43	54.10	60.08	0.64	1.21	0.43	34.38	23.67	38.45
小学	5.98	10.61	2.63	81.60	77.49	84.58	0.93	1.60	0.44	11.49	10.31	12.34
初中	20.59	21.90	19.19	76.67	75.17	78.27	0.89	1.17	0.60	1.84	1.76	1.93
高中	42.85	41.13	44.97	55.06	57.08	52.55	1.02	0.89	1.18	1.08	0.90	1.30
大学专科	43.15	40.62	45.94	55.18	58.03	52.04	1.00	0.76	1.25	0.68	0.59	0.77
大学本科	48.56	45.21	52.52	50.23	53.80	46.02	0.76	0.57	0.99	0.44	0.42	0.46
研究生	43.05	37.42	49.87	56.07	61.87	49.04	0.66	0.54	0.80	0.23	0.18	0.28

从表7-5中可以看出，2010年河南省未婚人口婚姻状况的基本趋势如下：

（1）受教育程度越高的人口未婚的比例往往也较高，例如，未上过学的人口只有6.54%处于未婚状态，而大学本科未婚的比例高达48.56%，研究生和大学专科的未婚比例均在43%以上。

（2）有配偶人口所占比例最高的是小学文化程度的人口，占81.60%，比例最低的是大学本科文化程度人口，仅为50.23%。

（3）离婚人口比例最高的是高中文化程度的人口，比例为1.02%，大学专科文化程度的离婚人口比例也达到了1.00%，比例最低的是未上过学文化程度的人口，只有0.64%。

（4）丧偶人口比例最高的是未上过学的人口，高达34.38%，小学文化程度的人口丧偶比例也达到了11.49%，相比之下，研究生的丧偶比例是最低的，仅为0.23%，大学专科和本科文化程度的丧偶人口比例均低于1.00%。

上述简要的描述中必然遇到这样一个问题，那就是河南省人口年龄结构在不断变化，各个年龄人口比例会影响到整体的婚姻状况，例如老年人口中丧偶比例会较高；另外，中国的教育事业在迅速发展，未上过学或小学文化程度的人基本上以老年人为主，因为他们年轻时没有现在这样多的受教育机会，因而，单从不同受教育程度的人口的婚姻状况看，就会形成低文化程度的人丧偶比例高的情况，因为这些人主要是老年人，而受教育程度较高的人往往还比较年轻，所以，这里自然要进一步考察各种文化程度人口的年龄构成及其对婚姻状况的影响。

表 7-6 可在一定程度上解释受教育程度与婚姻状况的关系。我们可以看出，2010 年河南省受教育程度为未上过学和上小学的人口主要集中在老年人，例如未上过学人口中 60 岁及以上的人占了 74.47%，这就是这两种受教育程度的人口未婚比例低和丧偶比例高的原因。

表 7-6　2010 年河南省不同受教育程度人口的年龄构成

单位：%

年龄组	未上过学	小学	初中	高中	大学专科	大学本科	研究生
15~19 岁	0.28	0.95	9.53	25.49	7.60	6.32	0.85
20~24 岁	0.58	2.40	13.72	16.51	30.59	34.53	18.00
25~29 岁	0.55	2.27	10.08	8.41	14.42	16.04	30.12
30~34 岁	0.82	3.44	10.02	7.92	11.93	11.65	19.13
35~39 岁	1.45	6.25	12.76	8.69	10.77	10.33	11.69
40~44 岁	2.50	9.89	14.57	8.65	8.16	8.25	8.52
45~49 岁	2.98	9.20	10.83	9.59	6.03	5.53	6.88
50~54 岁	5.29	10.06	6.22	6.66	3.45	2.29	2.37
55~59 岁	11.09	16.66	6.15	3.78	2.78	1.57	1.27
60~64 岁	12.79	15.15	3.07	1.85	1.53	0.88	0.45
65 岁及以上	61.68	23.72	3.04	2.45	2.73	2.60	0.73

表 7-6 同样可显示出，在各种受教育程度人口中，高中教育程度的人口是最年轻的，有 42.00% 的人年龄在 25 岁以下，因而在一定程度上使高中受教育程度的未婚人口比例较高。同样，由于高等教育的普及越来越快，所以接受过高等教育的人口主要集中在年轻人口中。例如，大学本科受教育程度的人口中有 40.85% 在 25 岁以下，许多人仍然在上学，因而未婚比例较高。

4. 分城市、镇、农村的人口婚姻状况变化

河南省不同地区的社会经济、人文环境存在着很大的差异，城市、镇、农村

之间的差异尤其明显，因此，在分析人口婚姻状况时，有必要分别对城市、镇、农村人口的婚姻状况进行对比。表 7-7 至表 7-12 显示了河南省城乡人口的婚姻状况存在显著差异。

表 7-7　河南省分城市、镇、农村的人口婚姻状况变化

单位：%

婚姻状况	城市		镇		乡村	
	2000 年	2010 年	2000 年	2010 年	2000 年	2010 年
未婚	22.37	24.85	17.55	24.24	19.42	21.16
有配偶	72.88	69.81	77.29	69.99	73.87	71.62
离婚	1.09	1.52	0.69	0.86	0.57	0.72
丧偶	3.66	3.82	4.47	4.91	6.15	6.50
合计	100	100	100	100	100	100

表 7-8　2010 年河南省分年龄、分城乡的未婚人口状况变化

单位：%

年龄组	城市			镇			乡村		
	小计	男	女	小计	男	女	小计	男	女
总计	24.85	26.29	23.46	24.24	26.86	21.69	21.16	24.59	17.91
15~19 岁	99.53	99.69	99.36	99.12	99.37	98.85	98.25	98.81	97.62
20~24 岁	85.33	88.56	82.27	71.52	76.77	66.33	67.10	72.68	61.97
25~29 岁	31.84	37.36	26.81	22.04	25.74	18.57	21.42	25.38	17.85
30~34 岁	6.82	8.31	5.41	5.37	6.96	3.82	7.59	10.68	4.66
35~39 岁	2.35	3.04	1.67	2.20	3.40	1.02	3.71	6.40	1.09
40~44 岁	1.23	1.64	0.80	1.29	2.23	0.36	2.26	4.42	0.28
45~49 岁	0.75	1.00	0.50	0.95	1.74	0.19	1.72	3.47	0.14
50~54 岁	0.61	0.86	0.36	1.30	2.50	0.14	2.41	4.79	0.12
55~59 岁	0.63	1.01	0.28	1.60	3.09	0.17	2.75	5.37	0.13
60~64 岁	0.64	1.05	0.26	1.80	3.43	0.19	3.24	6.19	0.18
65 岁及以上	0.68	1.06	0.36	2.05	3.89	0.49	3.35	6.56	0.58

（1）城市、镇、乡村人口的未婚比重存在明显差异。从表 7-7 可看出：2010 年河南省城市的未婚比重高于镇，镇的未婚比重高于乡村，城市、镇、乡村的未婚比重分别为 24.85%、24.24% 和 21.16%；2000~2010 年，城市、镇、乡村的未婚人口比例均有所上升，上升幅度最大的是镇的未婚人口比例，从 2000 年的 17.55% 上升到 2010 年的 24.24%，乡村、城市、镇的上升幅度依次增大。

分性别看，无论是城市、镇，还是乡村，所有年龄段的男性未婚比重均高于女性，尤其是乡村男女未婚比重悬殊，男性的未婚比重高于女性 6.68 个百分点，而城市、镇男性的未婚比重分别高于女性 2.83 个和 5.17 个百分点。分年龄段看，在 15~19 岁年龄组，也就是法定婚龄前年龄组，未婚人口比重城市、镇、乡村差别不大，在 20~29 岁年龄组，城市的未婚比重明显高于镇，而镇的未婚比重又高于乡村，这种情况与城市、镇青年自觉晚婚者较多有关。29 岁以后逐渐发生逆转，并随着年龄的提高，逆转加速，到 40 岁以后，乡村的未婚比重明显高于城市、镇，终身不婚率乡村为 2.99%，城市仅为 0.65%，乡村是城市的 4.6 倍，尤其是男性，终身不婚率的差距更大，乡村的男性终身不婚率为 5.81%，比城市高出 4.81 个百分点。这与农村经济条件落后，大龄男性青年婚配困难有关。经济条件是婚姻的基础，因此社会经济条件较高的城市和镇大龄未婚和终身不婚者较少，而在经济落后的农村地区，许多男性往往成婚困难，长期处于未婚状态，甚至终身不婚。

表 7-9　2010 年河南省分年龄、分城乡的有配偶人口状况变化

单位：%

年龄组	城市			镇			乡村		
	小计	男	女	小计	男	女	小计	男	女
总计	69.81	70.41	69.23	69.99	69.14	70.82	71.62	69.76	73.39
15~19 岁	0.47	0.31	0.64	0.87	0.62	1.15	1.74	1.18	2.37
20~24 岁	14.61	11.39	17.64	28.29	23.00	33.52	32.69	27.04	37.88
25~29 岁	67.53	62.05	72.53	77.00	73.15	80.62	77.53	73.18	81.45
30~34 岁	91.46	90.18	92.68	92.82	91.06	94.52	90.75	87.03	94.27
35~39 岁	94.91	94.76	95.05	95.77	94.47	97.06	94.37	90.99	97.66
40~44 岁	95.18	95.66	94.70	96.30	95.46	97.13	95.38	92.60	97.93
45~49 岁	94.68	95.89	93.42	95.76	95.59	95.92	95.10	93.24	96.78
50~54 岁	93.65	95.42	91.87	93.70	93.64	93.76	92.29	90.11	94.38
55~59 岁	92.15	94.62	89.82	90.70	91.29	90.13	89.40	87.79	91.01
60~64 岁	88.09	92.24	84.26	85.73	87.82	83.66	83.96	83.76	84.17
65 岁及以上	69.67	82.05	58.95	63.07	74.08	53.72	59.73	68.27	52.36

（2）2010 年河南省的有配偶人口比例，农村的比例最高，而城市的比例最低，究其原因：一方面是由于农村人口结婚年龄早于城市，另一方面跟各地区的人口年龄分布有关系。2000 年的有配偶人口比重最高的是镇，为 77.29%。2010 年城市、镇和乡村的有配偶人口比例都比 2000 年有所下降，在下降幅度上，乡

村、城市和镇依次递增，镇的有配偶人口比例下降最快，从 2000 年的 77.29%下降到 2010 年的 69.99%。城市有配偶人口比重在 15~39 岁年龄组男性均低于女性，40 岁以后发生逆转，男性有配偶比重高于女性。镇地区男性有配偶比重在 55 岁以后开始大于女性，乡村则是在 65 岁以后。在 15~29 岁年龄组，城市的有配偶比重明显低于镇和乡村，29 岁以后，城市有配偶比重超过乡村。

由于社会经济条件、医疗卫生事业发展状况的差别以及婚配条件和婚姻观念的影响，2010 年河南省有配偶的人口比重同样存在明显差异，与 2000 年相比发生较大变化：①2010 年男女的有配偶比重峰值差异明显，城市女性有配偶比重的峰值在 35~39 岁年龄组，男性在 45~49 岁年龄组；而镇和乡村的男性有配偶比重的峰值均在 45~49 岁年龄组，女性均在 40~44 岁年龄组。②2010 年河南 15~19 岁早婚有配偶的比重，乡村高于城市、镇，2000 年镇最高。③城市男性的有配偶比重在 40~44 岁年龄组已超过女性，比 2000 年推迟了一个年龄组；镇男性的有配偶比重在 55~59 岁年龄组超过女性，比 2000 年错后 5 岁；而乡村男性的有配偶比重在 65 岁以上超过女性，比 2000 年错后了一个年龄组。

表 7-10　2010 年河南省分年龄、分城乡的离婚人口状况变化

单位：%

年龄组	城市			镇			乡村		
	小计	男	女	小计	男	女	小计	男	女
总计	1.52	1.33	1.70	0.86	1.01	0.71	0.72	1.13	0.33
15~19 岁	0.00	0.00	0.00	0.00	0.00	0.00	0.01	0.01	0.00
20~24 岁	0.06	0.05	0.07	0.16	0.21	0.12	0.18	0.25	0.12
25~29 岁	0.57	0.56	0.57	0.84	1.05	0.64	0.90	1.30	0.54
30~34 岁	1.57	1.44	1.69	1.54	1.81	1.27	1.29	1.96	0.66
35~39 岁	2.40	2.07	2.72	1.55	1.83	1.26	1.23	2.01	0.48
40~44 岁	2.86	2.39	3.35	1.34	1.58	1.10	0.97	1.71	0.30
45~49 岁	3.15	2.55	3.78	1.25	1.38	1.13	0.79	1.37	0.27
50~54 岁	2.59	2.19	2.99	0.96	1.15	0.77	0.78	1.32	0.26
55~59 岁	1.85	1.63	2.06	0.82	0.99	0.65	0.74	1.17	0.31
60~64 岁	1.25	1.27	1.23	0.71	0.84	0.59	0.69	0.99	0.38
65 岁及以上	0.73	0.73	0.73	0.63	0.74	0.53	0.63	0.82	0.47

（3）分城乡看，城市的离婚人口比重更大一些，变化也更明显一些，2010 年河南省离婚人口比重城市最高，其次是镇和乡村，分别为 1.52%、0.86% 和 0.72%，与 2000 年相比，城市、镇、乡村人口离婚率分别提高 0.43 个、0.17 个

和 0.15 个百分点。

城市、镇、乡村分性别的离婚率差别也较大，男性离婚率城市最高，乡村次之，镇最低；女性离婚率城市最高，其次是镇和乡村。①城市的女性离婚率高于男性 0.37 个百分点；分年龄看，在 59 岁以前女性的离婚率均高于男性，且在 45~49 岁年龄组离婚率高达 3.78%，高于男性 1.23 个百分点，60 岁以后男性离婚率逐渐高于女性。②镇的男女离婚率与城市相反，男性离婚率高于女性 0.4 个百分点，在每个年龄组，男性离婚率均高于女性。③乡村在离婚率相对较低的情况下，男女离婚率差异较大，男性离婚率高于女性 0.8 个百分点，并且各个年龄组的差异较大，30~54 岁的各年龄组男性离婚率高于女性都在一个百分点以上。④在 15~29 岁年龄组，城市的离婚人口比重低于乡村，30 岁以后发生逆转，城市离婚人口比重超过乡村。

以上情况说明，受社会经济条件的制约和道德标准及婚姻观念的影响，城市离婚男性再婚比较容易，而农村男性离婚后再婚的困难相应较大。城市女性的思想开放，对婚姻不满意敢于离婚，并且再婚的条件要求较高，所以城市女性离婚率较高；而农村妇女思想保守，并且再婚的条件要求不高，所以农村女性离婚率较低。

表 7-11　2010 年河南省分年龄、分城乡的丧偶人口状况变化

单位：%

年龄组	城市			镇			乡村		
	小计	男	女	小计	男	女	小计	男	女
总计	3.82	1.97	5.62	4.91	2.99	6.78	6.50	4.53	8.37
15~19 岁	0.00	0.00	0.00	0.00	0.00	0.00	0.00	0.00	0.00
20~24 岁	0.01	0.00	0.01	0.02	0.01	0.04	0.03	0.03	0.03
25~29 岁	0.06	0.03	0.08	0.12	0.06	0.17	0.15	0.14	0.15
30~34 岁	0.15	0.07	0.22	0.28	0.16	0.39	0.37	0.34	0.41
35~39 岁	0.35	0.14	0.55	0.48	0.30	0.65	0.69	0.61	0.77
40~44 岁	0.72	0.31	1.15	1.07	0.74	1.41	1.39	1.27	1.49
45~49 岁	1.42	0.56	2.30	2.04	1.29	2.76	2.39	1.92	2.81
50~54 岁	3.15	1.52	4.78	4.04	2.71	5.33	4.52	3.77	5.24
55~59 岁	5.37	2.75	7.85	6.89	4.63	9.04	7.11	5.67	8.55
60~64 岁	10.03	5.44	14.26	11.76	7.91	15.56	12.11	9.05	15.27
65 岁及以上	28.92	16.15	39.97	34.25	21.28	45.26	36.29	24.34	46.59

（4）2010年河南省丧偶人口比例最高的是农村，为6.50%，城市的比例最低，为3.82%，这可能是农村老年人口比例高而且平均预期寿命短造成的。较之2000年，城市、镇和乡村的丧偶人口比例都在上升，在上升幅度上，镇的上升幅度是最大的。女性丧偶比重无论城乡均高于男性，在50~59岁两个年龄组中，女性丧偶人口比重最高的是镇，其次是乡村和城市；男女丧偶比重差别最大的是乡村，女性比男性高3.84个百分点，其次是镇和城市，分别相差3.79个和3.65个百分点。

5. 2010年河南省人口初婚年龄情况分析

平均初婚年龄是指在一定地域和特定时间内结婚者的平均年龄，它是综合反映人口结婚迟早的重要指标。平均初婚年龄受多种因素影响，如人口政策、婚姻制度、民俗民风、传统观念、文化教育及妇女就业状况等。

我国《婚姻法》规定男满22周岁、女满20周岁即可结婚。2010年第六次人口普查10%长表抽样数据显示，河南省男性的平均初婚年龄为23.63岁，女性为22.66岁；而全国的男性平均初婚年龄为24.55岁，女性为22.76岁。由此看来，河南省不论男女的平均初婚年龄均低于全国平均水平。

另外，与河南省2000年的平均初婚年龄相比，2010年男性下降了0.22岁，女性下降了0.61岁。河南省男女平均初婚年龄均有所下降，但都高于法定结婚年龄。

河南省分城市、镇、乡村人口的平均初婚年龄存在一定差异，无论是男性还是女性，平均初婚年龄均是城市高于镇，镇与乡村基本一致。2010年城市男性的平均初婚年龄高于镇1.45岁，高于乡村1.61岁；城市女性的平均初婚年龄高于镇1.08岁，高于乡村1.28岁。与2000年相比，城市男性的平均初婚年龄下降了0.68岁，乡村男性的平均初婚年龄下降了0.28岁；城市女性的平均初婚年龄下降了0.63岁，而乡村女性的平均初婚年龄下降了0.69岁（见表7-12）。

表7-12　2010年河南省分城市、镇、乡村人口平均初婚年龄

单位：岁

性别	2000年			2010年		
	城市	镇	乡村	城市	镇	乡村
男	25.54	23.82	23.53	24.86	23.41	23.25
女	24.27	23.03	23.05	23.64	22.56	22.36

（1）2010年河南省人口初婚年龄分布情况。由图7-5可看出，2010年河南省男性初婚峰值年龄为22岁，占13.82%，女性初婚年龄峰值为21岁，占15.14%，男性初婚年龄峰值比女性晚1岁。男性初婚年龄为21~23岁的比重达到37.34%，女性初婚年龄为20~22岁的比重达到43.80%。初婚年龄为15岁以下、16岁、17岁、18岁、19岁、20岁、21岁、22岁、23岁的女性比重一直大于男性比重，23岁以后，男性比重大于女性比重。

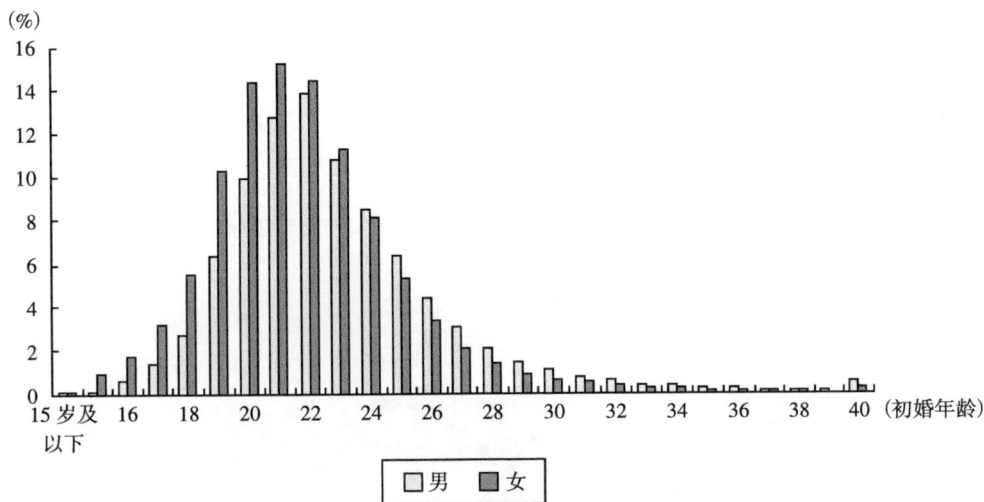

图7-5 2010年河南省男女初婚年龄分布

（2）2010年河南省分年龄组的初婚年龄情况分析。显然，35~39岁人口队列和60~64岁人口队列的初婚年龄分布是有差异的，前者的初婚高峰年龄段为21~23岁，峰值年龄为22岁，比重为16.47%，而后者的初婚高峰年龄段为20~22岁，峰值年龄为20岁，比重为14.29%（如图7-6所示）。

（3）不同受教育程度的初婚年龄情况分析。高受教育程度人口队列整体比低受教育程度人口队列结婚要晚。前者的初婚峰值年龄为25岁，而后者只有20岁。高受教育程度人口队列初婚的高峰年龄段为23~26岁，而低受教育程度人口队列初婚的峰值年龄段为19~22岁，差别非常明显（如图7-7所示）。

6. 主要结论、讨论与政策建议

首先，"早婚"现象依然存在，且该现象在农村更为严重。2010年农村15~19岁年龄组的有配偶比例为1.74%，而城市为0.47%，且与2000年相比，该年龄组的人口无论男女有配偶比例均有所上升。

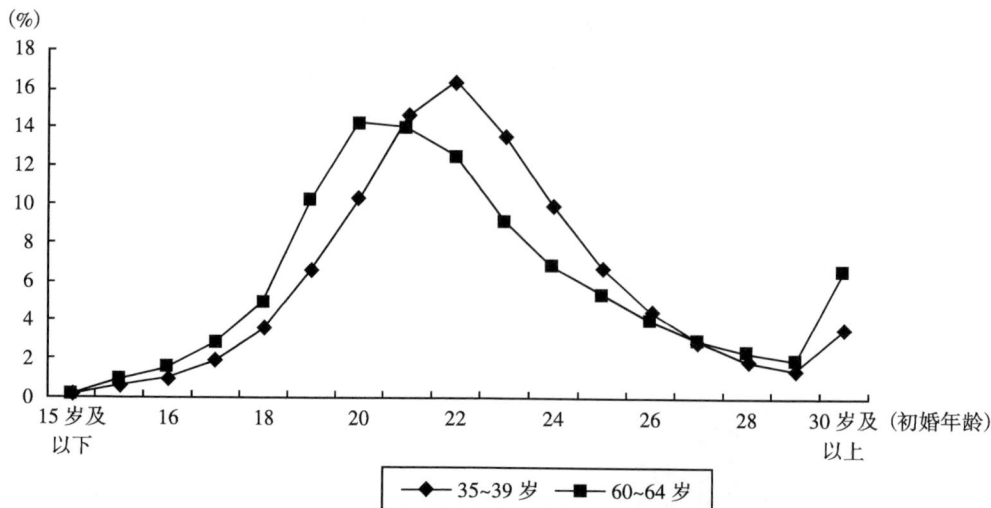

图 7-6　河南省 2010 年不同年龄组的人口初婚年龄分布

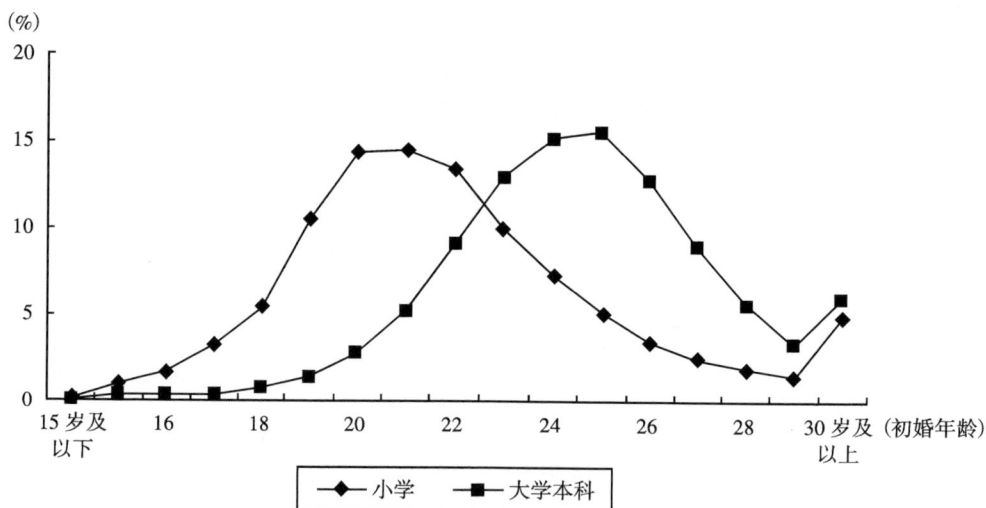

图 7-7　2010 年河南省不同受教育程度者的初婚年龄分布

　　人们追求早婚的原因多种多样，浓厚的封建思想意识、风俗习惯的作用以及小农经济生产方式，这些都推动了早婚现象在农村的普遍发生。农村人法律意识相对比较薄弱，婚育观念落后，早结婚早生子的传统观念仍十分严重。在农村，多数子女的婚事都是由父母张罗操办，家长们"早结婚，早生子，早省心，早享福"的观念根深蒂固。随着工业化和城镇化进程的加快，大量农村青少年流入大城市，研究表明，近年来河南省的新生代农民工呈不断上升的趋势，这些青少年由于长期在外得不到亲人的关心和温暖，一旦接触到关心自己的同龄异性，便会因各种原因造成早婚早育。在农村地区，对早婚的控制仍然缺少必要的措施，一些基层干部也缺乏应有的责任心，对《婚姻法》的宣传力度仍然不够，造成农村人口对有关法律了解不够深入。

早婚无论对个人、家庭还是社会各个方面均有百害而无一利。首先，早婚者一般都是先结婚，等到了法定年龄再去登记或者干脆不登记，这样不仅亵渎了《婚姻法》的严肃性和权威性，而且会淡化人们的法制观念，阻碍社会的法治进程。其次，早婚必然导致早育，不仅会带来社会抚养成本的提前支付，而且会加快人口增长速度，缩短人口增长周期，严重影响人口规划整体进程，甚至会导致区域性人口素质的退化。再次，早婚会给社会带来诸多不安定因素。早婚属非法婚姻，不受法律保护，早婚者对婚姻没有足够的认识，婚姻关系往往不稳定，一旦发生纠纷，就很有可能引发恶性事件，导致婚姻破裂、家庭解体等情况的发生。最后，早婚会使当事人失去求学和身体健康成长的机会，严重影响自身的发展，青少年时期是人一生中最重要的时期，是长知识、长身体的黄金时期，若过早地承受家庭压力，会给青少年本身带来很大的身心伤害。

因此，早婚现象应引起我们整个社会的高度重视，杜绝早婚，提高公众的整体素质。建议如下：加强政府监管，堵塞管理漏洞，消除管理盲点。治理早婚现象，政府责无旁贷，且关键在政府。一是选择年头岁尾的结婚高峰期，在广大农村地区特别是山区，广泛深入宣传《婚姻法》，重点强调婚姻登记的重要性、履行结婚年龄义务的必要性，坚决反对早婚。让广大村民树立依法结婚光荣、违法结婚可耻的理念。二是开展专项治理。采用劝导与惩戒相结合的办法，在劝导无效的前提下，对当事者实施严惩，包括经济处罚和其他强制措施，让违法者付出高昂代价，以儆效尤。当然，这样做的前提是必须有法可依。三是定期进行执法检查，梳理排查违法苗头。四是建立灵敏顺畅的信息通道，及时了解掌握相关信息，做到心中有数。以上几项工作的开展，应以乡级政府为主体，以村民委员会为辅助，持之以恒地开展乡风文明建设。村民委员会是村民自治组织，处于最基层，最了解广大村民的所思所想，治理早婚现象，应该突出它们的地位和作用。一是依法制定科学、合理、可行的村规民约，把禁止早婚作为条款写入其中，经村民会议讨论通过后施行，并要求切实遵守，如有违约，就要承担相应责任。二是充分发挥村委会的阵地作用，利用会议、广播、入户等形式，经常性地开展移风易俗宣传，倡导与时代要求合拍的文明新风，旗帜鲜明地反对早婚。三是实行村委会负责制，把是否存在早婚问题纳入乡政府对村民委员会的年度考核指标体系，甚至实行一票否决制。这些措施能否有效施行，关键取决于村干部能否以身作则、率先垂范。按照现行的行政司法体系，民政部门负责婚姻登记，计生部门负责贯彻落实计划生育政策，可谓铁路警察各管一段，分属两张皮，互不相干。建议国家立法部门整合《婚姻法》、《人口和计划生育法》。其实，婚姻通常就意味着生育，生育就会产生人口。如果将"两法"合并，政府开展婚姻登记和计划生育工作可能会更高效，对贯彻人口和计划生育政策可能会产生更加积极的影响。切实发展乡村基础教育事业，大幅度提高农村人口的文化思想素质。国家应创造条件尽快普及十二年制免费义务教育，让广大农村孩子有机会接受比现在更长时间的教育。人的素质提高了，早婚等现象自然就会减少，甚至消亡。这是治本之策，长效之策。

其次，未婚人口比重存在明显的城乡差异和年龄别差异。在20~29岁年龄组，城市的未婚比重明显高于镇，而镇的未婚比重又高于乡村，这种情况与城市、镇青年自觉晚婚者较多有关。29岁以后逐渐发生逆转，并随着年龄的增高，逆转加速，到40岁以后，乡村的未婚比重明显高于城市、镇，尤其是男性，终身不婚率的差距更大。

最后，河南省男女的平均初婚年龄年轻化。2010年河南省男性的平均初婚年龄为23.63岁，女性的平均初婚年龄为22.66岁，与2000年相比，平均初婚年龄男性下降了0.22岁，女性下降了0.61岁。河南省男女平均初婚年龄均有所下降，但都高于法定结婚年龄。2010年平均初婚年龄的下降可能有以下几个方面的原因：

2010年年龄偏小的初婚者所占比重增大，导致平均初婚年龄下降。由表7-13可看出，2010年15~19岁的初婚者人数所占比重要大于2000年，20~24岁的初婚者人数所占比重则小于2000年。

由表7-14可知，2010年15~19岁初婚者占该年龄组总人口数的比重高于2000年1.35个百分点，这在一定程度上降低了2010年的平均初婚年龄。

表 7-13　各初婚年龄人口数所占百分比

单位：%

初婚年龄（岁）	2010 年所占百分比	2000 年所占百分比
14 及以下	0.10	0.16
15	0.69	0.39
16	1.22	1.00
17	2.37	2.33
18	4.32	4.58
19	8.77	8.07
15~19	17.37	16.37
20	12.75	14.17
21	14.76	13.67
22	14.94	16.17
23	11.67	12.73
24	8.73	9.40
20~24	62.85	66.14
25	6.15	6.39
26	4.06	3.80
27	2.69	2.26
28	1.80	1.40
29	1.28	0.89
25~29	15.98	14.75
30 及以上	3.71	2.58
合计	100	100

表 7-14　河南省各年龄别初婚率的变化情况

单位：人；%

年龄组（岁）	各年龄组人口数		各年龄组初婚者人数		各年龄组初婚者所占比重	
	2010 年	2000 年	2010 年	2000 年	2010 年	2000 年
14 及以下	19747318	23625236	5565	8421	0.03	0.04
15~19	7418890	7354951	976046	868764	13.16	11.81
20~24	9611242	6467092	2875629	2835061	29.92	43.84
25~29	6125379	8094320	897844	783052	14.66	9.67
30 及以上	51127110	45695255	208297	136861	0.41	0.30

受人口总体年龄构成的影响，如果在一个人口总体中，20~30 岁的人口比重很大，那么，初婚者绝对数势必会增加；反之，在老年型人口总体中，初婚者绝对数则会减少（见表 7-15）。这两种情况都会导致平均初婚年龄发生变化。

表 7-15　河南省人口总体年龄构成变化情况

单位：%

年龄组（岁）	2010 年	2000 年
14 及以下	21.00	25.89
15~19	7.89	8.06
20~24	10.22	7.09
25~29	6.51	8.87
30~34	6.38	10.24
35~39	7.84	8.35
40~44	8.86	5.73
45~49	7.29	6.85
50~54	5.23	5.11
55~59	6.04	3.63
60~64	4.37	3.07
65 及以上	8.36	7.10
合计	100.00	100.00

三、河南省家庭状况及其问题的分析

　　家庭是社会的细胞，是社会的基本单位，它是指由血缘、婚姻和供养关系联系在一起的共同生活的或以共同经济为纽带结合成的亲属团体。每一个社会成员无论经历怎样的生命历程，家庭都是其最重要的生活依托和"微"社会环境。作为初级社会组织形式，家庭在社会生活中发挥着诸多重要的作用。近年来，在国际社会，家庭对社会发展的重要性被越来越多的国家所认同，很多社会问题的产生与存续被认为与家庭未能很好地发挥应有的作用直接相关。因此家庭在社会政策中的地位日益提高，成为各种社会政策和社会福利的交汇点。

　　因此，家庭户不仅是河南省政策和制度体系的重要参照，而且也成为整个社会最基础也是最广泛的组织形式。下文分别就河南省家庭规模、家庭类型等方面进行比较分析。

　　1. 家庭户数及家庭人口的变化

　　第六次人口普查表依然将户别分为家庭户和集体户两种。其中家庭户占绝大多数。2010 年第六次人口普查时河南省家庭户数有 25928729 户，家庭户人口

90085335 人，平均每户 3.47 人，而全国的平均家庭户规模为 3.07 人。2000 年河南省有家庭户 24247308 户，家庭户人口 89284474 人，平均每户 3.68 人。10 年间河南省家庭户户数环比增长了 6.93%，家庭户人口环比增长了 0.90%（见表7-16）。

表 7-16　河南省家庭户及其人口的变化

年　份	家庭户		家庭户人口	
	家庭户数（户）	环比增长率（%）	家庭户人口（人）	环比增长率（%）
1953	9837987		34142138	
1964	11251098	14.36	50325511	47.4
1982	15304584	36.03	72348249	43.76
1990	19735114	28.95	83303398	15.14
2000	24247308	22.86	89284474	7.18
2010	25928729	6.93	90085335	0.90

从表 7-16 可以看出，20 世纪 80 年代以前，由于三次生育高峰的影响，家庭户人口的增长速度快于家庭户的增长速度，而 20 世纪 80 年代以后，家庭户的增长速度反而快于家庭户人口的增长速度；20 世纪 90 年代后这种变化趋势更加明显，2000 年家庭户增长率是家庭户人口增长率的近三倍；而 2010 年家庭户增长率是家庭户人口增长率的 7.7 倍。这是因为：①20 世纪 80 年代以来，尤其是20 世纪 90 年代后，河南省的计划生育政策日臻完善，计划生育管理不断强化，家庭的生育量，即妇女生育子女数大大减少，相对而言影响了家庭户人口的增长速度。②20 世纪 80 年代是中国改革开放和经济发展比较快的时期，随着人们思想观念的更新，生活节奏的加快，家庭迅速分化，家庭小型化趋势更加明显。

表 7-17　河南省 2000 年、2010 年分城乡家庭户户数、平均户规模

	河南		城市		镇		乡村	
	2000 年	2010 年	2000 年	2010 年	2000 年	2010 年	2000 年	2010 年
家庭户户数	24247308	25928729	3877546	5349707	2085455	4550905	18284307	16028117
家庭户人数	89284474	90085335	12494422	16325249	7333612	16378305	69456440	57381781
平均户规模	3.68	3.47	3.22	3.05	3.52	3.60	3.80	3.58

从表 7-18 可以看出，2010 年和 2000 年相比：①城市、镇的家庭户户数和家庭户人数都有所增加，其中镇的家庭户户数增加了 118.22%，家庭户人数增加

了 123.33%，增加幅度最大，而乡村的家庭户户数和家庭户人数均有所减少；②城市和乡村的平均户规模都有不同程度的缩小，而镇有所扩大。2010 年城市平均户规模由 2000 年的 3.22 人减少到 3.05 人，减少了 0.17 人，乡村由 3.80 人减少到 3.58 人，减少了 0.22 人（见表 7–17）。

表 7–18　河南省 2000 年、2010 年分城乡家庭户户数、人数变化比较表

地区	2010 年比 2000 年增加		
	家庭户户数（%）	家庭户人数（%）	平均户规模（人）
城市	37.97	30.66	–0.17
镇	118.22	123.33	0.08
乡村	–12.34	–17.38	–0.22

2. 河南省人口家庭户规模的变化

家庭户规模结构是指不同规模的家庭户占家庭户总数的比重。社会经济条件、家庭职能、妇女生育水平的变动等都可导致家庭规模结构的变化，而家庭规模结构的变动又可反映社会经济条件、家庭职能、生育水平的变化。因此，分析家庭户规模结构的变化，探讨它们之间的关系，在理论和实践上都是很有意义的。

表 7–19　河南省人口家庭规模的变化趋势

单位：%

年份	合计	1 人户	2 人户	3 人户	4 人户	5 人户	6 人户	7 人户	8 人及以上户
1982	100	6.41	8.92	13.88	17.86	18.75	14.65	9.95	9.63
1987	100	5.13	8.8	18.49	22.91	20.52	12.24	6.53	5.38
1990	100	4.95	9.36	19.06	26.40	21.32	10.14	4.95	3.83
2000	100	6.49	13.49	26.31	27.24	16.88	6.43	2.15	1.03
2010	100	10.20	19.17	23.50	23.69	13.26	6.61	2.25	1.33
2010（全国）	100	14.53	24.37	26.86	17.56	10.03	4.20	1.43	1.00

由表 7–19 可知，河南省家庭户规模结构在不断发生着变化，家庭户人数趋于减少。①1982 年，河南省以 4 人户、5 人户为主，5 人户最多，占 18.75%，4 人户次之，占 17.86%，6 人及以上户所占比重高达 34.23%；②1990 年，河南省仍以 4 人户、5 人户为主，且所占比重上升，变化为 4 人户最多，占 26.40%，5 人户次之，占 21.32%，6 人及以上户所占比重由 1982 年的 34.23% 下降到 18.92%，3 人户所占比重由 1982 年的 13.88% 上升到 19.06%；③2000 年，河南

省家庭户规模结构变化以 3 人户、4 人户为主，4 人户最多，占 27.24%，3 人户次之，占 26.31%，仅 3 人户、4 人户就占了一半以上，6 人及以上户所占比重不足 10%，2 人及以下户所占比重近 20%；④2010 年，河南省家庭户规模结构仍以 3 人户、4 人户为主，4 人户最多，占 23.69%，3 人户次之，占 23.50%，6 人及以上户所占比重为 10.19%，2 人及以下户所占比重上升，占了 29.37%。从全国来看，3 人户的比重是最大的，其次是 2 人户，全国 2 人户比重比河南省高出 5.2 个百分点，4 人户比重比河南省低 6.13 个百分点。总的来说，全国的平均家庭规模要小于河南省的平均家庭规模。

在这个变化过程中，1982~1990 年是 4 人户比重增长最快，由 1982 年的 17.86% 上升到 1990 年的 26.40%，上升 8.54 个百分点；1990~2000 年是 3 人户比重增长最快，由 1990 年的 19.06% 上升到 2000 年的 26.31%，上升 7.25 个百分点；2000~2010 年是 2 人户比重增长最快，由 2000 年的 13.49% 上升到 2010 年的 19.17%，上升 5.68 个百分点。另外，1 人户的比例也在上升，由 2000 年的 6.49% 上升到了 2010 年的 10.20%，上升了 3.71 个百分点。

综上所述，家庭户规模变小已是现代生活的必然趋势，随着社会经济条件的变化和计划生育工作的不断深入以及人们思想观念的更新、生活节奏的加快，河南省的家庭户平均规模还将进一步缩小。

3. 河南省分城乡的家庭户规模变化

由于城乡之间社会发展水平、意识形态和生育水平的差异，家庭户规模结构在城乡之间也有很大不同。

总体而言，城市家庭规模小于镇和乡村。2010 年，城市家庭户主要以 3 人及以下小家庭为主，该比例达到了 69.25%，3 人及以下小家庭户比重城市高于镇，镇又高于乡村，乡村中这一比例只有 48.43%。相反，4 人及以上户的比重，是乡村高于镇，镇又高于城市。城市 3 人户比例最高，镇和乡村是 4 人户比例最高。2010 年城市家庭户中 3 人户比例高达 34.37%，而乡村中这一比例只有 19.81%，表现出明显的城乡家庭户差异。2010 年普查结果也反映出，城市的家庭户中 6 人及以上的户只占很小的比例，为 5.04%，而农村中还有 11.69% 的家庭有 6 人以上（见表 7-20）。

对比表 7-20 中 2000 年和 2010 年的普查数据可以看出：2010 年城市、镇和乡村的 1 人户和 2 人户的比例都高于 2000 年城市、镇、乡村中相应户的比例，

表 7-20 河南省分城乡的家庭规模分布

单位：%

户规模	城市		镇		乡村	
	2000 年	2010 年	2000 年	2010 年	2000 年	2010 年
1 人户	9.03	13.15	7.98	8.34	5.78	9.73
2 人户	17.72	21.43	14.12	17.52	12.49	18.89
3 人户	39.18	34.37	31.04	23.71	23.05	19.81
4 人户	19.14	17.45	25.35	25.11	29.18	25.37
5 人户	9.62	8.57	13.52	14.36	18.8	14.51
6 人户	3.25	3.26	4.99	6.90	7.27	7.64
7 人户	1.15	1.06	1.75	2.38	2.41	2.62
8 人及以上户	0.9	0.72	1.44	1.68	1.03	1.43
合计	100	100	100	100	100	100

且上升幅度是城市大于乡村，乡村大于镇。相反，城市的 3 人及以上的户比重均有所降低，镇的 3 人户、4 人户和乡村的 3 人户、4 人户和 5 人户比例比重也有所下降。另外，镇和乡村的 6 人及以上户的比重反而有所上升。

由上面的分析可看出，一方面，城乡家庭都在向小型化转变；另一方面，城市 3 人以下小型户比例明显高于农村。在现代化和城市化的过程中，河南省家庭的小型化还会不断发展，尤其是在乡村这一层次上，变化会很明显。

4. 河南省家庭户类型结构变化

家庭户类型结构主要是指按家庭户成员的相互关系划分的各类家庭的比例。它同家庭户的规模不同，后者反映家庭户人口数量的变化，前者反映家庭成员的相互关系演变。

目前对家庭类型的划分，常用的方法是按家庭代际层次和亲属关系划分：①夫妻家庭，只有夫妻二人组成的家庭，包括丁克家庭、空巢家庭以及未育夫妻家庭等；②核心家庭，即一对夫妇及其未婚子女组成的家庭；③主干家庭，指同代家庭成员中只有一对已婚夫妇和其他未婚成员组成的家庭；④联合家庭，指父母和两对以上已婚子女组成的家庭，或至少两对同代夫妇及其未婚子女组成的家庭；⑤其他家庭形式，如单亲家庭、隔代家庭、同居家庭等。

随着社会经济的发展和家庭的小型化，河南省家庭户的家庭结构和代际关系也在不断发生变化。2010 年人口普查显示，在河南省所有的家庭户中，二代户占了大部分，比例为 52.26%。其次是一代户和三代户，所占比例分别为 25.16%

和 21.63%。而四代及以上的户所占比例非常低，仅占全部户数的 0.94%（见表 7-21）。

表 7-21 河南省人口家庭结构变化

单位：%

家庭结构	2000 年	2010 年
一代户	16.64	25.16
二代户	63.23	52.26
三代户	19.21	21.63
四代及以上户	0.92	0.94
合计	100	100

与 2000 年相比，2010 年河南省家庭结构最大的改变是二代户进一步分化为一代户，2010 年一代户的比例明显上升，比例提高了将近 10 个百分点，而二代户的比例显著下降，下降了近 11 个百分点。三代及以上户所占比例只有微弱的上升。

从表 7-22 中分城乡的家庭结构看，2010 年，河南省城市、镇、乡村家庭户人口主要为二代户和一代户。城市和镇二代户比例比较接近，乡村的二代户比例稍低于城市和镇。城乡地区差别主要体现在一代户和三代户比例上，城市的一代户比例最高，为 30.65%；其次是乡村；比例最低的是镇，城市和镇的一代户比例相差了 8.41 个百分点。三代户比例最高的是乡村；其次是镇；比例最低的是城市，仅为 14.71%，比乡村低 9.1 个百分点。四代及以上户的比例，城市和镇均未超过 1%，而乡村四代及以上户的比重达到了 1.15%，是城市比重的 3 倍多。总体上看，三代以上大家庭仍以乡村为多。2010 年城市一代户和二代户已经占全部家庭户的 84.94%，镇占 76.99%，而乡村仅占 75.03%。

表 7-22 河南省分城乡的家庭结构变化

单位：%

家庭结构	城市		镇		乡村	
	2000 年	2010 年	2000 年	2010 年	2000 年	2010 年
一代户	23.36	30.65	18.82	22.24	14.96	24.15
二代户	62	54.29	63.73	54.75	63.43	50.88
三代户	14.17	14.71	16.69	22.11	20.57	23.81
四代及以上户	0.47	0.35	0.76	0.91	1.03	1.15
合计	100	100	100	100	100	100

与 2000 年相比，2010 年城乡家庭结构的变化更加明显。其一，十年间，农村一代户比例上升了 9.19 个百分点，上升幅度最大，城市一代户比例上升了 7.29 个百分点，镇的一代户比例也有明显增长。其二，城乡地区二代户比例都大幅度下降，其中乡村的下降幅度最大，下降了近 13 个百分点。其三，城市、镇和乡村的三代户比例均有轻微上升，镇和乡村的四代及以上户比重也有所上升。

总体上看，由于家庭小型化趋势的发展，人际关系比较复杂的大家庭、联合家庭正日益减少，而关系比较简单的一对夫妻家庭、核心家庭正日益增多。

5. 河南省不同规模的家庭户类型结构

家庭规模与家庭类型密切相关，家庭规模在一定程度上决定着家庭类型，家庭类型也在一定程度上制约家庭的规模。表 7-23 为河南省不同规模的家庭户类型结构。

表 7-23　2010 年河南省不同规模的家庭户类别

单位：%

户类别 户规模	一代户	二代户	三代户	四代户	五代及以上户
1 人户	100				
2 人户	73.57	26.43			
3 人户	2.51	93.65	3.85		
4 人户	0.60	80.73	18.57	0.10	
5 人户	0.60	37.32	61.02	1.05	
6 人户	0.25	12.40	83.05	4.29	
7 人户	0.39	8.47	78.17	12.96	0.01
8 人及以上户	1.43	8.35	75.00	15.17	0.05

从表 7-23 可以看出：①河南 2 人户中，主要由一对夫妇组成的一代户占了绝大多数，比重为 73.57%；②在 3 人户和 4 人户家庭中，主要由一对夫妻和一个未婚子女组成的二代户所占比重最多，分别为 93.65% 和 80.73%，在 4 人户家庭中，三代户的比重明显增大，由 3 人户中的 3.85% 上升到了 4 人户中的 18.57%；③在 5 人及以上户中均以三代户为主体，且 6 人户的三代户比重是最高的，达到了 83.05%，而二代户的比重越来越小，四代及以上户的比重越来越大。不难看出，随着家庭规模的扩大，家庭结构越来越复杂，不仅核心家庭和直系家庭减少，亲属和非亲属的联合家庭不断增多，而且代际关系也逐渐复杂，表现出了家庭变化的一般特点。

6. 河南省有老年人家庭户的变化情况

随着河南省人口老龄化进程加快，有老年人的家庭也在增多。由表 7-24 可看出， 2010 年河南省有 60 岁及以上老年人的家庭户为 8172454 户，其中 65 岁及以上老年人的家庭户为 5754338 户，分别比 2000 年"五普"时的 6583305 户、4944138 户增长 24.14% 和 16.39%，占所有家庭户的比重分别达 31.52% 和 22.19%。而全国有 60 岁及以上老年人的家庭户占所有家庭户的比重为 30.59%，低于河南省 0.93 个百分点。

此外，2010 年河南省 60 岁及以上的单身老人有 1047722 户，比 2000 年的 658316 户增加了 389406 户，增长了 59.15%。因此，做好单身老人的统计工作，对做好高龄老人的服务和保障工作十分有用。照顾和赡养好单身老人，对家庭和社会都是一个不容忽视的问题。

表 7-24　河南省有老年人的家庭户数量及构成比较

单位：户；%

	2000 年		2010 年	
	户数	比重	户数	比重
家庭户合计	24247308		25928729	
有 60 岁及以上老年人户数	6583305	27.15	8172454	31.52
有一个老年人的户	4047041	16.69	4633381	17.87
有二个老年人的户	2457536	10.14	3430380	13.23
其他	78728	0.32	108693	0.42
有 65 岁及以上老年人户数	4944138	20.39	5754338	22.19
有一个老年人的户	3475398	14.33	3782040	14.59
有二个老年人的户	1444013	5.96	1939986	7.48
其他	24727	0.1	32312	0.12

分地区看，由于各省辖市老龄化进程不一样，有老年人的家庭占全部家庭户的比重也呈现出较大的差别。其中有 60 岁以上老年人的家庭占全部家庭户的比重最大的地区是漯河市，为 35.58%，比重最低的是郑州市，为 25.45%，两地区相差 10 个百分点（见表 7-25）。

由表 7-26 可看出，2010 年无论是有 60 岁及以上老年人的家庭户还是有 65 岁及以上老年人家庭户，其占家庭户的比重都是乡村大于镇，镇大于城市。较之 2000 年，不论城乡，有 60 岁及以上老年人的家庭户和有 65 岁及以上老年人的家庭户所占比重均有所上升，上升幅度最大的是镇，其次是乡村和城市。

表 7-25　2010 年河南省 18 个省辖市有老年人的家庭户数量及其构成

单位：户；%

地区	全部家庭户	有 60 岁及以上老年人的家庭户户数	有 65 岁及以上老年人的家庭户户数	有 60 岁及以上老年人的家庭户占全部家庭户的比重	有 65 岁及以上老年人的家庭户占全部家庭户的比重
郑州市	2436665	620181	444511	25.45	18.24
开封市	1241002	401317	282282	32.34	22.75
洛阳市	1806277	550548	390772	30.48	21.63
平顶山市	1336013	436860	316853	32.7	23.72
安阳市	1486536	437948	294243	29.46	19.79
鹤壁市	401216	115690	77923	28.83	19.42
新乡市	1435177	470964	326966	32.82	22.78
焦作市	873312	278655	195369	31.91	22.37
濮阳市	952240	297434	202522	31.24	21.27
许昌市	1156026	397716	280566	34.4	24.27
漯河市	662051	235544	168048	35.58	25.38
三门峡市	629601	186058	131332	29.55	20.86
南阳市	2747972	932555	649111	33.94	23.62
商丘市	2198804	644640	466981	29.32	21.24
信阳市	1825919	619006	435588	33.9	23.86
周口市	2505505	801756	561880	32	22.43
驻马店市	2056880	693261	496063	33.7	24.12
济源市	177533	52321	33328	29.47	18.77

表 7-26　河南省分城乡有老年人的家庭户数量及其构成

单位：户；%

	有 60 岁及以上老年人的家庭户户数		有 65 岁及以上老年人的家庭户户数		有 60 岁及以上老年人的家庭户占全部家庭户的比重		有 65 岁及以上老年人的家庭户占全部家庭户的比重	
	2000 年	2010 年	2000 年	2010 年	2000 年	2010 年	2000 年	2010 年
城市	865892	1294097	602459	917883	22.33	24.19	15.54	17.16
镇	469255	1324513	341861	918510	22.5	29.10	16.39	20.18
乡村	5248158	5553844	3999818	3917945	28.7	34.65	21.88	24.44

7. 老年"空巢"家庭、隔代家庭的变化情况

较之 2000 年，河南省 2010 年的单身老人户数不论城乡均明显增加，由 2000 年的 658316 户增加到了 2010 年的 1047722 户，几乎是 2000 年的 1.5 倍。其中，镇的增长幅度最大，由 2000 年的 47148 户增加到了 2010 年的 153665 户，增长近 3.26 倍。分城乡来看，依然是乡村的单身老人户数最多，是城市的约 4.8

倍，单身老人户数最少的是镇地区。

河南省 2010 年只有一对老夫妇的"空巢"家庭户数变化情况与单身老人户数变化情况相同。较之 2000 年，河南省只有一对老夫妇的"空巢"家庭户数增加了 47.53%。其中，镇地区由 2000 年的 69025 户增加到了 2010 年的 214150户，增加了约 2.1 倍。分城乡来看，乡村的只有一对老夫妇的"空巢"家庭户数最多，约占总体的 64.59%，约是城市的 3.3 倍（见表 7-27）。

表 7-27　河南省老年"空巢"家庭的家庭户数及变化情况

单位：户；%

	单身老年人户数			只有一对老年夫妇的户数		
	2000 年	2010 年	变动百分比	2000 年	2010 年	变动百分比
总计	658316	1047722	59.15	916346	1351848	47.53
城市	83804	153800	83.52	141105	264543	87.48
镇	47148	153665	225.92	69025	214150	210.25
乡村	527364	740257	40.37	706216	873155	23.64

由表 7-28 可看出，与 2000 年相比，河南省 2010 年不管是一个老年人和未成年的亲属户还是一对老年夫妇与未成年的亲属户均明显增加，其中，一对老年夫妇与未成年的亲属户增加了 84.96%。分城乡看：①镇和乡村的隔代家庭户数均呈上升趋势，镇的隔代家庭户数增加幅度最大，增加近 1.7 倍；城市的隔代家庭户数反而减少。②乡村的隔代家庭户数明显高于镇和城市，约占总体的81.59%，其次是镇和城市。

表 7-28　河南省隔代家庭的家庭户数及变化情况

单位：户；%

	一个老年人与未成年的亲属户			一对老年夫妇与未成年的亲属户		
	2000 年	2010 年	变动百分比	2000 年	2010 年	变动百分比
总计	72480	121764	68.00	100725	186300	84.96
城市	7147	6084	-14.87	13772	13018	-5.47
镇	5648	15027	166.06	8389	22586	169.23
乡村	59685	100653	68.64	78564	150696	91.81

8. 主要结论、讨论及对策建议

河南省家庭结构变迁的主要特征为：家庭规模小型化、结构核心化，大家庭逐渐消失，小家庭占主导地位，家庭的代际层数减少；且总体而言，城市的家庭规模小于乡村，家庭结构比乡村简单。

产生上述特征的主要原因有以下几个方面：第一，人口因素。自 20 世纪 70 年代以来，河南省实行了严格的计划生育政策，生育率的急剧下降是影响家庭结构变迁的最根本的因素，2010 年河南省的人口出生率由 2000 年的 1.10‰下降到了 0.98‰。第二，社会经济因素。近年来随着工业化、城市化的发展，大量农村劳动力离乡输出，迁往城市，降低了生育率，造成家庭规模的缩小。第三，思想观念因素。随着现代文明和西方养老观念的渗透，人们的生育观念和养老观念逐渐发生转变。年青一代更注重自我发展和追求，传统的家庭养老观念淡薄，离开父母就业或单独居住，很多人的生育观从以前在强迫下不得不少生到现在的主动不生、少生、晚生，并且出现了很多的单身家庭、丁克家庭等，这样在很大程度上冲减了河南省家庭户人口数量。第四，政策因素。目前河南省依然坚持把计划生育作为一项基本政策，极大影响着人们的生育观念，有效控制了生育水平，减少了家庭孩子的数量，使家庭规模趋于小型化。城市的家庭规模之所以小于农村，原因之一便与城乡间的养老制度有关。在农村，由于社会保障制度不健全，老年父母唯有与子女同住才能获得基本赡养条件，家庭养老是最主要的养老制度。而在城市，经济的发展促进了社会福利制度的发展，社会大量兴建养老院，再加上城市大部分老年人参加社会养老保险，家庭的大部分功能如赡养功能等都有被社会取代的趋势，便形成了城市的家庭规模小于农村，结构更加简单化的局面。家庭关系核心化和家庭规模小型化这种家庭结构变迁会带来很多影响，有好的方面也有坏的方面。首先，核心家庭在简化和改善家庭人际关系、减少家庭矛盾、提高家庭生活质量和成员身心健康方面起到了积极的作用。家庭关系从复杂到简单，使个人摆脱了各种关系带来的压力和约束，减少了因复杂关系产生的各种家庭矛盾，最大限度地满足了个人的情感需求，舒展了人的个性，有利于身心健康。其次，核心家庭的缺点也不容忽视：①家庭内部关系简单化以后，随着日常生活的社会化，人们的主要精力和情感均投向了家庭以外的工作单位和社会往来上，个人的家庭束缚力和责任感大大减少，长此以往，夫妻间会产生心理上的猜忌和精神上的抑郁，影响夫妻关系和身心健康。在缺乏家庭其他成员监督和影响的情况下，特别容易使矛盾激化升级，家庭关系大大松动，从而导致了离婚率的上升。②长期的家庭关系紧张，夫妻关系不和会带来一系列的负面影响，尤其会直接影响青少年的成长。父母婚姻不美满甚至离婚，会导致有些青少年长期抑郁而逐渐形成孤僻性格，对社会极端冷漠、缺乏信任感，有的则形成了暴躁易怒的性格，扭曲了他们的人格；而且父母的婚姻关系在一定程度上也会影响孩子的婚姻关系。③家庭结构简化，使得不同代际间的生活照料关系减弱，家庭养老资源趋于萎缩，带来的直接后果便是老年人的生活需求无法得到满足，老年人的生活陷入了困顿的局面，且随着家庭代际关系的重心逐步下移，老年人在家庭中的地位下降，进一步恶化了老年人的生活状况。

随着人口老龄化进程加快，2010年河南省不论城乡有60岁以上老年人的家庭户数明显增多；单身老人户和只有一对老夫妇的"空巢"家庭户明显增多；一个老年人和未成年的家庭户，以及一对老年夫妇和未成年的家庭户也明显增加。而且上述每类家庭户的数量都是乡村多于城市。这些现象将会带来一系列的社会问题，如社会保障制度的构建、老年人社会养老和家庭养老的分配等。在农村，目前养老稳定性面临障碍，随着有老年人家庭户的增加，家庭养老资源需求增加，长寿和生命质量难以统一。再加上农村剩余劳动力向城镇流动、年轻人赡养意识的淡化和农村整体经济水平的落后等多方面的因素，使得农村养老形势十分严峻。我国农村社会养老保险试点工作开始于1987年，全面推行于1991年，但是截至目前，河南省参加农村养老保险的人只有极少数，农村大部分老人没有享受到社会养老福利。其中既有观念上的原因也有政策体制的原因。为了更好地解决农村养老问题，本书提出以下建议：①在村庄建立起正确的舆论道德，当一个村庄对尊敬老年人和赡养老人达成一种共识的时候，就会促使该村庄的人们自觉担负起赡养老人的义务。②政府部门和社会应适当承担起农村老年人的赡养义务，适当给予生活状况不好的老年人一定的补助和救济，低保政策可以向高龄老人倾斜。③逐步完善农村社会养老保险制度，调整养老保障相关政策法规。在现阶段总体经济发展水平比较落后的情况下，应本着低水平起步的原则，养老保费由单位和个人缴纳，政府给予税收支持。另外，应建立完善的养老保障体制，规范养老行为，切实维护老年人的权益，有效解决养老问题。"空巢"家庭的出现是社会发展的趋势、社会进步的体现及人们价值观念改变的结果。2010年河南省的"空巢"家庭户数大幅增加。"空巢"老人这一群体应引起政府部门和社会的高度重视。目前，"空巢"老人在经济、生活和精神方面存在着各种问题。①经济方面。河南"空巢"家庭中，单身老人户占了43.66%，其中不乏经济贫困者。②生活方面。老人身体好，生活尚能自理，一旦生病，子女不在身边，生活中就会有诸多不便。而老年人发病往往具有突然性，家中无人或抢救不及时，就容易发生危险。③精神方面。"空巢"老人无法享受过去大家庭的天伦之乐，很可能出现抑郁症状，精神寂寞、孤独，容易产生悲观情绪，有的人甚至会产生自杀行为。解决"空巢"家庭问题需要家庭、社会、政府等各方面共同努力。例如，设立专门的老年人统计机构，掌握"空巢"老人的信息，建立"空巢"老人档案，并协调有关部门，使"空巢"老人的问题得到及时、有效解决；动员社区内的商店、医院、餐饮等服务单位，通过契约方式签订"帮扶空巢家庭老人"的合作协议，确保将照料、服务工作落实到人，服务到户；配偶之间应该相互关心，不仅在日常生活方面，而且要多给予精神上的安慰，子女要帮助老年父母安排好日常生活，与父母保持联系；兴建社会福利服务网络，建设老年服务中心和老年护理中心等养老设施，提供保姆、小时工、志愿者等；推动和发展老年文体活动，丰富老年人的精神生活。

隔代家庭是社会极速变迁的必然产物，2010年河南省的隔代家庭户数呈明显上升趋势。隔代家庭产生的原因有很多方面：社会变迁，随着工业化、城镇化进程的加快，农村中的青壮年大都流向城镇，而照顾幼小的责任便落到了祖父母肩上；城市中女性自我意识增强，和丈夫一起进入社会参加工作，把孩子留给祖父母照顾，他们只有在周末与孩子接触，甚至完全放弃对孩子的照顾。家庭结构改变，激增的离婚率、单亲家庭及少女未婚怀孕等因素均会影响家庭结构的改变与角色的转变。而家庭形态的改变，产生了各种非典型家庭，隔代教养家庭就是其一。父母亲因种种因素无法或不愿照顾子女，祖父母接手，隔代教养家庭因而产生。虽然由祖父母协助照顾幼儿可以减轻父母的负担、促进家庭关系和谐、发展良好的祖孙关系并建立祖孙间的安全感，让祖父母成为孙子女与其父母的沟通桥梁，但是由于祖父母辈与孙子女认知方面的不同，加上成长背景和时空差异大，便产生了隔代的沟通问题，而且抚养孙子女给年迈的老人带来了更重的生活负担。因此，政府应采取相关措施解决隔代家庭的问题。例如，改革户籍制度与改进考试制度相结合，解决因接受教育而不得不留在农村和祖父母生活的"留守儿童"问题；鼓励农村劳动力回乡创业和就业，解决他们不能长期照顾家庭的问题。

在当今这个社会剧烈变动、人群日益分化的时代，婚姻、家庭的变化和发展越来越受到重视。婚姻和家庭直接影响着千千万万的少年儿童人口和年轻人，同时也直接影响着千千万万的老年人口和劳动力人口。虽然有了婚姻和家庭不一定就和谐、幸福，但是婚姻、家庭不稳定，社会的和谐、稳定一定是空谈。个体的全面发展，家庭的幸福、文明、和谐，是今天的中国社会所追求的理想境界，也是社会发展的重要目标。要实现这一重要目标，首先就要求我们能够利用人口普查等基础数据全面系统地了解婚姻、家庭的基本情况，这样我们才能制定相关政策以实现这一宏大目标。

第八章 河南省人口功能区划分

一、人居环境适宜性评价

（一）影响河南省人居环境的自然因素

综合评价和系统分析我国不同地区人居环境适宜性是人口发展功能区工作的基础。人居环境适宜性不仅直接关系到人的身心健康和生活质量，而且间接影响到人类社会进步与发展水平，从根本上决定了中国人口分布的基本格局。影响人居环境适宜性的自然因素众多，但最为根本且起主导作用的则主要包括地形地貌特征、水热气候条件和水文状况以及综合反映区域自然条件的土地利用/土地覆盖特征。河南省作为中国第一人口大省、农业大省和中部大省，其人口功能区评价的首要工作——人居环境适宜性的评价具有相应的特殊性。

我们首先对影响河南省人居环境的自然资源因素进行分析。自然资源是指在一定时间、地点条件下，能够产生经济价值，以提高人类当前和未来福利的自然环境因素和条件，包括水土、气候、矿产等。自然资源是人类生存和发展的基础，环境是自然资源的载体，是人类赖以生存和发展的基本条件，一个国家和地区的资源环境基础是经济社会发展的重要条件。在发展的过程中要特别注意经济、人口、资源、环境的相互协调，不可以牺牲环境为代价去换取一时的发展。

1. 水资源

自古人类逐水草而居，人类文明的起源和发展都是在沿河流的村落或城镇。

水资源直接影响着人的生存和经济的发展,一个地区的淡水资源总量和人均淡水消费水平决定着该地区水资源的人口承载量,也是人居环境的重要影响因素之一。河南省是相对缺水的省份之一,全省水资源总量为405亿立方米,人均水资源量只有420立方米,不足全国平均水平的1/5。

目前,河南省地表水资源的开发程度已达20%多,浅层地下水的开发利用率达60%以上,豫北地区达90%以上,开发程度远高于全国30%的平均水平。在正常年份,河南省缺水总量50亿立方米,人均水资源占有量仅为全国平均水平的1/5。加上水资源时空分布不均,若遇枯水年份,将给河南省工农业发展及城市居民生活带来严重影响。目前,河南省大约70%的河段受到不同程度的污染,近一半河段水质劣于Ⅴ类,失去了供水功能和使用价值。地下水污染也日趋严重,河南省部分地区由于造纸等工业污染饮用水源,居民患病率提高,影响了群众的生存环境和生活质量。

河南省地下水超采已造成严重的生态环境问题。一是地下水水质恶化。普查数据显示,在407组地下水水样中,水质较差和极差的占73.5%。二是地面沉降。由于地下水过度开采,河南省许昌、濮阳、开封等城市出现地面沉降。豫北地区已形成1万多平方千米的漏斗区。与此同时,农业地区粗放灌溉、高耗水或高污染项目上马过多等,又造成水资源的巨大浪费。

目前我国农村约有1.9亿人饮用水有害物质含量超标,高氟水、高砷水和苦咸水等饮水问题十分突出,对群众生命健康造成很大危害。2005年《河南省地质环境公报》显示,河南省浅层地下水水质良好级、较好级、较差级及极差级采样点分别占采样点总数的23.3%、3.4%、60.0%、13.3%。多数地区为较差级。根据戴向前等的研究,河南省农村饮用高氟水的人口为1127万人,饮用污染地下水的人口为483万人。农村饮水不安全人口占农村人口的26.4%~31.5%。

2. 地形

世界人口绝大部分集中在比较低平的平原和丘陵地带,随着海拔的上升,人口密度迅速下降。相关研究表明,我国地形起伏度在东北、华北、华中和华南与人口分布密度具有显著的相关性。在全国大部分地区,随着地形起伏度的增高,人口密度有减小的趋势。河南省平地略多于丘陵山地,总面积中山地丘陵面积7.4万平方千米,占河南省总面积的44.3%,平原和盆地面积9.3万平方千米,占总面积的55.7%。地形呈西高东低之势。西北省境为太行山脉,西部为豫西山

脉。豫西山脉是秦岭的东延部分，秦岭进入豫西向东呈扇状展布。伏牛山是豫西
山地的主体，海拔 1000~2000 米，为河南省的屋瓴。桐柏山脉、大别山脉位于省
境之南，海拔一般在 1000 米以下，为淮河、长江的分水岭。太行山脉与豫西山
脉之间的黄河两岸分布有黄土丘陵区。中部有巍峨峻峭的中岳嵩山。东部为辽阔
的黄淮平原。由于受地形的影响，河南省山区和丘陵地区人口分布密度低于平原
地区。

3. 气候

气候决定着一个地区的土壤、植被和水文，也决定着人类在居住、衣着方面
的需求，与人类的生产和生活密切相关。河南省处于亚热带向暖温带过渡地带，
由南向北年平均气温为 15.5℃~9.5℃，年均降雨量 138.06~526.0 毫米，气候温和，
雨量适中，无霜期 265~332 天，适宜于多种农作物生长和人类的居住。由于气候
在河南省范围具有较大的同质性，气候差异对河南省内部地区间人口分布的影
响不大。

4. 土地资源

土地资源具有两个属性，即土地的面积和质量。土地质量是土地各种性质的
综合反映。不同的利用目的，对土地特性的要求不一，故质量应相对于利用而
言。对于农业用地，土地质量决定着具体用途所需要的投入和产出，表征着土地
生产能力的高低。

河南省的土地资源表现为以下特点：一是土地类型复杂多样。由于受南北气
候过渡性、东西地势差异性以及其他自然因素的影响，形成了复杂多样的土地类
型，为农、林、牧、渔业的综合发展和多种经营提供了十分有利的条件。二是土
地资源数量有限。河南省以占全国 1.74% 的土地，养育着占全国 7.5% 的人口，人
均土地资源仅有 0.07 公顷，不及全国平均水平的 1/4。由于人口基数大、增长绝
对数量多，人多地少的状况日趋严重。河南省是全国最古老的农业开发区之一，
土地开发利用程度高，目前未利用的土地面积为 167 万亩，可利用的后备土地资
源，特别是后备耕地资源严重不足。区域开发条件差异大。由于受复杂的地貌、
过渡性的气候以及水文、土壤等自然因素的影响，河南省土地资源在地域分布上
呈现出明显的差异性。河南省耕地面积的 3/4 集中分布在占全省总面积 55.7% 的
平原区，而占总面积 44.3% 的丘陵土地，耕地面积仅占 1/4。各地区的土地资源
开发条件也明显不同。东部黄淮海平原和南阳盆地中部和东南部，水热土组合条

件较好，是河南省耕作农业的主体，是水浇地和水田的集中分布区，开发条件优越；豫西丘陵山区和南阳盆地边缘岗地区，水土条件相对较差，特别是大部分地区水资源严重不足，是河南省主要的旱作农业区，土地资源开发难度大，投入产出率低，适宜发展林果业；南部亚热带湿润丘陵山地则有较好的水热条件，土地开发潜力较大，具有发展亚热带林果业的优越条件。

5. 地质和矿产资源

矿产资源开发形成的产业积聚决定着人口的集聚，开发过程中的环境污染直接影响人居环境。矿产资源的开发和利用是通过生产力布局的改变而影响人口迁移、分布和集聚的，影响的程度决定于开采资源需要的劳动力数量和用工方式。历史上矿产资源开发造就新城市和目前资源枯竭城市需要进行产业转型是地质矿产资源分布影响人口分布的实例。

河南省是资源大省。多年来，矿产资源开发及后续加工业一直是河南省的支柱产业。2000年以来，矿业经济对河南省工业经济的贡献率明显加大，每年都占全省工业企业的55%以上。但随着国民经济的快速发展，河南省矿产资源供求矛盾十分突出，保障能力日趋紧张。

（二）数据的来源与分析

1. 地形起伏度

河南省的地势简单，地处内陆，只存在平原、山地、丘陵三种地形，且山地丘陵起伏不大，没有很高的山峰。

表8-1　河南省各地区地形

地形	县名
平原	博爱、长葛、郸城、邓州、范县、封丘、扶沟、滑县、淮滨、淮阳、长垣、获嘉、浚县、开封县、兰考、临颍、鹿邑、孟州、民权、内黄、南乐、宁陵、平舆、濮阳、淇县、杞县、沁阳、清丰、汝南、商水、上蔡、社旗县、沈丘、睢县、遂平、台前、太康、汤阴、唐河、通许、桐柏、卫辉、尉氏县、温县、武陟、舞阳、西华、西平、息县、淅川、夏邑、襄城、项城、新蔡、新乡县、新郑、修武、许昌县、鄢陵、延津、叶县、永城、虞城、原阳、柘城、正阳、中牟
丘陵	宝丰、安阳县、巩义、固始、光山、潢川、郏县、卢氏、罗山、孟津、泌阳、南召、确山、汝州、渑池、舞钢、西峡、新安、偃师、伊川、宜阳、义马、荥阳、禹州
山地	登封、方城、辉县、济源、林州、灵宝、鲁山、栾川、洛宁、内乡、汝阳、陕县、商城、嵩县、新县、新野、镇平

资料来源：《河南统计年鉴》。

从纬度的水平分布来看，人口主要集中在北半球的中纬度地带；从垂直分布，也就是海拔高度来看，世界人口90%以上居住在海拔1000米以下的地区。河南省位于北纬31.5度到35.8度之间，除中西部山区外平均海拔都在500米以下，大部分为平原地形，适合发展农业，也适于人类居住。

河南省位于中国中东部，黄河中下游，黄淮海平原西南部，大部分地区在黄河以南，故名"河南"。河南省地处我国地势第二阶梯向第三阶梯的过渡带，西部山地绵延起伏，海拔高千米以上，东部为平原，海拔在百米之下。灵宝市的老鸦岔为河南最高峰，海拔高度为2413.8米，海拔最低处为淮河出省处，仅23.2米。

河南省地势西高东低、北坦南凹，北、西、南三面有太行山、伏牛山、桐柏山、大别山四大山脉环绕，间有陷落盆地，中部和东部为辽阔的黄淮海冲积大平原。境内有黄河、淮河、卫河、汉水四大水系，其中淮河流域面积占53%。由"河南省地形图"可以很详细地观察河南省地形走势及河流动脉走向。山区主要集中在河南省的西部，如三门峡市、洛阳市、南阳市一部分、信阳市南部等地。而河南省的其他大部分地区都属于平原或丘陵，又以平原为主要地形。在河南省中，60.55%为平原，23.85%为山地，15.60%为丘陵。地形是长期以来影响河南省人居环境的重要因素，所以我们在分析人居环境适宜性时以地形特征为主要指标。

2. 气候适宜度

河南省气候属暖温带—亚热带、湿润—半湿润季风气候。一般特点是冬季寒冷雨雪少，春季干旱风沙多，夏季炎热雨丰沛，秋季晴和日照足。河南省年平均气温一般在12℃~16℃，一月-3℃~3℃，七月24℃~29℃，大体东高西低，南高北低，山地与平原间差异比较明显。河南省各个地区的空气相对湿度数据的资源有限，严重限制了判定气候适宜度的可能性。

气候决定着一个地区的土壤、植被和水文，也决定着人类在居住、衣着方面的需求，与人类的生产和生活密切相关。河南省气候总体具有四季分明、雨热同期、复杂多样、气象灾害频繁的基本特点，并且存在着自南向北由亚热带向暖温带气候过渡、自东向西由平原向丘陵山地气候过渡的两个特征。整个河南省地区其平均气温处在一个稳定的水平，除去平顶山市，其他各市的平均气温都保持在15℃左右。这无疑与地形有很大关联，地形波动不大，气温也就保持在稳定的水平。所以气候差异对河南省的人口分布影响不大。

3. 水文指数

本节利用各市的年降水量及其归一化值来具体判定水文指数。河南省各县的降水量数据缺失很多，故采用各市为代表。除了黄河经过的几个市区外，在河南省各个地区都有一定数量的河流流域，水域面积对于河南省各地区的水文指数影响不大，甚至影响甚微，可以忽略不计。故我们在评价水文指数时只用归一化的降水量来表示，各市降水量见表8-2。

$$归一化降水量 = \frac{实际值 - 最小值}{最大值 - 最小值}$$

表8-2 河南省各市降水量

单位：毫米

地区	降水量	归一化
三门峡市	414.3	0
安阳市	459.4	0.068158
洛阳市	500	0.129515
濮阳市	535.8	0.183618
济源市	559.7	0.219737
新乡市	573.4	0.240441
焦作市	580.4	0.25102
开封市	582.1	0.253589
商丘市	610	0.295753
南阳市	634.8	0.333233
郑州市	692.6	0.420583
漯河市	726	0.471059
鹤壁市	730	0.477104
周口市	766.2	0.531812
平顶山市	810	0.598005
许昌市	886.3	0.713314
信阳市	1006	0.894212
驻马店市	1076	1

注：此表按归一量由小到大的顺序排列；降水量单位为毫米。

河南省自南向北因降水条件差异存在着湿润区、半湿润区、半干旱区的过渡性变化。南北气候的过渡性差异在农业生产制度上也有极强的表现，在自然降水条件下，豫南可一年种植两次水稻，自南而北，水稻栽培逐渐减少并被耐旱作物替代。豫北水稻仅在有灌溉条件的地方才能种植，由水旱轮作到单一的旱作，反映了气候的过渡性转换。

4. 地被指数

河南省土地的用途不外乎用于进行农业生产的耕地和用于人们生产生活的建设用地。所以我们就采用耕地面积、建设用地及其所占总面积的比例来统筹分析河南省的地被指数，见表8-3。

表8-3　河南省各市的土地类型面积及其比例

单位：平方千米；%

地区	全市面积	耕地面积	建设用地	耕地占总面积的比例	建设用地占总面积的比例
郑州市	7446	3307	1965.1	44.41	26.39
开封市	6444	4279	664.9	66.40	10.32
洛阳市	15200	4251	1444.9	27.97	9.51
平顶山市	7882	3154	664.6	40.02	8.43
安阳市	7413	4084	720	55.09	9.71
鹤壁市	2182	1053	410	48.26	18.79
新乡市	8169	4541	894.8	55.59	10.95
焦作市	4071	1925	750.8	47.29	18.44
濮阳市	4266	2693	350.2	63.13	8.21
许昌市	4996	3439	430	68.84	8.61
漯河市	2617	1886	471.8	72.07	18.03
三门峡市	10496	1780	266	16.96	2.53
南阳市	26400	9943	694	37.66	2.63
商丘市	10704	7200	575	67.26	5.37
信阳市	19541	7913	420	40.49	2.15
周口市	11959	8541	347	71.42	2.9
驻马店市	15083	8861	446.6	58.75	2.96
济源市	1894	416	241.7	21.96	12.76

资料来源：《河南统计年鉴》（2006）。

（1）农用地。河南省农用地（耕地、园地、林地、牧草地、水面）面积11830.20公顷，占河南省土地总面积的71.48%。

耕地：占河南省农用地面积的68.55%。耕地集中分布在黄淮海平原、南阳盆地及豫西黄土区，其中水田集中分布在水热条件优越的淮河以南和用水条件较好的黄河两岸地带。

园地：面积30.83万公顷，占河南省农用地面积的2.61%，占河南土地面积的1.86%。其中果园分布广泛，又以苹果园最为突出，分布面积2万公顷以上的有三门峡、商丘和南阳三市，占河南果园面积的 40.8%。

林地：面积 283.16 万公顷，占河南省农用地面积的 23.93%，占河南省土地总面积的 17.11%。林地在河南省各地均有分布，分布面积最大的是南阳市，最少的是漯河市。

牧草地：面积 1.45 万公顷，基本属于天然草地类，占河南省农用地面积的 0.12%，占河南省土地总面积的 0.09%。主要分布在丘陵山区，分布面积最大的是信阳市。

水面：面积 56.73 万公顷，占河南省农用地面积的 4.79%，占河南省土地总面积的 3.43%。河南省水面分布不平衡，分布面积最大的是信阳市，其次是南阳市。

（2）建设用地。河南省建设用地（居民点及工矿用地、交通用地、水设施用地）面积 251.45 万公顷，占河南土地总面积的 15.19%。居民点及工矿用地面积 183.42 万公顷，占河南省建设用地面积的 72.95%，占河南省土地总面积的 11.08%。其中城镇用地面积 22.56 万公顷，占居民点及工矿用地总面积的 12.30%；农村居民点面积 136.75 万公顷，占 74.56%；独立工矿用地面积 14.92 万公顷，占 10.59%。地域分布大体与人口密度分布相对应。交通用地面积 38.00 万公顷，占河南省建设用地面积的 15.11%，占河南省土地总面积的 2.30%。其中农村道路面积 29.50 万公顷，占交通用地面积的 77.63%。河南公路密度为每平方千米 0.31 千米。交通用地占地系数在 3% 以上的有漯河、驻马店、鹤壁、商丘和新乡五市、地，其中漯河市为 3.53%，属最高。水利设施用地面积 30.03 万公顷，占河南省建设用地面积的 11.94%，占河南省土地总面积的 1.81%。其中沟渠面积 26.40 万公顷，占水利设施用地总面积的 87.91%；水工建筑面积 3.63 万公顷，占 12.09%。

（3）未利用地。河南未利用地（苇地、滩涂、荒草地、盐碱地、沼泽地、沙地、裸土地、裸岩石砾地、田坎、其他）面积 220.71 万公顷，占河南土地总面积的 13.33%。其中荒草地面积 87.92 万公顷，为最多，占未利用地面积的 39.84%；苇地面积 0.97 万公顷，占 0.44%；滩涂面积 33.15 万公顷，占 15.02%。

由此我们可以得出河南省的土地利用主要是农用地中的耕地和建设用地。下面我们由河南省各市耕地面积和建筑面积的比例大小（以下简称耕建比）来分析地被指数。

$$耕建比 = \frac{耕地面积}{建设用地面积}$$

根据图 8-1，我们依耕建比的大小将河南省各地区归为三类：当某地区耕建比大时，即大于 20，说明耕地面积远远大于建设用地面积，该地区以农业为主要生产方式，经济发展有些落后，属于发展中地区。符合该条件的有周口市。当耕建比中等时，即大于 10 小于 20，说明该地区耕地面积和建设用地面积相当，在全面发展工业的同时，农业与之齐头并进，双向发展。但是此时的工业还在起步中，但其发展潜力不可低估。符合该条件的有南阳市、商丘市、信阳市、驻马店市。当耕建比小时，即小于 10，说明该地区已经在将农业逐步转变为工业、将工业作为经济来源。符合该条件的有郑州市、开封市、洛阳市、平顶山市、安阳市、鹤壁市、新乡市、焦作市、濮阳市、许昌市、漯河市、三门峡市、济源市。

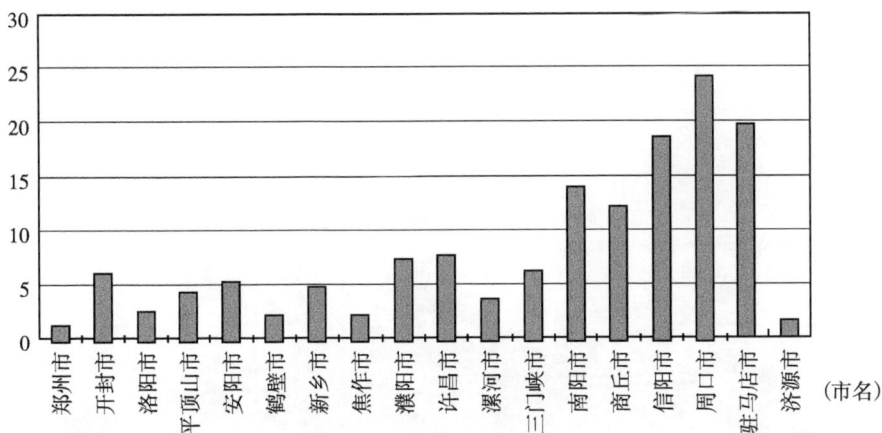

图 8-1 河南省各市耕建比

（三）河南省地区人居环境适宜性评价

通过地形起伏度、气候适宜性、水文指数、地被指数的计算和分析，我们可以得到河南省地区人居环境适宜性评价。鉴于河南省的各种地形、气候、水文、地被等因素具有特殊性，地形决定着气候、水文、地被，故在评价河南省地区人居环境时，我们采用具有河南省特色的方针和路线，即以河南省的地形作为主要因素来评价人居环境，河南省只有简单的三个地形：平原、丘陵、山地。平原地区人居环境评价为高度适宜，最适宜人类居住；丘陵地区人居环境评价为比较适宜，比较适宜人类居住；山地地区人居环境评价为一般适宜，一般适宜人类居住。河南省的各个城市直接评价为高度适宜地区，这是建立在不违背事实的基础上的。河南省各地区人居环境评价得出的结果如表8-4所示。

表8-4 河南省人居环境适宜性评价

评价	地区	说明
高度适宜地区	中牟、新郑、杞县、通许、尉氏、开封、兰考、叶县、汤阴、滑县、内黄、浚县、淇县、新乡、获嘉、原阳、延津、封丘、卫辉、长垣、修武、博爱、武陟、温县、沁阳、孟州、清丰、南乐、范县、台前、濮阳、许昌、鄢陵、襄城、长葛、舞阳、临颍、社旗、唐河、新野、邓州、民权、睢县、宁陵、柘城、虞城、夏邑、永城、淮滨、息县、扶沟、西华、商水、沈丘、郸城、淮阳、太康、鹿邑、项城、西平、上蔡、平舆、正阳、汝南、遂平、新蔡等	共83个地区，最适合人类常年居住，是河南省人口和产业集中的地区
比较适宜地区	巩义、荥阳、新密、孟津、新安、宜阳、伊川、偃师、宝丰、郏县、舞钢、汝州、安阳、禹州、渑池、陕县、义马、灵宝、方城、镇平、罗山、光山、固始、潢川、确山、泌阳	共26个地区，比较适合人类常年居住，是河南人口分布较为密集的地区
一般适宜地区	登封、栾川、嵩县、汝阳、洛宁、鲁山、林州、卢氏、西峡、南召、内乡、淅川、桐柏、新县、商城、济源、辉县市	共17个地区，一般适宜人类长年居住，是河南人口分布一般集中的地区

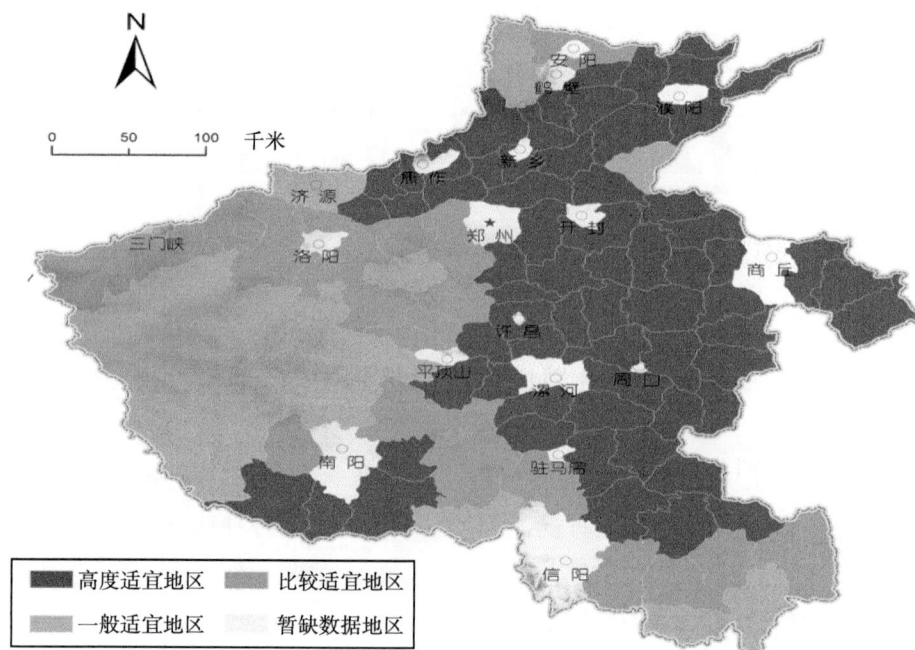

图8-2 河南省人居环境自然适宜性分级评价图

河南省的东部地区基本上都是高度适宜地区，西部地区基本上都是比较适宜或一般适宜地区（如图 8-2 所示）。高度适宜地区占河南省的 65.87%，比较适宜地区占 20.63%，一般适宜地区为 13.50%。人类是进步着的，然而人类一步一步前进是以牺牲一定的自然环境为代价的。所以在我们欢庆人类所取得前所未有的能使我们的生活更加快捷、方便、舒适的高科技成果时，不要忘了环顾一下四周正在加速衰老的环境。两者互成反比的矛盾状态，曾一次次地引起政府和学者们的密切关注，并及时采取一些有效的措施来拖延能够预见的悲惨结果的到来。虽然河南省大部分地区目前是适宜人类居住的，但是河南省并没有安于现状。据报道，河南省通过大力开展环境综合治理和生态环境整治，城市基础设施建设和污染防治能力明显增强，城市人居环境得到显著改善。河南省重点加强对城市大气污染的综合整治，河南省城市集中供热面积达到 4000 万平方米。郑州、洛阳、南阳等城市还强制推广使用乙醇汽油。河南省车用汽油已基本实现无铅化，大大减轻了对城市大气环境的污染。河南省还投巨资建设城市生活污水和垃圾处理厂，目前河南省 18 个城市污水处理率达到了 31%。河南省在改善乡村风貌、进行农村精神文明建设方面，联合 81 家省级以上文明单位共投资了 670 万余元，对 63 个试点村实施精神文明建设帮扶项目 500 多项，建设了文化大院、多功能教室、体育活动室、图书室等基础设施，并帮助修建乡村公路、建造沼气池和垃圾清理站等。

城市人居环境的改善，得到了城市居民和国家有关部门的认可，濮阳、洛阳、漯河三个城市被评为国家园林城市，濮阳市和竹林镇获得了"中国人居环境范例奖"，竹林镇曾获联合国"2002 年迪拜国际改善居住环境最佳范例奖"。

二、土地资源承载力评价

（一）河南省土地资源概况

土地是十分宝贵的资源和资产，保护土地就是保护我们的生命线。而素有

"中原"之称的河南省，它的总体情况就是人均土地占有量少，总体质量水平低，后备资源亦贫乏，这严重制约着河南省乃至整个国民经济的发展。河南省总面积16.7万平方千米，自南向北地跨北亚热带和暖温带，分属长江、淮河、黄河、海河四大流域，分别有大别山、桐柏山、伏牛山、太行山四大山脉。但是仅根据1996年的统计数据，河南省总人口已达9172万人，人口密度为554人/平方千米，是全国平均水平的四倍多，人均土地资源量仅为0.18公顷，不及全国平均水平的1/4。河南省以占全国1.7%的土地承载着占全国8%的人口。河南省作为全国最古老的农业开发区之一，土地开发程度较高，然而可利用的后备土地资源，特别是后备耕地资源严重不足。因此，针对土地资源我们应该进行系统的透视，运用科学的方法对它进行评价，对我们以后的生产和生活作出指导。

土地资源承载力是对区域土地、粮食与人口关系的系统透视，它以土地资源生产潜力与现实生产力的计算和评价为基础，一方面采用FAO推荐的农业生态区位法，建立基于GIS的农业土地生产潜力模型逐级评估不同地区的农业土地生产潜力；另一方面它以2004~2006年的粮食产量为基础，以分县为基本研究单元定量揭示不同地区土地资源现实承载力的时空演变格局，逐级评价不同县城单元的土地现实生产力。

土地资源承载力的历史回顾与现状评价是土地现实承载力研究的重要内容，我们在回顾1949年以来不同地区现实生产力格局演变的基础上，扼要评估土地资源现实承载力的总体趋势。土地资源承载力可以通过土地资源承载力的未来情景分析来实现，它可以根据未来人口可能规模、粮食生产能力和人均消费需求等不同条件组合，来讨论不同地区的土地资源承载能力。

（二）指标的设置和计算方法

1. 指标的设置

本书关于土地资源承载力的评价运用了三个指标数据：LCCI（土地资源承载指数）、Rp（土地超载率）、Rg（粮食盈余率），但是主要运用LCCI这一个指标数据，Rp和Rg则是作为辅助指标进行对比分析。

根据LCCI及其人粮平衡关系，以分县为基本单位，可以将不同的地区划分为土地超载区、人粮平衡地区和粮食盈余地区等三种不同类型。①土地超载地区，即土地资源承载指数（LCCI）高于1.125，粮食缺口较大，人口超载严重，人地、人粮关系紧张。②人粮平衡地区，土地资源承载指数（LCCI）为0.875~1.125，或粮食平衡有余或人口临界超载，发展潜力有限。③粮食盈余地区，土地资源承载指数（LCCI）低于0.875，粮食平衡有余，具有一定的发展空间。具体的评价分级见表8-5。

表8-5 土地资源承载力分级评价表

基于LCCI的土地资源承载力分级评价标准				
土地资源承载力		土地资源承载力评价指标		人均粮食
类型	级别	LCCI	Rg\Rp	kg
粮食盈余	富裕有余	LCCI≤0.5	50%≤Rg	≥800
	富裕	0.5<LCCI≤0.75	25%≤Rg<50%	533~800
	盈余	0.75<LCCI≤0.875	12.5%≤Rg<25%	457~533
人粮平衡	平衡有余	0.875<LCCI≤1	0≤Rg<12.5%	400~457
	临界超载	1<LCCI≤1.125	0≤Rp<12.5%	356~400
土地超载	超载	1.125<LCCI≤1.25	12.5%≤Rp<25%	320~356
	过载	1.25<LCCI≤1.5	25%≤Rp<50%	267~320
	严重超载	LCCI>1.5	50%≤Rp	<267

2. 指标的计算

在计算土地资源承载力指数时，要用到土地资源承载力（LCC）。LCC主要反映区域土地、粮食与人口的关系，可以用一定粮食消费水平下，区域土地生产力所能持续供养的人口规模（万人）或承载密度（人/平方千米）来度量。以公式表示为：

$$LCC = \frac{G}{Gpc}$$

式中，LCC为土地资源现实承载力或土地资源承载潜力；G为土地生产力（kg），现状期以2004~2006年的年均粮食产量计；Gpc为人均粮食消费标准，现实承载力以400kg/人计算。

在土地资源承载力的计算中，各县市2004~2006年的年末粮食总量需要进行平均，按平均值进行计算，在Excel表格的计算中，由于济源市2004年末粮食总量数据的缺失，因此要按照2005年和2006年两年数据的平均值进行计算，其余别的县市都按照2004~2006年三年的平均值进行计算。

土地资源承载力指数（LCCI）是指区域人口规模（或人口密度）与土地资源

承载力（或承载密度）之比，反映区域土地、粮食与人口关系。LCCI 及其相关指数的计算公式如下：

$$LCCI = \frac{Pa}{LCC}$$

$$Rp = \frac{(Pa - LCC)}{LCC} \times 100\% = (LCCI - 1) \times 100\%$$

$$Rg = \frac{(LCC - Pa)}{LCC} \times 100\% = (1 - LCCI) \times 100\%$$

式中，LCCI 为土地资源承载指数；LCC 为土地资源承载力，单位为人；Pa 为现实预期人口数量，单位为人；Rp 为土地超载率，Rg 为粮食盈余率。

在土地资源承载指数的计算过程中，由于 2003 年末河南省各县市地区人口总数的缺失，因此要按照 2004~2006 年的平均值进行计算，而不采用时间序列法进行计算。

3. 研究问题的数据来源

在计算中主要用到了 2004~2006 年各县市年末的人口总数和 2004~2006 年各年的粮食总产量，从而计算出综合的土地资源承载力、土地资源承载力指数，并根据指标数值对各个县市作出评价。表 8-6 中列出了计算出的指标数、指标数值、评价。

表 8-6　土地资源承载力指标及评价

地区	行政代码	土地资源承载力 LCC（人）	土地资源承载力指数 LCCI	评价
郑州市辖区	410101			
中牟	410122	835408.33	0.82	盈余
巩义市	410181	426508.33	1.87	严重超载
荥阳市	410182	682455.83	0.87	盈余
新密市	410183	504640.00	1.56	严重超载
新郑市	410184	630040.83	0.99	平衡有余
登封市	410185	421864.17	1.52	严重超载
开封市辖区	410201			
杞县	410221	1231623.33	0.85	盈余
通许	410222	668888.33	0.89	平衡有余
尉氏	410223	1106451.67	0.78	盈余
开封	410224	1150560.00	0.63	富裕
兰考	410225	937619.17	0.80	盈余
洛阳市辖区	410301			

地区	行政代码	土地资源承载力LCC（人）	土地资源承载力指数LCCI	评价
孟津	410322	485310.83	0.93	平衡有余
新安	410323	489819.17	1.01	临界超载
栾川	410324	154240.83	2.10	严重超载
嵩县	410325	478678.33	1.14	超载
汝阳	410326	384833.33	1.10	临界超载
宜阳	410327	853535.00	0.79	盈余
洛宁	410328	572442.50	0.78	盈余
伊川	410329	830953.33	0.90	平衡有余
偃师市	410381	902522.50	0.93	平衡有余
平顶山市辖区	410401			
宝丰	410421	490447.50	0.99	平衡有余
叶县	410422	1210977.50	0.71	富裕
鲁山	410423	465777.50	1.81	严重超载
郏县	410425	667212.50	0.82	盈余
舞钢市	410481	320835.00	1.00	平衡有余
汝州市	410482	913915.00	1.03	临界超载
安阳市辖区	410501			
安阳	410522	1113270.00	0.83	盈余
汤阴	410523	737523.33	0.61	富裕
滑县	410526	2735282.50	0.45	富富有余
内黄	410527	967222.50	0.73	富裕
林州市	410581	649245.83	1.52	严重超载
鹤壁市辖区	410601			
浚县	410621	1539800.83	0.43	富富有余
淇县	410622	576465.00	0.44	富富有余
新乡市辖区	410701			
新乡	410721	460831.67	0.69	富裕
获嘉	410724	728470.00	0.55	富裕
原阳	410725	1345709.17	0.49	富富有余
延津	410726	844445.00	0.54	富裕
封丘	410727	1335184.17	0.55	富裕
长垣	410728	1171745.00	0.67	富裕
卫辉市	410781	748698.33	0.65	富裕
辉县市	410782	1054149.17	0.75	富裕
焦作市辖区	410801			
修武	410821	467180.83	0.59	富裕
博爱	410822	488816.67	0.87	盈余

地区	行政代码	土地资源承载力 LCC（人）	土地资源承载力指数 LCCI	评价
武陟	410823	1161375.83	0.56	富裕
温县	410825	592552.50	0.71	富裕
沁阳市	410882	712173.33	0.65	富裕
孟州市	410883	661312.50	0.56	富裕
濮阳市辖区	410901			
清丰	410922	1205765.83	0.55	富裕
南乐	410923	935733.33	0.52	富裕
范县	410926	681679.17	0.72	富裕
台前	410927	303356.67	1.14	超载
濮阳	410928	1805713.33	0.60	富裕
许昌市辖区	411001			
许昌	411023	1548921.67	0.52	富裕
鄢陵	411024	992290.83	0.63	富裕
襄城	411025	1305110.83	0.62	富裕
禹州市	411081	1157224.17	1.03	临界超载
长葛市	411082	1072751.67	0.65	富裕
漯河市辖区	411101			
舞阳	411121	943108.33	0.59	富裕
临颍	411122	941295.83	0.74	富裕
三门峡市辖区	411201			
渑池	411221	337339.17	0.99	平衡有余
陕县	411222	216313.33	1.61	严重超载
卢氏	411224	225408.33	1.61	严重超载
义马市	411281	12265.00	11.47	严重超载
灵宝市	411282	479961.67	1.53	严重超载
南阳市辖区	411301			
南召	411321	453284.17	1.37	过载
方城	411322	1162877.50	0.87	盈余
西峡	411323	238700.83	1.82	严重超载
镇平	411324	1001480.00	0.96	平衡有余
内乡	411325	543160.83	1.18	超载
淅川	411326	564528.33	1.30	过载
社旗	411327	917810.00	0.70	富裕
唐河	411328	2459667.50	0.53	富裕
新野	411329	731966.67	1.01	临界超载
桐柏	411330	492270.83	0.88	平衡有余
邓州市	411381	2016655.00	0.76	盈余

续表

地区	行政代码	土地资源承载力 LCC（人）	土地资源承载力指数 LCCI	评价
商丘市辖区	411401			
民权	411421	1252141.67	0.67	富裕
睢县	411422	1231904.17	0.65	富裕
宁陵	411423	840364.17	0.70	富裕
柘城	411424	1209978.33	0.78	盈余
虞城	411425	1843770.83	0.59	富裕
夏邑	411426	1847475.00	0.61	富裕
永城市	411481	2420840.83	0.55	富裕
信阳市辖区	411501			
罗山	411521	1320049.17	0.53	富裕
光山	411522	1075057.50	0.74	富裕
新县	411523	254852.50	1.31	过载
商城	411524	688993.33	1.04	临界超载
固始	411525	2311227.50	0.68	富裕
潢川	411526	1256575.00	0.63	富裕
淮滨	411527	1030767.50	0.65	富裕
息县	411528	1842724.17	0.50	富富有余
周口市辖区	411601			
扶沟	411621	1026530.00	0.70	富裕
西华	411622	1185166.67	0.75	富裕
商水	411623	1930424.17	0.61	富裕
沈丘	411624	1544269.17	0.79	盈余
郸城	411625	1759526.67	0.74	富裕
淮阳	411626	1691883.33	0.78	盈余
太康	411627	2023565.00	0.68	富裕
鹿邑	411628	1591691.67	0.73	富裕
项城市	411681	1399312.50	0.84	盈余
驻马店市辖区	411701			
西平	411721	1797631.67	0.47	富富有余
上蔡	411722	2100860.83	0.65	富裕
平舆	411723	1422073.33	0.67	富裕
正阳	411724	1744908.33	0.43	富富有余
确山	411725	970588.33	0.52	富裕
泌阳	411726	1215250.83	0.79	盈余
汝南	411727	1368745.83	0.57	富裕
遂平	411728	1205389.17	0.45	富富有余
新蔡	411729	1561694.17	0.66	富裕
济源市	410881	494750.00	1.35	过载

4. 总体状况

总体上看，河南省作为农业大省，多数地区的粮食承载能力表现为富富有余、富裕、盈余和平衡有余，如图 8-3 所示。

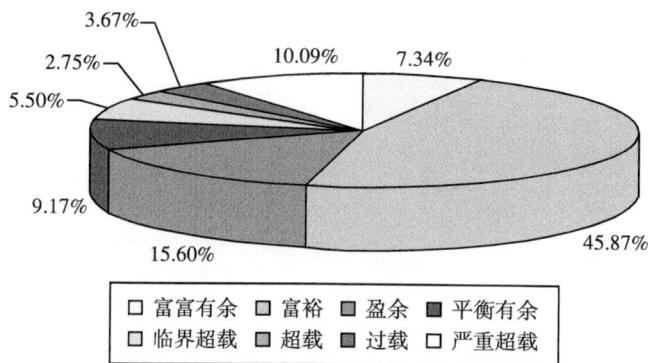

图 8-3　土地等级占有百分比

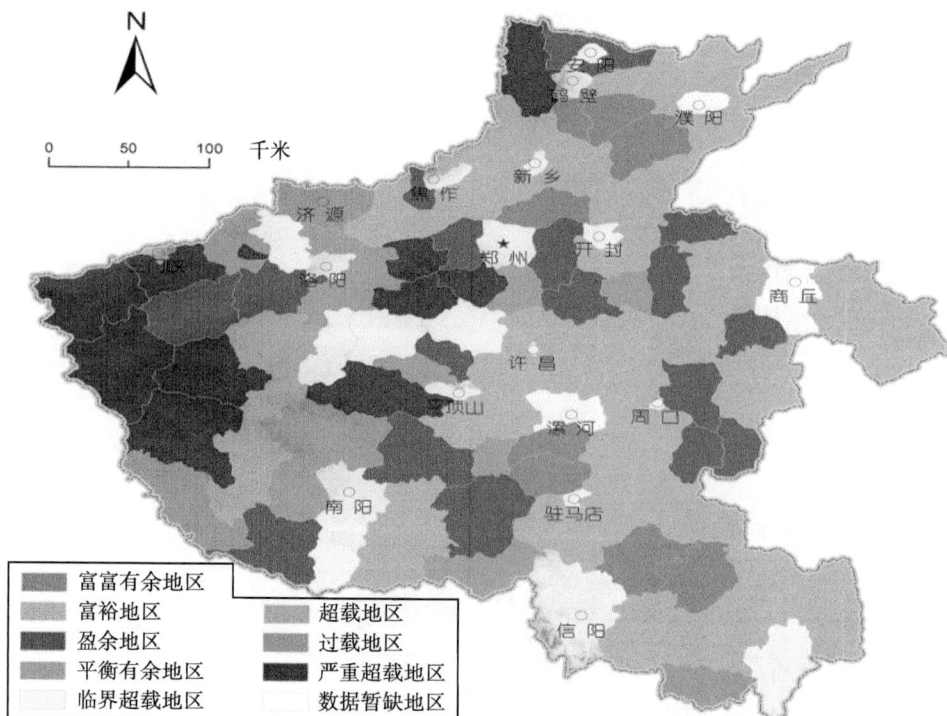

图 8-4　河南省土地资源承载力分级评价

从图 8-4 中可以观察到，河南省的东部平原地区土地资源承载力都为富富有余、富裕、盈余、平衡有余地区（除了信阳市的商城县），这和河南省的地形分布情况大致相同。8个县市属于富富有余，占有 7.34% 的比例；50个县市属于富裕，占 45.87%；17个县市属于盈余，占 15.60%；10个县市属于平衡有余，占 9.17%，6个县市属于临界超载，占 5.50%；3个县市属于超载，占 2.75%；4个县市属于过载，占 3.67%；11个县市属于严重超载，占 10.09%。

（三）河南省土地资源承载力分析

1. 各个级别土地资源承载力的分布状况

就河南省来说，土地资源承载力中富富有余的地区主要分布在驻马店和信阳的大部分地区以及许昌、新乡、鹤壁的部分地区，即豫中、豫南、淮河平原一带；富裕地区主要分布在周口、商丘、开封、许昌、新乡、安阳、焦作、驻马店、信阳等地；盈余地区主要分布在豫中、豫西的部分地区。即中部、北部、东部、南部都是土地资源承载力比较高的地区，而中部往西，南阳、三门峡等地由于地处偏远山区，土地较为贫瘠，土地资源承载力相比之下就不是很好，多数属临界超载、过载或者严重超载。

2. 目前河南省土地使用状况分析

河南省土地面积共 16.70 万平方千米，河南省地处中纬度地带，由于受地质、自然和社会经济等因素的综合影响，形成了特定的土地资源，其主要特点如下：

（1）土地利用率比较高，河南省土地利用率为 86.7%，土地垦殖率为 48.99%，两者在全国均居前列。未利用地占土地总面积的 13.33%，其中可开垦为耕地的仅有 33 万公顷。

（2）土地利用类型分布规律明显，由于受南北气候过渡性和东西地貌差异性的影响，农用地地域分布表现出明显的过渡性。耕地面积约有 75% 集中分布于占河南省土地总面积 55.6% 的平原地区，约有 25% 分布于占河南省土地总面积 44.4% 的山地丘岗地区。灌溉水田主要分布于豫南淮河两岸地区，水浇地相对集中于豫北平原。林木用地 2/3 以上集中于山区，广大平原不足 1/3。

（3）土地资源开发条件区域差异性大。河南省东部黄河、淮河、海河平原区和南阳盆地地区水、热、土的组合条件好，是河南省耕作农业发展的主体，西部丘陵山区水土条件相对较差，土地开发利用难度大，投入产出率低，适宜发展林果牧业，南部丘陵山区则有较好的水热条件，土地开发条件较好，潜力亦较大。

（4）居民点及工矿用地所占比重较大。河南省居民点及工矿用地面积占土地总面积的 11.08%，高于北方多数省份，甚至超过南方人口密集的部分省份，其中主要是农村居民点占地过多。

（5）牧草面积极少。河南省牧草面积仅占土地总面积的 0.09%，严格界定应属荒草地，不能作为牧场，只能供农民零星放牧用。

3. 土地使用存在的问题

耕地压力大，河南省现有人均耕地量低于全国平均水平，而且耕地分布不均匀、质量差、利用水平低、退化严重，到 2000 年，河南省要新增粮食生产能力 50 亿千克，到 2010 年河南省人口预计达到 1.04 亿人，满足人口与消费的增长，解决好粮食问题仍将是河南省长期面临的艰巨任务。

河南省正处于经济快速发展时期，随着经济发展战略布局由东部向中西部的转移，经济建设对土地的需求在相当长的时期内，仍将有较大的增加，各行业之间用地需求的矛盾将更加突出，以至于相同条件地区土地承载力大大不同。

河南省耕地后备资源有限，开发利用难度大，为了保护生态环境必须做到适度开发，同时有一定量的耕地需要退耕。另外，限于现阶段河南省经济综合实力还不是很强，特别是地区间经济发展不平衡，支持不发达地区耕地保护、土地整理和土地开发的财力不足。粮棉生产利润低，现行利益分配格局不改变，保护耕地的难度将得不到根本缓解。

（四）政策及建议

切实保护耕地。为发展农业生产，保证河南省城乡农副产品的供应和国家粮食征购任务的完成，必须把保护耕地放在土地利用与土地管理的首位，对现有耕地进行整体保护，质优的土地优先用于农业，特别是粮、棉、油等基本农产品的生产，必须做到耕地总量动态平衡，坚持"节流"与"开源"并举的土地利用方针，全面贯彻落实《基本农田保护条例》。不断提高耕地产出率，采用增加科技物化投入、植树开土培肥等措施，大力整治中低产田，强化农田基本水利，扩大水浇地面积，提高抗灾能力，提高复种指数和单位面积产量。统筹安排各业用地，必须加强土地利用的宏观调控，坚持以土地供给制约和引导需求，充分发挥土地市场机制的作用，促进土地资源的优化配置和高效利用。保障必要的建设用地，为适应河南省经济社会发展需要，要在节约用地、合理用地、保护耕地的前提下，保障必要的建设用地，特别是重要的基础产业和基础设施用地要优先供给。适当扩大林果面积，大力绿化荒山、荒坡，坚持"林果上山"，平原地区果品业发展要以稳定面积、优化结构为主，严禁占用耕地，对已占耕地，要根据生产状况，有计划地逐步退耕。总之，要按照转变经济增长方式的要求，坚持土地开发、利用、整治、保护相结合，贯彻"因地制宜、全面规划、综合防治、注重效益"的方针，确立田、水、路、林、村综合治理的指导思想，充分利用一切可利用的土地资源，最大限度地挖掘已开发土地的利用潜力，促进农地和非农地的集约利用，正确处理土地开发利用与保护生态环境的关系，实现土地资源的持续利用。

三、水资源承载力评价

（一）河南省水资源概况

水资源是人类保护环境，消除贫困，实现可持续发展的一大推动因素；同时也是战略性的经济资源，是综合国力的有机组成部分。人类的生活和区域经济的发展都必须"仰仗"水，"依赖"水。

河南省既是全国第一农业大省、第一粮食生产大省、第一粮食转化加工大省、第一劳动力输出大省，同时也是重要的经济大省、迅速发展的新兴工业大省，在全国具有举足轻重的地位。近年来，河南省坚持加快工业化、城镇化，推进农业现代化，扎实推进社会主义新农村建设，加快转变经济发展方式，积极推进结构调整，着力促进城乡区域协调发展，不断深化改革开放，成功实现了由传统农业大省向全国重要的经济大省、新兴工业大省的重大转变，踏上了建设经济强省的新征程。河南省要想早日实现快速崛起，必须坚持可持续开发，利用和保护好水资源，以其可持续发展促进整个经济社会的可持续发展。

河南省横跨黄河、淮河、海河、长江四大水系，境内1500多条河流纵横交织，流域面积100平方千米以上的河流有493条。河南省水资源量多年平均值为413.4亿立方米，水资源总量在全国排第19位；人均水资源占有量441立方米，为我国人均水量的1/2；每公顷平均占有量6045立方米，为我国每公顷平均水量的1/6，河南省正常年份缺水40亿~50多亿立方米，因此河南省属于缺水省份。为进一步开发利用水资源，给实现河南省水资源的可持续利用提供参考依据，本书依据河南省2006年的分县统计数据，对其水资源进行评价。

（二）数据来源与评价

水资源承载力研究主要包括水资源基础评价、水资源供需平衡分析、基于水资源负载指数的水资源开发利用潜力评价和基于人水关系平衡的水资源承载力评价。其具体内容分别如下：

1. 水资源基础评价

（1）降水资源量。降水指进入大气中的水汽凝结后以液态水或固态水降落到地面的现象。降水是水资源的补给源，是决定区域水资源状况的主要因素。在构成水循环的降水、径流、蒸发三个主要水文要素中，降水受人类活动影响相对较小，其特征值基本反映了天然状况下区域水资源的补给状况。

2006年河南省平均降水量714.7毫米（折合降水总量1183.05亿立方米），与上年相比减少21.1%，比多年均值（1965~2000年）减少7.3%，属于偏枯年份。河南省各市的降水量及其折合降水总量如表8-7所示。

表8-7　2006年河南省各市降水量及折合降水总量

地区	降水量（毫米）	土地面积（平方千米）	折合降水总量（亿立方米）
郑州市	661.0	7446	49.21806
开封市	614.9	6444	39.624156
洛阳市	630.0	15200	95.76
平顶山市	743.2	7882	58.579024
安阳市	519.2	7413	38.488296
鹤壁市	543.5	2182	11.85917
新乡市	562.5	8169	45.950625
焦作市	614.8	4071	25.028508
濮阳市	435.6	4266	18.582696

续表

地区	降水量（毫米）	土地面积（平方千米）	折合降水总量（亿立方米）
许昌市	753.8	4996	37.659848
漯河市	707.5	2617	18.515275
三门峡市	660.1	10496	69.284096
南阳市	703.7	26400	185.7768
商丘市	678.3	10704	72.605232
信阳市	933.8	19541	182.473858
周口市	766.3	11959	91.641817
驻马店市	925.0	15083	139.51775
济源市	662.7	1931	12.796737
河南省	714.7	166800	1183.05

注：降水量数据和土地面积分别来自《河南统计年鉴》（2006）和《河南调查年鉴》（2006）；本章中所有的河南省各市数据均为包括其辖区在内的值。

中国气象局发布 2006 年气象监测统计报告称：2006 年全国平均降水量为 596.1 毫米，比常年同期偏少 16 毫米。从表 8-7 中的数据可以看出，河南省绝大多数地区的年降水量高于全国平均水平，只有个别少数的地级市，如安阳市 519.2 毫米、鹤壁市 543.5 毫米、新乡市 562.5 毫米以及濮阳市 435.6 毫米低于全国平均水平。

（2）人均水资源量。计算公式为（当地）水资源总量/（当地）人口总量，计算中单位取立方米/人。2006 年河南省人均水资源占有量为 327.6 立方米/人，其中大于 500 立方米/人的地级市有三门峡市、信阳市、驻马店市以及济源市，县区总数占河南省的 19%（见表 8-8）。

表 8-8　2006 年河南省各市人均水资源量

地区	水资源总量（亿立方米）	人口数量（万人）	人均水资源量（立方米/人）
郑州市	10.525	657	160.1978691
开封市	10.806	480	225.1250000
洛阳市	20.399	646	315.7739938
平顶山市	14.617	496	294.6975806
安阳市	10.889	537	202.7746741
鹤壁市	3.442	144	239.0277778
新乡市	14.409	555	259.6216216
焦作市	9.370	343	273.1778426
濮阳市	4.824	360	134.0000000
许昌市	9.428	452	208.5840708

地区	水资源总量（亿立方米）	人口数量（万人）	人均水资源量（立方米/人）
漯河市	5.177	254	203.8188976
三门峡市	12.317	222	554.8198198
南阳市	52.525	1080	486.3425926
商丘市	15.652	821	190.6455542
信阳市	53.365	793	672.9508197
周口市	24.876	1076	231.1895911
驻马店市	44.936	840	534.952381
济源市	4.226	67	630.7462687
总计	321.783	9823	327.581187

注：水资源总量和人口数量分别来自 2006 年《河南水资源公报》和《河南统计年鉴》（2006）。

2006 年全国人均水资源量约 2200 立方米，相当于世界人均水资源量平均值的 1/4。河南省的人均水资源量只占全国的 1/7，远远低于世界平均水平，并且分布不均衡，地区差异明显。资料显示，按联合国标准，能够生存的城市人均水资源是 500 立方米，小康标准为 1000 立方米。可见河南省所有的城市水资源均在小康标准以下，极少数城市在生存线以上。

（3）地均水资源量。（当地）水资源总量/（当地）土地面积即为地均水资源量，下面计算中单位取立方米/公顷。2006 年河南省地均水资源量为 1929 立方米/公顷，其中有个别的市，如焦作市、信阳市、周口市、驻马店市及济源市超过 2000 立方米/公顷（见表 8-9）。

表 8-9　2006 年河南省各市地均水资源量

地区	水资源总量（亿立方米）	土地面积（平方千米）	地均水资源量（立方米/公顷）
郑州市	10.525	7446	1413.51
开封市	10.806	6444	1676.91
洛阳市	20.399	15200	1342.04
平顶山市	14.617	7882	1854.48
安阳市	10.889	7413	1468.91
鹤壁市	3.442	2182	1577.45
新乡市	14.409	8169	1763.86
焦作市	9.37	4071	2301.65
濮阳市	4.824	4266	1130.80
许昌市	9.428	4996	1887.11
漯河市	5.177	2617	1978.22
三门峡市	12.317	10496	1173.49

续表

地区	水资源总量（亿立方米）	土地面积（平方千米）	地均水资源量（立方米/公顷）
南阳市	52.525	26400	1989.58
商丘市	15.652	10704	1462.26
信阳市	53.365	19541	2730.92
周口市	24.876	11959	2080.11
驻马店市	44.936	15083	2979.25
济源市	4.226	1931	2188.50
总计	321.783	166800	1929.15

注：水资源总量和各市土地面积分别来自 2006 年《水资源公报》和《河南调查年鉴》（2006）。

全国同年地均水资源量约 21538 立方米/公顷，相当于世界地均水资源占有量的 3/5。河南省地均水资源量为全国的 1/10，远远低于世界水平。

2. 水资源供需平衡分析

水资源供需平衡分析主要研究可供水量与实际需水量间的关系。水资源的可供给量与其开发技术水平有关；实际需水量与生产发展程度、人民生活水平及水资源利用技术等有关。

供水量指各种水源工程为用户提供的包括输水损失在内的水量，也称取水量。其按照取水水源可分为地表水源、地下水源和其他水源（指污水处理回用、集雨工程供水量等）三大类。需水量在研究中取用水量，是指分配给用户的包括损失在内的毛水量。按农业、工业、生活和生态四类用户统计，农业用水包括农田灌溉和林、牧、渔用水；工业用水为取用的新水量，不包括企业内部的重复利用水量；生活用水包括城镇居民用水、城镇公共用水和农村居民用水、牲畜用水；生态用水包括城市环境和部分河湖、湿地的人工补水。耗水量是指在输水过程中，通过蒸腾、蒸发、土壤吸收、产品带走、居民和牲畜饮水等形式消耗掉，而不能回归到地表水体或地下水含水层的水量。

在不同时期可供水量与实际需水量是可变的，供需关系可能出现三种情况：①供大于需，说明可利用的水资源尚有一定潜力。②供等于需，是较理想的供需状态，说明水资源的开发程度适应现阶段的生产、生活需要。③供小于需，说明水资源短缺，需立即采取开源节流等措施，以缓解供需矛盾。水资源供需间的平衡是相对的，不平衡现象始终存在，因此需不断研究与调整供需关系，为制定水资源宏观决策及合理分配与调度奠定基础。

表 8-10 2006 年河南省各市的供需水量及耗水量

地区	供水量（亿立方米）				用水量（亿立方米）					
	地表水	地下水	其他	总供水量	城乡生活环境综合	工业	农业	总用水量	耗水量	耗水率（%）
郑州市	4.264	11.522	0.33	16.116	4.328	5.23	6.56	16.117	8.36	51.9
开封市	3.733	10.087		13.82	1.823	1.16	10.8	13.82	9.061	65.6
洛阳市	6.01	8.148		14.158	2.966	6.12	5.07	14.157	7.61	53.8
平顶山市	4.674	5.923		10.597	1.907	3.32	5.37	10.597	5.428	51.2
安阳市	4.733	12.716		17.449	1.575	1.76	14.1	17.449	13.273	76.1
鹤壁市	1.35	3.826		5.176	0.521	0.7	3.96	5.176	3.884	75.0
新乡市	7.693	11.181	0.019	18.893	2.075	0.36	14.5	16.892	12.112	71.7
焦作市	5.842	9.211		15.053	1.376	3.52	10.2	15.053	9.857	65.5
濮阳市	9.183	6.345		15.528	1.996	2	11.5	15.529	8.976	57.8
许昌市	3.917	4.739		8.656	2.018	3.07	3.57	8.656	4.986	57.6
漯河市	0.775	3.341		4.116	1.217	1.35	1.55	4.116	2.345	57.0
三门峡市	2.316	1.658	0.043	4.017	0.939	1.68	1.4	4.017	2.116	52.7
南阳市	14.453	10.288		24.741	3.853	8.97	11.9	24.741	11.694	47.3
商丘市	2.475	11.968		14.443	2.732	1.93	9.78	14.444	10.161	70.3
信阳市	15.218	2.566		17.784	2.783	2.02	13	17.784	8.387	47.2
周口市	0.842	14.327		15.169	3.486	1.7	9.98	15.168	10.39	68.5
驻马店市	1.329	7.711		9.04	2.593	0.93	5.51	9.04	6.677	73.9
济源市	1.329	0.892		2.221	0.316	0.49	1.41	2.222	1.588	71.5
河南	90.136	136.45	0.392	226.977	38.504	46.3	140	224.978	136.91	60.9

资料来源：2006 年《河南水资源公报》。

耗水率为耗水量与用水量之比，是反映一个国家或地区用水水平的重要特征指标。2006 年全国综合耗水率（消耗量占用水量的百分比）为 53%，从表 8-10 可以看出，河南省只有少数几个市，如郑州市 51.9%、平顶山市 51.2%、三门峡市 52.7%、南阳市 47.3% 以及信阳市 47.2% 低于这一水平。河南省整体耗水率处于较高的水平。

3. 水资源开发利用潜力评价（水资源负载指数）

水资源负载指数是水资源开发利用潜力评价的主要指标。水资源负载指数可以用区域水资源所能负载的人口和经济规模来表达，反映的是一定区域内的水资源与人口和经济发展之间的关系。计算公式为：

$$C = K\sqrt{P \times G}/W$$

式中，C 为水资源负载指数；P 为人口（万人）；G 为 GDP（亿元）；W 为水资源总量（亿立方米）；K 是与降水有关的系数，取值如下所示；R 为降水量（毫米）。

$$K = 1.0 \qquad\qquad R \leqslant 200$$
$$1.0 - 0.1 \times (R - 200)/200 \qquad 200 < R \leqslant 400$$
$$0.9 - 0.2 \times (R - 400)/400 \qquad 400 < R \leqslant 800$$
$$0.7 - 0.2 \times (R - 800)/800 \qquad 800 < R \leqslant 1600$$
$$0.5 \qquad\qquad R > 1600$$

根据水资源负载指数的高低，可以将中国不同地区水资源开发利用潜力划分为 6 级，分级结果及其物理意义见表 8–11。

表 8–11　水资源负载指数分级

级别	C 值	水资源利用程度	水资源开发评价
I	> 10	很高；潜力很小	有条件时需要外流域
II	5~10	高；潜力小	开发条件很困难
III	2~5	中等；潜力不大	开发条件中等
IV	1~2	较低；潜力大	开发条件较容易
V	< 1	低；潜力很大	兴修中小工程，开发容易
VI	0	未开发区	开发很容易

根据河南省 2006 年的数据，利用上面的公式，可得出表 8–12 中的数据。

表 8–12　河南省水资源负载状况比例

水资源负载状况	区县个数		人口		土地		水资源总量	
	数目	比例(%)	总数(万人)	比例(%)	面积(平方千米)	比例(%)	总量(亿立方米)	比例(%)
I 很高，潜力很小	117	92.86	9030	91.93	147259	88.28	321.783	85.77
II 高，潜力小	9	7.14	793	8.07	19541	11.72	53.365	14.23
III 中等，潜力不大	0	0	0	0	0	0	0	0
IV 较低，潜力大	0	0	0	0	0	0	0	0
V 低，潜力很大	0	0	0	0	0	0	0	0
VI 未开发区	0	0	0	0	0	0	0	0
总计	126	100	9823	100	166800	100	375.148	100

河南省各市的水资源负载指数均处在较高的水平，除信阳市外的其他市都属于级别 I，水资源利用程度很高、潜力很小，有条件时需要外流域调水；信阳市

属于级别Ⅱ，利用程度高、潜力小，开发很困难。综合来看，河南省的水资源利用程度较高，开发潜力较小。河南省水资源负载状况具体比例如图8-5至图8-7所示。

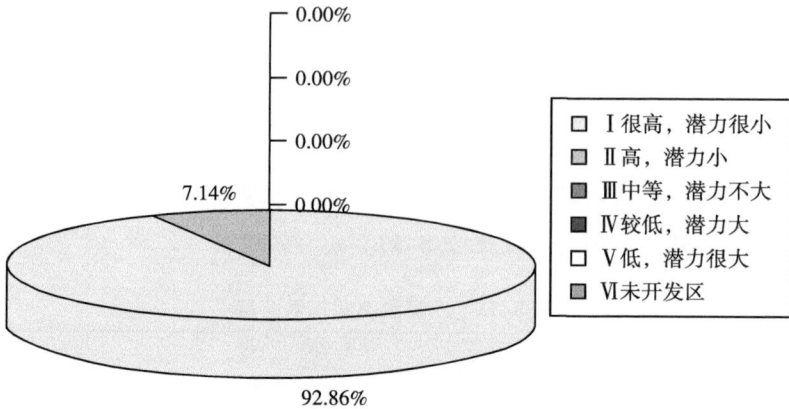

图8-5　河南省按区县个数划分水资源负载状况

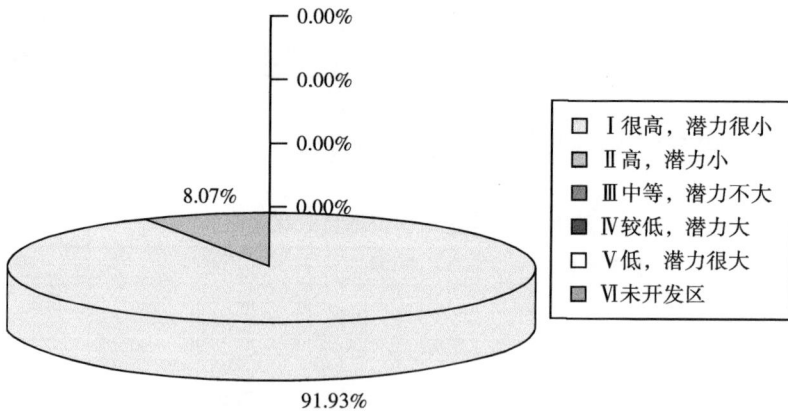

图8-6　河南省按人口划分水资源状况

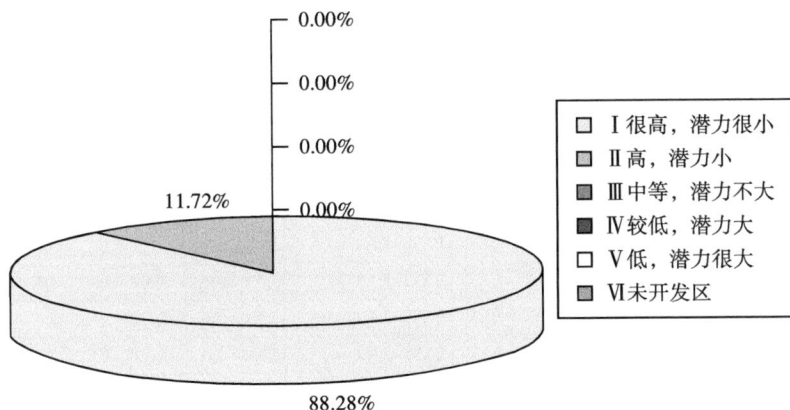

图 8-7　河南省按区域地图划分水资源状况

河南省分别有 92.86% 的区县、91.93% 的人口、88.28% 的土地面积以及 85.77% 的水资源处于利用程度很高、开发潜力很小的状态。其余的均利用程度高、开发潜力小。

4. 基于人水关系的水资源承载力评价

水资源承载力（WWC）主要反映区域人口与水资源的关系，可以通过人均综合用水量下，区域（流域）水资源所能持续供养的人口规模（万人）或承载密度（人/平方千米）来表示。计算公式为：

$$WCC = W/Wpc$$

式中，WCC 为水资源承载力（人或人/平方千米）；W 为水资源可利用量（立方米）；Wpc 为人均综合用水量（立方米/人）。

水资源承载指数（WCCI）是指区域人口规模（或人口密度）与水资源承载力（或承载密度）之比，反映区域水资源与人口之间的关系。水资源承载指数及其相关指标的计算公式如下：

$$WCCI = Pa/WCC;$$

$$Rp = (Pa - WCC)/WCC \times 100\% = (WCCI - 1) \times 100\%;$$

$$Rw = (WCC - Pa)/WCC \times 100\% = (1 - WCCI) \times 100\%.$$

式中，WCCI 为水资源承载指数；WCC 为水资源承载力；Pa 为现实人口数量（人）；Rp 为水资源超载率；Rw 为水资源盈余率。

基于水资源承载指数（WCCI）的水资源承载能力评价如表 8-13 所示。

表 8-13　基于水资源承载指数（WCCI）的水资源承载力评价

类型	水资源承载状况	水资源承载力评价指标		
		WCCI	人口超载率	水资源盈余率
水资源盈余	富富有余	< 0.33		$R_w \geq 67\%$
	富裕	0.33~0.50		$50\% \leq R_w < 67\%$
	盈余	0.50~0.67		$33\% \leq R_w < 50\%$
人水平衡	平衡有余	0.67~1.00		$0\% \leq R_w < 33\%$
	临界超载	1.00~1.33	$0\% \leq R_p < 33\%$	
水资源超载	超载	1.33~2.00	$33\% < R_p \leq 100\%$	
	过载	2.00~5.00	$100\% < R_p \leq 400\%$	
	严重超载	> 5.00	$R_p > 400\%$	

根据河南省 2006 年的数据，利用以上公式，可以算出分市的水资源承载力及水资源承载指数。需要特别说明的是，河南省的人均综合用水量分市的数据差异比较大，考虑到在本章计算中应该有个统一的标准，所以在计算中取河南省平均值。数据如表 8-14 所示。

表 8-14　河南省各市水资源承载状况

地区	水资源总量（亿立方米）	人均综合用水量（立方米/人）	水资源承载力 WWC（万人）	现实人口数量（万人）	水资源承载指数 WWCI	水资源承载状况
郑州市	10.52	225	467.7	657	1.4045	超载
开封市	10.80	225	480.26	480	0.9994	平衡有余
洛阳市	20.39	225	906.62	646	0.7125	平衡有余
平顶山市	14.61	225	649.64	496	0.7634	平衡有余
安阳市	10.88	225	483.95	537	1.1096	临界超载
鹤壁市	3.442	225	152.97	144	0.9413	平衡有余
新乡市	14.40	225	640.4	555	0.8666	平衡有余
焦作市	9.370	225	416.44	343	0.8236	平衡有余
濮阳市	4.824	225	214.4	360	1.6791	超载
许昌市	9.428	225	419.02	452	1.0787	临界超载
漯河市	5.177	225	230.08	254	1.1039	临界超载
三门峡市	12.31	225	547.42	222	0.455	富裕
南阳市	52.52	225	2334.44	1080	0.4626	富裕
商丘市	15.652	225	695.64	821	1.18020	临界超载
信阳市	53.36	225	2371.77	793	0.3343	富裕
周口市	24.87	225	1105.6	1076	0.9732	平衡有余
驻马店市	44.93	225	1997.15	840	0.4205	富裕
济源市	4.226	225	187.82	67	0.3567	富裕

注：水资源总量和人均综合用水量均来自 2006 年《河南水资源公报》，人口数据来自《河南统计年鉴》（2006）。

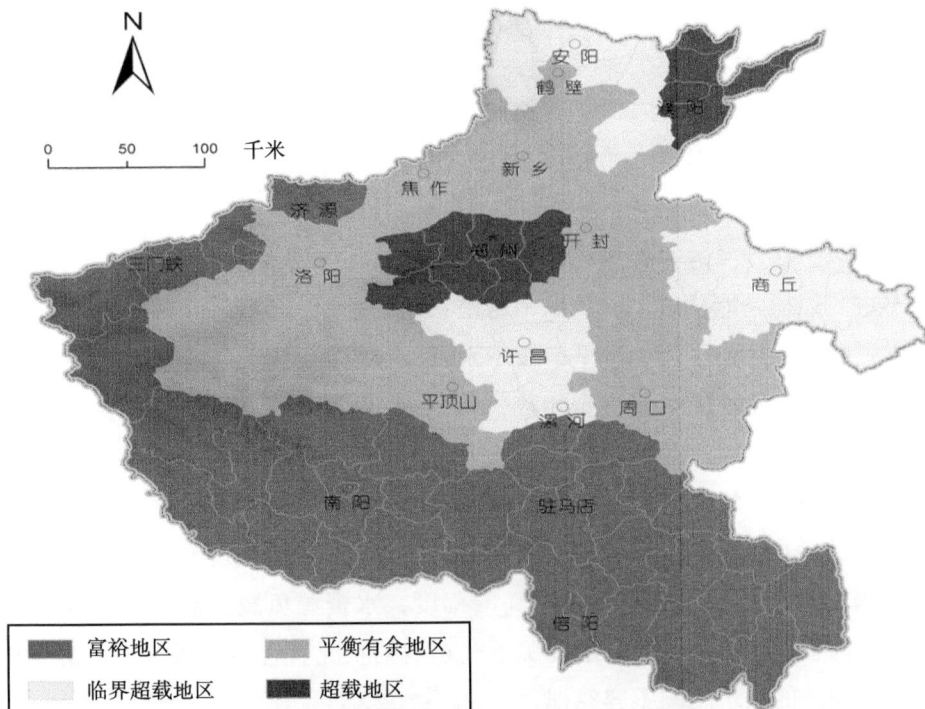

图 8-8　河南省水资源承载力分级评价图

河南省有郑州市和濮阳市两个市水资源超载，安阳市、许昌市、漯河市以及商丘市四个市临界超载，开封市、洛阳市、平顶山市、鹤壁市、新乡市、焦作市及周口市共七个市平衡有余，其余五个市为水资源富裕（如图 8-8 所示）。河南省水资源承载状况具体比例如表 8-15 所示。

表 8-15　河南省水资源承载状况比例

类型	水资源承载状况	区县个数		人口		土地		水资源总量	
		数目	比例(%)	总数(万人)	比例(%)	面积(平方千米)	比例(%)	总量(亿立方米)	比例(%)
水资源盈余	富富有余	0	0	0	0	0	0	0	0
	富裕	38	30.16	3002	30.56	73451	44.04	167.37	52.02
	盈余	0	0	0	0	0	0	0	0
人水平衡	平衡有余	52	41.27	3740	38.07	55907	33.52	97.919	30.43
	临界超载	23	18.25	2064	21.01	25730	15.43	41.1	12.77
水资源超载	超载	13	10.32	1017	10.35	11712	7.02	15.349	4.77
	过载	0	0	0	0	0	0	0	0
	严重超载	0	0	0	0	0	0	0	0
总计		126	100	9823	100	166800	100	321.738	100

（三）分析及建议

由于以上采用的均为 2006 年的数据，所以在评价上不免有所偏差。河南省水资源总量的多年平均值为 425.29 亿立方米，可利用量占 78.25%，为 332.81 亿立方米。以上在涉及这一数据的计算中，比如人均水资源量和地均水资源量会偏小。不过我们还是能从以上的数据中看出一定的问题：①河南省的人均水资源和地均水资源均远远小于全国水平，属于水资源贫乏的地区，并且还存在年内分布集中（7、8、9 三月降水量占全年降水量的 60% 以上）、年际变化较大（本章中 2006 年数据与多年均值就有较大的差异）、地区分布不均等特点。②根据人均用水量的调整和人口增长的预期可以对河南省的未来需求量进一步预测，如果供水能力不能进一步加强，势必会对河南省的用水造成威胁。③经多年的开发利用，河南省水资源开发利用已经达到较高的程度，水资源负载指数均处于较高的水平。④河南省存在一定比例的水资源承载超载的状况。省会郑州市及其辖区和濮阳市及其辖区的供水问题不容忽视。

为促进河南省水资源的可持续利用，笔者提出以下建议：①开展"水资源教育"，提高人们的节水意识。当前，世界各国采用各种方式宣传节水的重要性、迫切性，提高人们节水的自觉性。河南省水资源十分短缺，更应在节水方面加强宣传教育工作，增强人们的节水意识。②将水资源作为商品流通，提高水价。广大农村很少将水资源作为商品使用，城市用水虽然支出一定的费用，但由于水价较低，所以水资源浪费现象非常严重。让水资源在更广泛的范围内作为商品流通，并且在相对发达的地区提高水价，是提高水资源利用率的有效途径。③加快污水处理厂建设速度，降低污水排放量。河南省"十五"纲要明确指出：2005年，城市污水集中处理率达到 45% 以上，继续推行"绿色工程计划"，在省辖市要全部建成污水处理厂。污水的有效处理可以增加水的供给，并且净化环境，应该大力推行。同时，利用市场机制，通过建立水务集团，允许以私人、企业集团承包等方式扩大污水处理厂的经营能力，同时利用各种渠道扩大融资，加快污水处理厂的建设，将水污染降到最低限度，可以在一定程度上缓解水资源不足的矛盾。④充分利用"南水北调"中线工程。"南水北调"中线工程 1267 千米的总干渠，河南省境内的长度为 731 千米，占渠道总长度的 58%，对河南省这个严重缺水的省份来说，既是水源地又是受水区。根据《河南省南水北调城市水资源规划》，河南省受水区城市在合理开发当地地表水，适量开采地下水，用好国家分配的引黄水，大力挖掘节水潜力，充分考虑污水资源化工程和部分挤占农业的前提下，到 2010 年仍缺水 29.7 亿立方米，到 2030 年缺水量将达到 49.7 亿立方米。而"南水北调"中线工程建成后，一期工程总调水 95 亿立方米，分配河南省水量 37.69 亿立方米（含刁河灌区现用水量 6 亿立方米），占 40%；全线可用水量 78 亿立方米，河南省可用 31.6 亿立方米，也占 40% 多，将极大缓解河南省可持续发展对水资源的需求矛盾。与此同时，控制人口增长，提高水资源利用效率和积极开发利用降水资源都是增强区域水资源承载力的有效途径。

四、物质积累基础评价

（一）河南省物质积累概况

物质积累基础是某一区域在一定时点上各种社会财富的实物表现形式，反映的是人口发展的社会经济条件，可以通过由基础设施水平、交通通达程度和经济水平等指标构成的物质积累指数（HMI）来表达。河南省物质积累存在地区不平衡性和明显的城乡差异。

（二）物质积累指数设置与计算

根据物质积累指数（HMI）高低，以县为基本单元，可将河南省不同地区物质积累基础划分为高水平、中上水平、中下水平和低水平四种不同类型地区：①物质积累高水平地区，物质积累指数（HMI）超过 0.80，物质积累处于河南省最高水平，集中分布在市辖区以及周边城市，人口与社会经济发展基本协调。②物质积累中上水平地区，物质积累指数（HMI）为 0.70~0.80，物质积累基础处于河南省较高水平，主要是市辖区周边城市，人口与社会经济发展趋于协调。

③物质积累中下水平地区，物质积累指数（HMI）为 0.50~0.70，物质积累基础处于河南省较低水平，人口与社会经济发展有待协调。④物质积累低水平地区，物质积累指数（HMI）低于 0.50，物质积累处于河南省最低水平，人口与社会经济亟待协调发展。

物质积累指数（HMI）是由基础设施指数、通达指数和经济密度指数这三个指标构成的，其数值是这三个指数的简单算术平均数，为 0~1，HMI 是反映不同地区物质积累水平的综合指标。

1. 基础设施指数的计算

基础设施是指为社会生产和居民生活提供公共服务的物质工程设施，是用于保证国家或地区社会经济活动正常进行的公共服务系统，它是社会赖以生存发展的一般物质条件。

基础设施包括交通、邮电、供水供电、商业服务、科研与技术服务、园林绿化、环境保护、文化教育、卫生事业等市政公用工程设施和公共生活服务设施等。它们是国民经济各项事业发展的基础。在现代社会中，经济越发展，对基础设施的要求越高；完善的基础设施对加速社会经济活动，促进其空间分布形态演变起着巨大的推动作用。建立完善的基础设施往往需较长时间和巨额投资。对于新建、扩建项目，特别是远离城市的重大项目和基地建设，更需优先发展基础设施，以便项目建成后尽快发挥效益。

基础设施水平反映了区域物质生产和劳动力再生产的水平以及社会再生产的可持续程度。我们采用建设用地水平、通信设施水平和卫生设施水平的归一化算术平均数来计算基础设施水平。

（1）建设用地水平的计算。建设用地是指建造建筑物、构筑物的土地。建筑物一般是指人们进行生产、生活或其他活动的房屋或场所，如工业建筑、民用建筑、农业建筑和园林建筑。构筑物一般是指人们不直接在其内进行生产和生活活动的建筑，如水塔、烟囱、栈桥、堤坝、挡土墙、蓄水池和囤仓等。建设用地包括：城乡住宅和公共设施用地、工矿用地、交通用地、水利设施用地、旅游用地、军事设施用地以及其他建设用地。

建设用地水平采用建设用地面积占土地面积比例来度量，计算公式为[①]：

$$建设用地水平 = 建设用地比例 = \frac{建设用地面积（平方千米）}{土地面积（平方千米）} \times 100\%$$

（2）通信设施水平的计算。电话拥有率在一定程度上反映了某一地区的通信设施水平，故通信设施水平采用电话拥有率，即拥有移动电话的户数与总人口的比例（%）来表达。

$$通信设施水平 = 电话拥有率 = \frac{移动电话（万户）}{年末总人口（万人）} \times 100\%$$

（3）卫生设施水平的计算。在省委、省政府的领导下，河南省卫生工作坚持公共医疗卫生的公益性质，不断深化医疗卫生体制改革，健全公共医疗卫生体系，推动农村和社区卫生服务体系建设，完善重大疾病防治和救助工作制度，加大监督执法力度，提高全民医疗卫生水平。截至 2007 年底，河南省共有卫生机构 11888 个，病床床位 239511 张，卫生技术人员 297854 人；国家卫生城市、卫生县城和卫生镇分别达 7 个、11 个、10 个。对于卫生设施水平的度量，我们主要采用医疗卫生设施的水平，即每万人拥有床位数来度量，计算公式如下：

$$卫生设施水平 = 每万人床位拥有率 = \frac{卫生机构床位数（张）}{年末总人口（万人）} \times 100\%$$

（4）基础设施水平的计算。计算出建设用地比例、电话拥有率、床位拥有率之后，分别计算其归一化算术平均数，然后再将三个归一化的算术平均数进行简单平均，就可以得到各个县市的基础设施指数。

计算公式如下：

基础设施指数 =（建设用地水平的归一化算术平均数 + 通达水平的归一化算术平均数 + 经济密度水平的归一化算术平均数）/3

$$各水平的归一化算术平均数 = \frac{实际值 - 最小值}{最大值 - 最小值}$$

从图 8-9 中我们可以看到，河南省 89% 的地区处于基础设施低水平，10% 的地区处于中下水平，只有 1% 地区处于高水平。这个结果让我们认识到，河南省的基础设施还处于较低的水平，我们应该采取有效、切实的措施来解决这一现

---

① 资料来源：各县市"建设用地面积"和"土地面积"的数据是从 2006 年《河南统计年鉴》的"物质积累基础数据"中得到的，其中济源市的建设用地面积数据是从 2006 年《河南调查年鉴》中第七部分 7-8 表格中得到的。

状，提高总体水平。

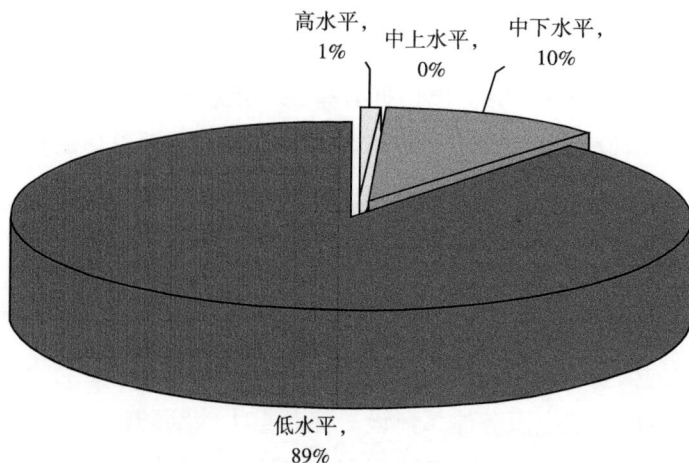

图 8-9　河南省基础设施水平图

2. 通达指数的计算

截至 2005 年底，河南省公路通车总里程达到 79506 千米，五年新增 12682 千米；一、二级公路达到 21790 千米，五年新增 9566 千米；二级以上公路比重达到 30.8%；公路网密度达到 47.6 千米/100 平方千米，比"九五"末每百平方千米增加了 7.6 千米。

截至 2005 年底，河南省高速公路通车里程达到 2678 千米，省会郑州市至河南省 17 个省辖市及 64%的县（市）通达高速公路，共建成出省通道 7 条、省界出口 10 个，已初步形成了以郑州市为中心、纵贯南北、连接东西、辐射八方的高速公路网络。截至 2005 年底，河南省铁路正线营运里程达到 3761 千米，其中国家铁路 2549 千米（电气化铁路 1403 千米），五年新增铁路 506 千米；地方铁路 1212 千米（准轨 442 千米）。由于河南省处于平原地区，我们不再考虑各地区内陆河密度、离港口的距离等，而是采用公路密度和铁路密度的归一化算术平均数来计算。计算出公路密度、铁路密度之后，分别计算其归一化算术平均数，然后再将两个归一化的算术平均数进行简单平均，就可以得到各个县市的通达指数。计算公式如下：

$$公路密度（千米/100 平方千米）= \frac{境内公路里程（千米）}{土地面积 \times 100\%（平方千米）}$$

$$铁路密度（千米/100 平方千米）= \frac{境内铁路营业里程（千米）}{地级市面积 \times 100\%（平方千米）}$$

通达指数 = （公路密度的归一化算术平均数 + 铁路密度的归一化算术平均数）/2

计算的结果如图 8-10 所示。

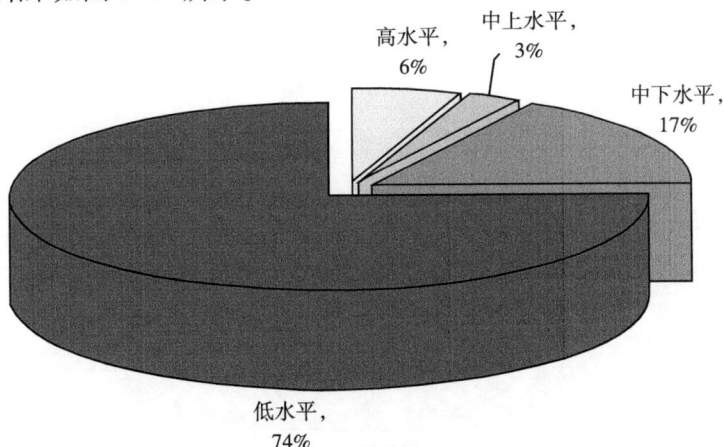

图 8-10 河南省交通通达水平图

从这个结果来看，河南省的交通通达水平应该处于全国中上游，反映出河南省交通运输能力及便利性。建设综合交通运输体系是实施中原崛起战略的重要内容，是发挥交通运输组合效率和整体优势的必然要求。建设具有高度可靠性和应变能力的综合运输网络，充分发挥连南贯北、承东启西的运输纽带作用，是河南省构建交通区位新优势、提高区域竞争力的关键支撑。

3. 经济密度指数的计算

河南省已由传统的人口大省、农业大省，发展成为经济大省、新兴工业大省。2005 年河南省国内生产总值（GDP）达到 10587 亿元，成为全国第五个经济总量超过万亿元的省份，稳居中西部地区首位。经济发展水平反映了区域生产力水平及经济发达程度，我们用经济密度的归一化算术平均数来表征。其中经济密度用地均 GDP 来衡量（万元/平方千米），地均 GDP 用各地区每平方千米土地面积所创造的生产总值来计算。计算公式为：

$$地均 GDP（万元/平方千米） = \frac{地区生产总值（万元）}{土地面积（平方千米）}$$

得到各个县市的地均 GDP 之后，我们把地均 GDP 的数值进行归一化算术平均，就可以得到该地区的经济密度指数，即经济水平指数。

$$经济水平指数 = \frac{实际地均 GDP - 地均 GDP 的最小值}{地均 GDP 的最大值 - 地均 GDP 的最小值}$$

计算出来各地区的经济发展水平，如图 8-11 所示。从图中我们也可以看到，河南省部分地区的经济发展处于高水平，但是大多数地区还是处在低水平，因此加快河南省经济发展任重而道远。

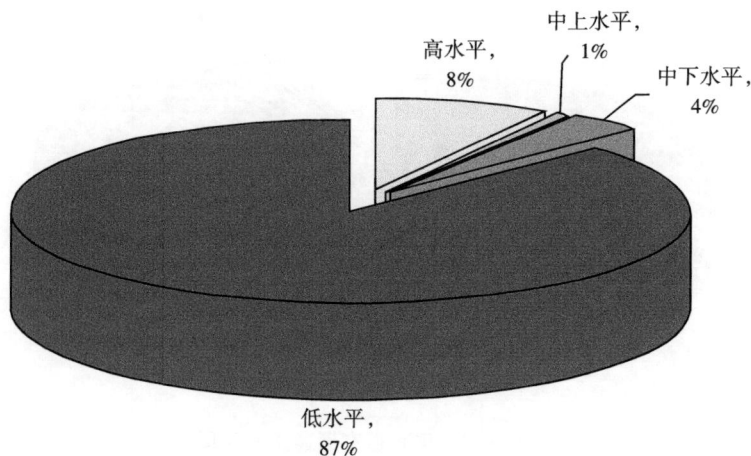

图 8-11　河南省经济发展水平图

4. 物质积累指数（HMI）

有了基础设施指数、通达指数、经济水平指数，我们进行简单平均就可以得到物质积累指数。计算公式如下：

$$物质积累指数 = \frac{基础设施指数 + 通达达指 + 经济水平指数}{3}$$

物质积累指数的计算结果如图 8-12 所示。

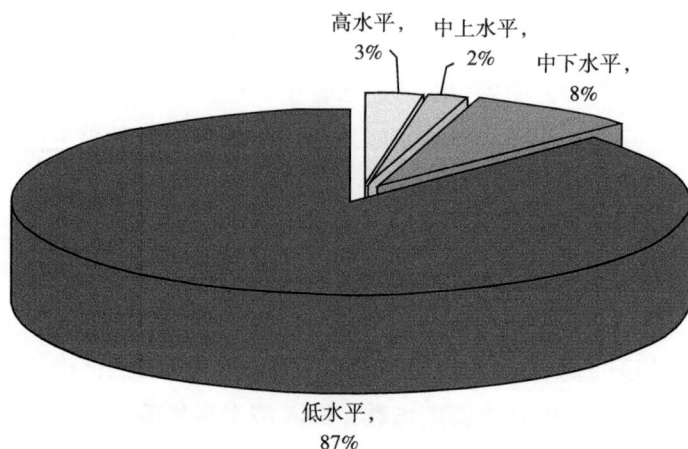

图 8-12　物质积累指数在各水平下的比例图

(三) 河南省物质积累基础评价

从最终的结果我们可以看出，河南省处于物质积累高水平的地区有三个，占2.75%，处于物质积累中上水平的地区有两个，占1.83%，处于物质积累中下水平的地区有9个，占8.26%，其余约87.16%的地区，即95个地区均处于物质积累低水平地区。具体地，河南省各地区物质积累基础所处的水平如图8-13所示。

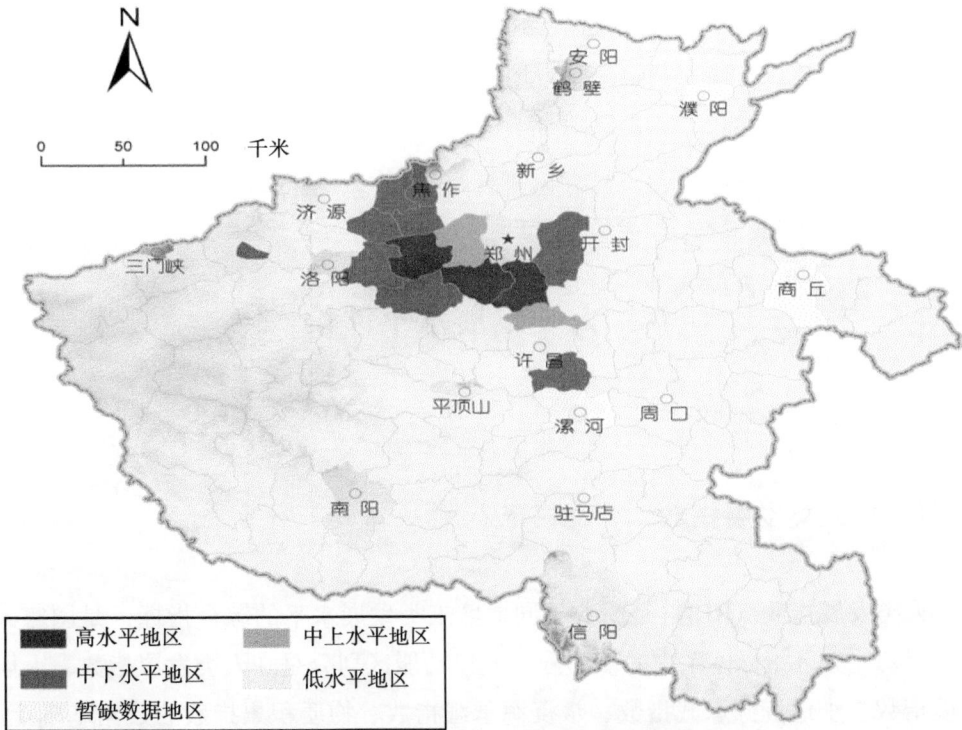

图8-13 河南省物质积累基础分级评价图

从图8-13中我们可以很明显地看到，中原城市群的物质积累基础处于较高水平，而外围带（除市辖区）则基本处于低水平。中原城市群发展势头强劲，其原因也要归功于中原城市群发展规划的顺利实施，中原城市群核心区建设加速推进，郑汴一体化取得实质性进展，随着郑开大道的建成通车，郑汴产业带规划开发建设有序展开，郑州国际航空港、现代物流中心、黄河公铁两用大桥等重大项目建设加快；洛偃、许长空间和产业对接稳步推进。虽然外围带的物质积累基础不及中原城市群，但政府已经采取加大财政转移支付、设立专项资金、减免配套、优惠电价、贷款贴息等综合措施，集中扶持黄淮四市发展。2007 年黄淮四市生产总值 2996.52 亿元、增长 13.2%，地方财政一般预算支出达到 381.8 亿元、增长 34.6%，投资、财政收入、财政支出增速均超过河南省平均水平。豫北、豫西、豫西南地区加压发展，安阳、鹤壁、三门峡等市经济发展速度位居河南省前列，沿边中心城市辐射带动能力进一步增强，这也让我们看到了中原向新的高度跃进的曙光。同时我们要继续着力破解开放型经济发展滞后这个"软肋"，抓住国际国内产业转移步伐加快的机遇，强力实施开放带动主战略，突出招商引资和项目带动这个重点，研究制定更有力地促进外向型经济发展的有关政策，改善投资环境，转变外贸增长方式，鼓励有条件的企业扩大境外投资，务求实现对外开放和招商引资的大突破。

五、人类发展水平评价

（一）人类发展指数

人类发展指数（HDI）是反映不同地区人类发展水平的综合指标，是国家人口发展功能分区指标体系中的一部分。人口功能区划分是在人类发展指数、人居环境指数、土地资源承载指数、水资源承载指数、物质积累指数的数据基础上，根据 GIS 的多因素叠置模型对人居环境进行科学的界定。这一界定有助于明确不同功能区人口发展的定位与方向，完善不同功能区的人口规划与政策体系，促进形成人口分布合理、人口资源环境协调发展的区域格局。

（二）人类发展指数的指标设置和计算方法

1. 指标的设置

建立人类发展指数的重要目标就在于：以简明的方式给予人类发展成就一种较全面的测度与衡量，倡导新的发展理念，对全人类尤其是政策制定者们产生足够影响力，推动人类社会的和谐发展。人类发展指数依据的理论认为，人类发展最主要的内涵：一是能选择过上一种长寿而健康的生活；二是能选择获得高等教育；三是能获取高水平的生活资源。

健康长寿的生命，用出生时期望寿命来表示，以反映卫生发展状况；教育水平用成人（15 岁及其以上人口）识字率和初级、中级、高等教育的综合入学率来表示，以反映教育发展水平；体面的生活水平，用按购买力平价法计算的人均国内生产总值来表示，反映提高人民生活质量可利用的物质财富的多少。这三项指标各按 1/3 加权合成测算一个国家或地区的人类发展状况的综合指数——人类发展指数。人类发展指数取值为 0~1，如果某国或某地区的人类发展指数高于0.80，则是高水平；0.70~0.80 为中上等水平，0.50~0.79 是中下等人类发展水平；低于 0.50 则是低水平。

2. 人类发展水平指数（HDI）的计算方法

（1）有关指标的设定。为了计算指数，UNDP 针对每项指标设定最小值及最大值，其中出生时的预期寿命设定值为 25~85 岁，成人识字率和综合总入学率设定的范围为 0~100%，按购买力计算的人均 GDP 水平取值范围为 100~40000 美元（详见表 8-16）。

表 8-16　计算 HDI 的有关指标的设定值

指　标	最大值	最小值
出生时的预期寿命（岁）	85	25
成人识字率（%）	100	0
综合总入学率（%）	100	0
按购买力平价计算的人均 GDP（PPP 美元）	40000	100

资料来源：《人类发展报告 2007》。

（2）指标的计算公式。HDI各项指标通用计算公式如下：

$$指数值 = \frac{实际值 - 最小值}{最大值 - 最小值}$$

GDP指数。采用按购买力平价计算的实际人均GDP（PPP＄）而非按汇率计算的人均GDP作为计算因子，以削减采用后者的不利影响。这一指数代表人类发展的重要方面，但体面的生活并不意味着收入越高越好，因而规定了最高值与最低值，并通过对数标准位于前两个指标统一的形式，计算公式如下：

$$GDP指数 = \frac{Log(人均GDP) - Log(100)}{Log(40000) - Log(100)}$$

预期寿命指数。该指数用来衡量一个国家人口出生时预期寿命方面的相对成就。采用的计算因子为国民平均预期寿命。计算公式如下：

$$预期寿命指数 = \frac{国民平均预期寿命 - 25}{85 - 25}$$

教育指数。教育指数用来衡量一个国家在成人识字以及小学、中学和大学综合毛入学率两方面的相对成就，包括国民平均成人识字率和综合毛入学率变量。计算公式如下：

$$成人识字指数 = \frac{国民成人平均识字率 - 0}{100\% - 0}$$

$$总入学指数 = \frac{综合毛入学率 - 0}{100\% - 0}$$

教育指数 = 2/3（成人识字指数）+ 1/3（总入学指数）

HDI = 1/3（预期寿命指数）+ 1/3（教育指数）+ 1/3（GDP指数）

一个国家或地区在不同时间的发展水平、不同区域在同一时期的发展水平和不同区域在不同时期的发展水平，都可以用HDI来衡量。大量的理论研究和区域实践研究表明，一个国家或地区的人类发展指数分别与这个区域的预期寿命指数、教育指数和人均GDP指数呈正因果反馈关系，即HDI和它们之间或者相互促进增大或者相互促进减小。

3. 总体状况

根据人类发展指数的计算公式，可得到河南省18个地级市的人类发展水平指数。具体数据见表8-17。

表 8-17 河南人类发展水平评价

县（市、区）	GDP 指数	寿命指数	教育指数	人类发展指数	综合评价
郑州市					
中牟县	0.70	0.85	0.94	0.830	高水平
巩义市	0.80	0.85	0.89	0.847	高水平
荥阳市	0.80	0.85	0.90	0.850	高水平
新密市	0.78	0.85	0.95	0.860	高水平
新郑市	0.81	0.85	0.98	0.880	高水平
登封市	0.75	0.85	0.86	0.820	高水平
开封市					
杞县	0.58	0.83	0.76	0.723	中上水平
通许县	0.61	0.83	0.76	0.733	中上水平
尉氏县	0.63	0.83	0.76	0.740	中上水平
开封县	0.58	0.83	0.77	0.727	中上水平
兰考县	0.57	0.83	0.76	0.720	中上水平
洛阳市					
孟津县	0.65	0.84	0.75	0.747	中上水平
新安县	0.78	0.84	0.74	0.787	中上水平
栾川县	0.74	0.84	0.72	0.767	中上水平
嵩县	0.60	0.84	0.74	0.727	中上水平
汝阳县	0.59	0.84	0.72	0.717	中上水平
宜阳县	0.58	0.84	0.76	0.727	中上水平
洛宁县	0.60	0.84	0.71	0.717	中上水平
伊川县	0.72	0.84	0.74	0.767	中上水平
偃师市	0.77	0.84	0.75	0.787	中上水平
平顶山市					
宝丰县	0.68	0.84	0.68	0.733	中上水平
叶县	0.57	0.84	0.66	0.690	中下水平
鲁山县	0.50	0.84	0.69	0.677	中下水平
郏县	0.60	0.84	0.66	0.700	中下水平
舞钢市	0.73	0.84	0.69	0.753	中上水平
汝州市	0.67	0.84	0.70	0.737	中上水平
安阳市					
安阳县	0.66	0.82	0.72	0.733	中上水平
汤阴县	0.63	0.82	0.72	0.723	中上水平
滑县	0.53	0.82	0.72	0.690	中上水平
内黄县	0.57	0.82	0.71	0.700	中下水平
林州市	0.66	0.82	0.72	0.733	中上水平
鹤壁市					
浚县	0.58	0.81	0.76	0.717	中上水平

续表

县（市、区）	GDP指数	寿命指数	教育指数	人类发展指数	综合评价
淇县	0.76	0.81	0.80	0.790	中上水平
新乡市					
新乡县	0.74	0.85	0.75	0.780	中上水平
获嘉县	0.59	0.85	0.72	0.720	中上水平
原阳县	0.53	0.85	0.70	0.693	中上水平
延津县	0.58	0.85	0.74	0.723	中上水平
封丘县	0.50	0.85	0.72	0.690	中下水平
长垣县	0.59	0.85	0.70	0.713	中上水平
卫辉市	0.59	0.85	0.71	0.717	中上水平
辉县市	0.65	0.85	0.75	0.750	中上水平
焦作市					
修武县	0.76	0.88	0.73	0.790	中上水平
博爱县	0.75	0.88	0.73	0.787	中上水平
武陟县	0.69	0.88	0.72	0.763	中上水平
温县	0.72	0.88	0.72	0.773	中上水平
沁阳市	0.77	0.88	0.73	0.793	中上水平
孟州市	0.75	0.88	0.73	0.787	中上水平
濮阳市					
清丰县	0.56	0.82	0.75	0.710	中上水平
南乐县	0.59	0.82	0.74	0.717	中上水平
范县	0.56	0.82	0.75	0.710	中上水平
台前县	0.57	0.82	0.75	0.713	中上水平
濮阳县	0.58	0.82	0.75	0.717	中上水平
许昌市					
许昌县	0.66	0.82	0.70	0.727	中上水平
鄢陵县	0.68	0.82	0.70	0.733	中上水平
襄城县	0.64	0.82	0.71	0.723	中上水平
禹州市	0.67	0.82	0.70	0.730	中上水平
长葛市	0.74	0.82	0.71	0.757	中上水平
漯河市					
舞阳县	0.59	0.84	0.76	0.730	中上水平
临颍县	0.67	0.84	0.82	0.777	中上水平
三门峡市					
渑池县	0.75	0.81	0.80	0.787	中上水平
陕县	0.66	0.81	0.80	0.757	中上水平
卢氏县	0.51	0.81	0.77	0.697	中上水平
义马市	0.82	0.81	0.79	0.807	高水平
灵宝市	0.74	0.81	0.81	0.787	中上水平

续表

县（市、区）	GDP指数	寿命指数	教育指数	人类发展指数	综合评价
南阳市					
南召县	0.62	0.81	0.72	0.717	中上水平
方城县	0.55	0.81	0.73	0.697	中上水平
西峡县	0.68	0.81	0.73	0.740	中上水平
镇平县	0.67	0.81	0.73	0.737	中上水平
内乡县	0.61	0.81	0.71	0.710	中上水平
淅川县	0.60	0.81	0.71	0.707	中上水平
社旗县	0.55	0.81	0.73	0.697	中上水平
唐河县	0.59	0.81	0.74	0.713	中上水平
新野县	0.66	0.81	0.72	0.730	中上水平
桐柏县	0.67	0.81	0.70	0.727	中上水平
邓州市	0.60	0.81	0.72	0.710	中上水平
商丘市					
民权县	0.56	0.83	0.65	0.680	中下水平
睢县	0.56	0.83	0.65	0.680	中下水平
宁陵县	0.51	0.83	0.65	0.663	中下水平
柘城县	0.51	0.83	0.65	0.663	中下水平
虞城县	0.56	0.83	0.65	0.680	中下水平
夏邑县	0.50	0.83	0.65	0.660	中下水平
永城市	0.64	0.83	0.63	0.700	中下水平
信阳市					
罗山县	0.54	0.81	0.76	0.703	中上水平
光山县	0.53	0.81	0.73	0.690	中下水平
新县	0.61	0.81	0.78	0.733	中上水平
商城县	0.53	0.81	0.71	0.683	中下水平
固始县	0.53	0.81	0.74	0.693	中下水平
潢川县	0.59	0.81	0.73	0.710	中上水平
淮滨县	0.53	0.81	0.73	0.690	中下水平
息县	0.51	0.81	0.77	0.697	中上水平
周口市					
扶沟县	0.52	0.83	0.72	0.690	中下水平
西华县	0.54	0.83	0.70	0.690	中下水平
商水县	0.48	0.83	0.67	0.660	中下水平
沈丘县	0.50	0.83	0.70	0.677	中下水平
郸城县	0.48	0.83	0.65	0.653	中下水平
淮阳县	0.51	0.83	0.68	0.673	中下水平
太康县	0.50	0.83	0.68	0.670	中下水平
鹿邑县	0.55	0.83	0.69	0.690	中下水平

县（市、区）	GDP指数	寿命指数	教育指数	人类发展指数	综合评价
项城市	0.60	0.83	0.70	0.710	中上水平
驻马店市					
西平县	0.57	0.82	0.72	0.703	中上水平
上蔡县	0.49	0.82	0.71	0.673	中下水平
平舆县	0.50	0.82	0.72	0.680	中下水平
正阳县	0.52	0.82	0.70	0.680	中下水平
确山县	0.57	0.82	0.74	0.710	中上水平
泌阳县	0.51	0.82	0.73	0.687	中下水平
汝南县	0.53	0.82	0.73	0.693	中下水平
遂平县	0.59	0.82	0.73	0.713	中上水平
新蔡县	0.49	0.82	0.71	0.673	中下水平
济源市	0.78	0.83	0.73	0.780	中上水平

注：由于人类发展指数牵涉各县市发展水平的划分，因此该指数保留三位小数。

　　河南分地区人类发展水平评价结果如图 8-14 所示。图中可以清晰地看到人类发展水平高的地区主要分布在中原城市群的核心地区，高水平的地区围绕着中

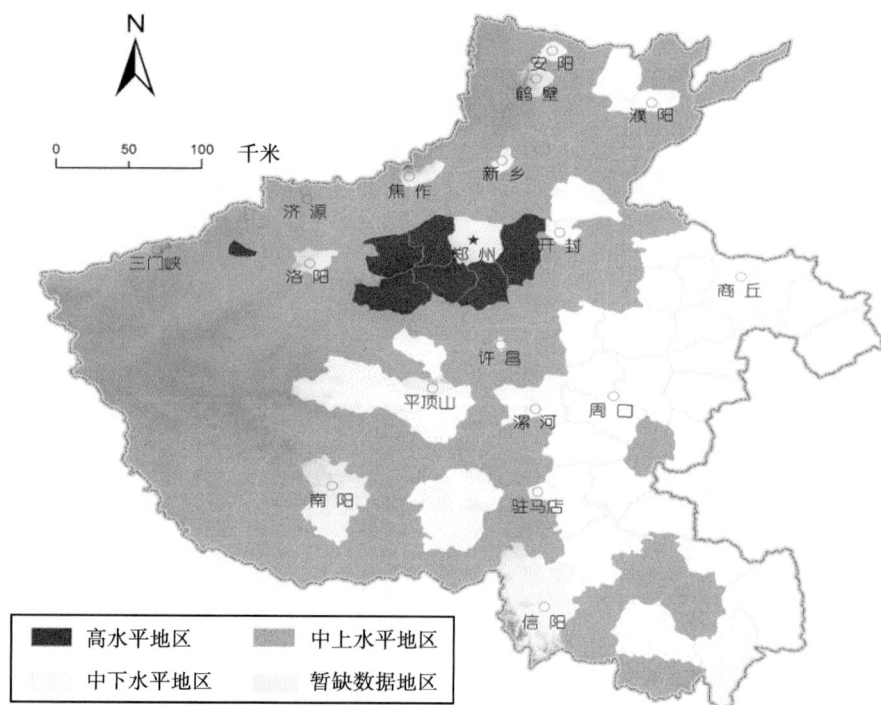

图 8-14　河南省人类发展水平分级评价图

心城市郑州市扩散开来。西部的人类发展水平明显要高于东部地区，其中义马市由于矿业的特殊性也为人类发展高水平地区。

（三）河南省人类发展水平评价

1. 对经济现状的分析

"十五"以来，河南省经济进入了发展快车道。2000年以前的几年，河南省经济总量每年增加200亿元左右，2000~2002年，每年增加500亿元左右；2003年增加800多亿元，2004年增加1400亿元，2005年增加1800亿元，一年一大步。与此同时，城乡居民收入连年持续增长，广大群众普遍得到实惠。学者们普遍认为，持续降低的人口增长率不仅支持了我国过去20多年的经济增长，而且将仍然支持我国未来的经济持续增长。但是在经济持续增长的大环境下，河南省却没有跟上经济发展的步伐。河南省地处我国内陆腹地，虽然具有区位优势和综合资源优势，经济发展却明显落后于东部和沿海地区。而转变经济发展方式才是中部崛起的最终突破口。目前中部地区的经济增长主要立足于传统农业、工业、服务业和低层次劳务。现代产业，特别是高新技术产业对GDP的贡献率还很低。以传统产业经济支撑的经济增长资源消耗多、成本水平高、经济附加值低，是传统落后产业本身的增长，是一种落后的增长。这种增长不仅远远落后于现代先进产业的增长，而且还会形成相对贫困的累积效应。从2006年的GDP指数计算结果来看河南省只有巩义、荥阳、新郑三个县市GDP指数超过0.8，达到高水平，其余的106个县市都处于中等及以下水平。

2. 对教育现状的分析

随着义务教育的推广，全国的辍学率都明显降低。20世纪末，河南省基本实现了初等义务教育和初级中等义务教育的普及，这为河南省在新世纪普及高中教育奠定了良好的基础。大力发展高中教育，加快优质高中教育资源建设，是21世纪河南省实现教育现代化的重要目标。

高中教育包括普通高中教育、职业高中教育和中专教育。尽管政府已出台了各种贫困助学政策来资助孩子的学费，但是仍有贫困的家庭无力支撑孩子上学的生活费。之前将农村高中教育作为普及的重点和难点，但是目前又有新的问题凸显："城市贫困"。从2006年的统计数据看，各县市的小学及初中教育已基本普及，但在高中教育方面距离百分之百的入学率还有很大一段距离。因此要实现河南省高中教育的普及，必须更新教育观念，加大教育投入，扩大办学规模，提升优质教育资源，确保一系列有力措施的落实。

3. 河南省目前的医疗卫生状况

河南省是中国第一人口大省，截至 2005 年底，河南省人口约为 9700 万。近十年随着经济的发展，河南省的养老医疗也逐步完善。各种养老福利政策的实施使河南省的人均寿命在过去的十年增长了 2.86 岁。目前河南省正在不断地完善各种养老政策。在经济发展的前提下老年福利政策逐步发展。河南省的养老福利内容如下：①基本生活需要的福利。除老年人的衣、食等方面外，还要适当考虑老年人在居住上的特殊需要；对生活不能自理的老年人，要予以社会性的生活照顾，设立较多老年人使用的服务设施。②医疗卫生方面的福利。如修建老年人医院、设立老年人病床，为老年人就诊提供方便、定期为老年人检查身体等。③满足老年人精神享受方面的福利。如成立老年人大学、老年人活动中心、老年人俱乐部、老年人影剧院等。④综合性的福利。如建立敬老院、老年人公寓、老干部疗养院等。

此外养老保险制度也在进一步完善。2005 年实行市级统筹后，调整为五个标准，范围规定在 20%~24%。由于养老保险制度不统一、统筹层次低、缴费比例和基数不统一、基金调剂能力弱等问题日益突出，2005 年 10 月 1 日起，河南省养老保险开始实行省级统筹，河南省企业缴费比例由原来的 20%~24% 的五个费率统一调整为 20%。实行省级统筹以后，能够在河南省范围内实现缴费基数、缴费比例和享受待遇标准的统一，从而消除了参保职工跨地区流动的障碍，使参保职工在更大范围能够合理流动。相关部门在办理养老保险缴纳手续时，也统一按照 20% 的比例征收。对于没有工作单位的个体户和自由职业者，可以到社会养老保险经办机构个人缴费窗口缴纳养老保险，或者委托当地职介中心和人才交流中心办理代收代缴。这部分人缴纳的比例为当地职工平均工资的 20%。除此之外，政府还制定了相关的监督政策，对于不缴纳养老金的企业进行处罚。

同时，河南省也很重视农村的养老问题。随着农村养老机制的不断完善以及农村低保、医保制度的实施，农村的养老条件也有很大的进步。在各种制度的实施下，河南省各县市的人均寿命指数都达 0.8 以上，处于高水平。并且随着经济的发展，河南省的养老、医疗、保险水平也将会有进一步发展，同时人均寿命也会进一步提高。

4. 对河南省人类发展水平的综合分析

经济发展、教育发展和人均寿命紧密相连。经济的发展是教育发展和人民生活水平提高的基础。在社会转型期及城市贫富分化问题加剧的今天，如果教育得不到发展将会形成"贫困的循环"。而经济又是教育发展的基础，因此河南省的发展关键便是利用资源优势转变经济发展方式，同时加大教育投入，使河南省的教育事业有突破性的进步。可见人类寿命水平是建立在经济水平和教育水平之上的。总体来看河南省共有七个县市的人类发展指数达到 0.8 以上，占 7.79%，而其余将近 92.21% 的县市人类发展指数还很低。

六、人口发展功能分区的总体评价

（一）人口发展功能分区评价方法

人口发展功能分区是一个从认识区域的宏观特征到寻求区域界线，再由确定区域分界到肯定区域划分的反复过程。国家人口发展功能分区的主要依据是：①不同地区人居环境的自然适宜性与限制性；②不同地区的水土资源承载力与人口发展潜力；③不同地区的社会经济条件与人类发展水平；④不同地区的开发密度与发展潜力。此外，还要遵循国家人口发展功能区工作技术导则中所要求的地域完整性原则、区域协调性原则、多级续分原则。

在这些原则的指导下，根据五个重要指标：人居环境指数（HEI）、土地资源承载指数（LCCI）、水资源承载指数（WCCI）、物质积累指数（HMI）、人文发展指数（HDI），基于 GIS 多因素叠置模型我们最终将全河南省分为人口疏散/收缩区、人口稳定区和人口集聚区三类人口发展功能区。但是在运用 GIS 模型进行人口功能区判定的过程中，根据河南省的具体情况做了相应的变通和改变。最终在 HEI、LCCI、WCCI、HMI、HDI 的数据基础上采用了下述判定方法。首先是 17 个市（地级市济源除外）的判定：虽有少数几个市区的水资源承载超标，但是这些城市依然集聚了大量的人口，致使市区人口密度很大，因此将 17 个市判定为人口集聚区。其次是各县级市、县以及地级市的判定。重点在于 HMI 、HDI 的综合判定。GIS 模型中（HMI 、HDI）的综合水平分为高、中、低三类。因为物质积累指数（HMI）、人文发展指数（HDI）的判定标准是一致的，因此在进行两个指数的综合判定时采用了简单平均法。同时制定了（HMI、HDI）综合水平的判定范围：（HMI、HDI）≤0.5 为低水平， 0.5 <（HMI、HDI）≤0.7 为中水平，（HMI、HDI）> 0.7 为高水平。最后根据 GIS 模型，进行各县市的判定。有 46 个县市被划分为人口集聚区，占 126 个县市的 36.5%；62 个县市被划分为人口稳定区，占 49.2%；18 个县市被划分为人口疏散/收缩区，占 14.3%。

（二）河南省人口功能区划分

1. 人口集聚区

（1）中原城市群以郑州市为中心，包括洛阳、开封、新乡、焦作、许昌、平顶山、漯河、济源共九个省辖（管）市已经设立的区。

（2）周边城市包括安阳、信阳、商丘、南阳、三门峡、驻马店、周口、鹤壁等城市已经设立的区。

（3）基础评估判别为人口聚集区的县包括：中牟、荥阳市、新郑市、尉氏、偃师市、安阳、汤阴、淇县、新乡、获嘉、卫辉市、辉县市、修武、博爱、武陟、温县、孟州市、沁阳市、清丰、南乐、范县、濮阳、许昌、鄢陵、襄城、长葛市、舞阳、临颍、潢川 29 个县市。

2. 人口稳定区

巩义市、新密市、登封市、杞县、通许、开封、兰考、孟津、新安、宜阳、洛宁、伊川、宝丰、叶县、郏县、舞钢市、滑县、内黄、浚县、原阳、延津、封丘、长垣、台前、禹州市、渑池、义马市、灵宝市、方城、社旗、唐河、邓州市、民权、睢县、宁陵、柘城、虞城、夏邑、永城市、罗山、光山、固始、淮滨、息县、扶沟、西华、商水、沈丘、郸城、淮阳、太康、鹿邑、项城市、西平、上蔡、平舆、正阳、确山、泌阳、汝南、遂平、新蔡共 62 个县市。

3. 人口疏散区

栾川、嵩县、汝阳、鲁山、汝州市、林州市、陕县、卢氏、南召、西峡、镇平、内乡、淅川、新野、桐柏、新县、商城、济源市共 18 个县市。

4. 人口限制区

（1）国家主体功能区规划划定的禁止开发区，包括大别山土壤侵蚀防治区、太行山地水土流失防治区。

（2）国家级和省级自然保护区、重点文物保护区，包括河南省范围内的各类自然保护区和重点文物保护区。

（3）南水北调水源区。

（4）环境污染严重或较严重的地区。

河南省人口发展功能区分区评价结果见图 8-15。

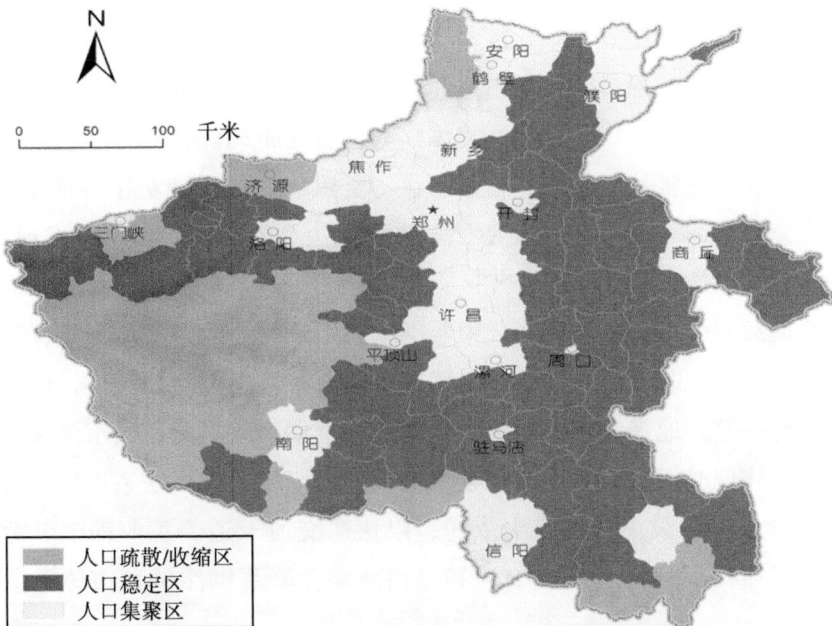

图 8-15　河南省人口发展功能区分区评价结果图

（三）针对人口发展功能区的政策及建议

1. 构建中原城市群

整体来看，河南省的集聚区主要集中在洛阳、郑州、许昌、开封、焦作、漯河、平顶山、鹤壁、安阳这一中原区域。本书把这些城市形成空间距离较近、经济联系密切、功能互补、等级有序的一个城市群称为中原城市群。中原城市群以郑州为中心，以洛阳为副中心，包括开封、平顶山、新乡、焦作、许昌、漯河、济源、巩义、新密、禹州、新郑、偃师、荥阳、登封、舞钢、汝州、辉县、卫辉、沁阳、孟州、长葛23个城市，34个县城，374个建制镇。土地面积5.87万平方千米，人口3950万人，分别占河南省土地面积和总人口的35.3%和40.3%。构建中原城市群的意义如下：构建中原城市群人口发展功能区是落实科学发展观，构建主体功能区的重要组成部分和应有之义；是积极应对未来巨大人口压力，统筹解决河南省人口问题的迫切需要；是转变政府职能、全面提升人口和计划生育工作水平的客观要求；是构建河南粮食主产区，保证国家粮食安全的迫切需要；适应人口城镇化加速，改变河南省经济发展模式的内在要求是实现中部崛起，全面建设河南省小康社会的重要保证。

中原城市群是河南省城镇化战略中"强化核心、沿轴发展、梯度推进"的关键与核心区域，只有通过优化城市空间布局、优化城市资源配置，才能提升城市功能，壮大优势产业，放大城市群整体优势。空间布局优化的目标是：通过十几年的努力，建成一批特色鲜明、适宜居住、资源节约和环境友好型城市，形成多层次、网络状的城市体系；促使中原城市群成为功能完善，可持续发展潜力大，城乡一体化发展的现代化城镇密集区；将中原城市群建成河南省对外开放、承东启西、联南通北的主要平台，形成中西部地区经济发展的重要增长极，带动中原崛起，促进中部崛起；确立中原城市群在全国城市群中的重要地位，使其真正成为我国陇海—兰新地带经济重心区和重要城镇密集区。据此，城市体系空间布局应在总体上体现城市空间发展的中心集聚、轴线拓展、网络联系格局，着眼于未来，逐步形成以各级中心城市为依托，以快速交通干道、工业都市带为发展轴线，以各种生产要素流、各级交通和通信线路为联系网络的城市体系空间布局形态。

2. 建立促进人口合理流动的服务机制，实现流入人口本地化

适当增加对集聚区和稳定区公共事业的投入，加快区内公共设施的建设和完善，提高人口吸纳能力和对区外人口的拉力。集聚区和稳定区要改革户籍、教育、就业、住房、社会保障等制度，促进农民工就业定居。坚持"合理引导、公平对待、完善管理、搞好服务"的方针，为农村富余劳动力有序、合理流动提供保障。加快建立城乡劳动者平等的就业制度和城乡统一的劳动力市场。完善覆盖城乡的制度化、专业化和社会化就业管理服务组织体系。建立劳动力市场信息监

测、分析与发布制度。统筹管理城乡劳动力资源及其职业培训和就业促进工作。深化流动人口管理服务体制改革。

逐步建立城乡统一的人口登记制度，完善出生人口登记和生命统计制度，实行流动人口居住证制度。推进进城务工人员权益保护立法，进一步明确其应有的合法权益和法律保护措施，改善农民进城就业、定居的制度政策环境。认真解决流动人口在就业、就医、定居、子女入托入学等方面的实际困难，逐步将进城务工人员纳入社会保障体系。做好农村土地流转规范管理与服务，免除转移就业农民的后顾之忧。探索建立以现居住地为主、现居住地和户籍地互相配合的管理和服务体系，促进流出地就业培训机构与流入地就业服务机构之间的对接，使流动人口有更多的机会参与社区建设，分享社区的公共资源。

3. 在河南省土地总量和质量不变条件下增加中原城市群的土地开发力度和发展空间

建立省内跨行政区的耕地占补平衡制度和建设用地占补平衡制度，保持耕地总量不少、质量不降。农村与城市土地挂钩（农村建设用地减少、城市用地增加），地与人挂钩（人口增加则增加用地），在一个区域里增减土地要挂钩。在调整城乡人口分布的过程中，增加城市居住用地与减少农村居住用地保持平衡。城市规模的扩大，一般要占用城市周边的农业用地。为保持农业用地的总量稳定，必须通过一定的方式减少农村居住用地。实行人地挂钩的政策，农村人口流动外出，交回在农村的住宅后，享受城市的廉租房和经济适用房政策或者给予一定数量的安家补贴。改革土地制度，提高农民资产流动性和可变现性，引导迁移人口新获财富向重点和优化开发区而不是往原籍配置。改造农村聚落和转变农户居住方式。要在合理规划的基础上进行农村聚落的改造。改造的出发点和目的是有利于发展生产和改善生活环境。包括改造农村"空心村"、改变农村的居住模式等。

4. 提高人口聚集区的土地利用集约化程度

在人口集聚区，应该注重提高土地利用的集约化程度，发挥聚集效益，具体措施就是提高城市用地的建设密度和容积率。中原城市群的城市用地还有很大的利用潜力（具体数据还需要进一步的计算），首先可以开发地上空间，然后在技术允许的条件下还可以开发城市的地下空间，充分挖掘城市用地的利用潜力。

5. 科学定位城市群中各城市的功能，形成协调发展的有机统一体

从协调发展的角度，应对中原城市群各市的人口发展功能定位作出统一部

署，减轻或避免各市之间的同质性竞争。中原城市群，从本质上讲是一个城市系统，各城市之间应该相互协调，共同组成一个有机的整体。

6. 提高周边农村的公共服务水平

针对人口迁移和流动外出较多的农村地区可能出现的农村人口贫困化、边缘化和老龄化问题，要加快新农村建设，继续实施优先投资于人的战略限制区和疏散区，要切实加强农村义务教育、职业教育与劳动技能培训，提高农民转移就业的能力。把人口流向作为确定中央财政转移支付方向的重要依据，综合平衡人口集聚区承接人口转移的成本以及限制区、疏散区生态保护的代价，完善中央对各地区的财政转移支付制度，促进基本公共服务的均等化。

7. 人口集聚区和稳定区优化发展大城市群

主要通过"农村—城镇—中小城市—大城市—特大城市"方式，逐步实现人口梯度转移。在新型工业化、城镇化进程中引导人口合理集聚。坚持大中小城市和小城镇协调发展，在资源环境容量允许的范围内提高城镇综合承载能力，按照循序渐进、节约土地、集约发展、合理布局的原则，积极稳妥地推进城镇化，引导人口向城镇有序集聚。

第九章 河南省人口均衡社会建设研究

广义的"中原"是以河南省为中心的向邻近省份的部分地区渗透的黄河中下游地区。狭义的"中原",指今河南省一带。中原地区为中华文明的发源地,在古代被华夏民族视为天下中心。夏朝和商朝曾建都于中原商丘、安阳、郑州等,自汉朝起洛阳、南阳、开封成为王侯将相建都之地。中原自古以来就是主导整个中华文明发展的核心地域,是中国历史上绝大部分时间的政治、经济和文化中心。古语有"得中原者得天下",足见中原在我国经济社会发展中地位的重要。中原地区的发展关乎一亿多人口的生存和发展,也影响着国家的粮食安全和人口安全。

中原经济区是以全国主体功能区规划明确的重点开发区域为基础、中原城市群为支撑、涵盖河南省、延及周边地区的经济区域。《国民经济和社会发展第十二个五年规划纲要》和《全国主体功能区规划》将中原经济区纳入全国重点开发区域,《国务院关于支持河南省加快建设中原经济区的指导意见》的发布标志着中原经济区建设上升到国家战略层面。人口是社会经济发展的主体,也是影响经济社会发展的重要因素。建设中原经济区需要区域人口均衡发展作为保障和支持,在中原经济区建设人口均衡型社会综合配套改革试验区就是为加快建设中原经济区创造更加有利的人口环境,也是中原经济区建设的重要任务。本研究的意义在于阐明中原经济区建设中人口发展的思路,人口与经济社会、资源环境之间的关系,并对其进行系统化和具体化。

一、中原经济区人口均衡社会建设面临的问题和挑战

中原经济区人口均衡社会建设具有众多的优势:一是农业生产条件得天独

厚。中原经济区是我国的粮食主产区,承担着保障国家粮食安全的重任。该区域粮食产量占全国的 1/6,夏粮占 1/2,其中河南省是全国第一农业大省、第一粮食生产大省、第一粮食转化加工大省,粮食产量占全国的 1/10,小麦产量占 1/4 以上。二是具有人口优势。中原经济区拥有 1.67 亿人口,占全国人口的 1/8。农村人口比重大,人力资源丰富,市场潜力巨大。无论是从国家全面建设小康社会来看,还是从统筹城乡发展、扩大内需来看,河南省在全国的地位都非常重要。三是矿产资源丰富、新兴工业蓬勃发展。该区域是全国重要的矿产资源富集区域,其中河南省矿产资源有 158 种,已探明储量的有八种居全国首位、20 种居全国前三位。河南省是新兴的工业大省,工业门类比较齐全,结构也日趋完善,支柱产业优势明显,新兴产业蓬勃发展。中原经济区正处于工业化、城镇化加快推进阶段,产业结构和消费结构加速升级。不断发育的内需市场,为工业发展提供了广阔空间。四是交通和区位优势明显。中原经济区地处我国内陆腹地,承东启西、连南贯北,是全国重要的交通通信枢纽和物资集散地,战略地位非常突出。河南省是全国重要的人流、物流、资金流、信息流的集散地,铁路四纵五横,贯通全境;公路,特别是高速公路,通车里程居全国之首。五是文化底蕴丰厚。中原地区是中华民族和华夏文明的重要发祥地,在五千年中华文明史中,作为全国经济、政治、文化中心长达三千多年,历史文化资源极其丰富。中原文化是华夏文明之根,历史文化资源为教育和旅游事业的发展提供了有利条件,发挥中原的文化旅游优势,培育以根文化为重点的中原文化品牌,对于增强海内外同胞的向心力、提高中华民族的凝聚力具有重要作用。

但中原经济区也是我国人口发展形势相对比较复杂和建设人口均衡型社会的难点地区。相对于经济发达省份和人口数量较少的省份,在中原经济区建设人口均衡社会任务更加艰巨。中原经济区的主体河南省是人口大省、农村人口大省、粮食和农业生产大省、新兴工业大省,要在解决好工业化、城镇化和农业现代化"三化"协调发展的过程中建设人口均衡型、环境友好型和资源节约型"三型社会",更具有挑战性,更需要智慧和谋划。

（一）人口内部发展不均衡

1. 出生人口性别比仍然偏高

中原经济区是全国出生人口性别比偏高、持续时间较长的地区。河南省作为中原经济区的主体，20 世纪 80 年代中期以来，出生人口性别比持续上升，进入 90 年代后上升势头更为强劲，1990 年"四普"时出生人口性别比为 117.08，2000 年"五普"时上升至 130.3，成为全国出生人口性别比较高的五个省份之一。周边的安徽省在 130 以上，河北省、山东省和山西省为 110~120。经过多年的综合治理，出生人口性别比升高的势头得到了初步遏制，但仍在高位徘徊。2010 年出生人口信息核查结果表明，河南省出生人口性别比仍在 115 以上。从生育意愿和行为的调查看，部分群众的意愿生育性别比依然偏高，非医学需要的性别鉴定和流产现象依然存在。把中原经济区人口性别比调节到一个合理的水平是中原经济区人口战略的一个重要任务。

2. 老龄人口规模大，保障水平低

中原经济区人口老龄化是在经济发展水平相对较低程度下的老龄化。2010 年底，河南省 65 岁及以上人口达到 786 万人，占总人口的比例为 8.36%，超过 7% 的标准 1.36 个百分点。河南省 18 个省辖市 65 岁及以上人口比例 16 个超过了 7%，最高的达到 9.5%，标志着河南省全面进入老龄化社会。河南省由于人口基数大，老年人口总量多，应对老龄化的任务更繁重。

中原经济区内部分地区的"未富先老"问题比较严重。如河南省信阳和安徽省的阜阳、宿州 65 岁及以上人口比例超过 10%，河南省漯河、河南省驻马店和安徽省亳州等市 65 岁及以上人口比例接近 10%。这些地区多为经济相对落后的地区。由于大量年轻劳动力的外出，使得农村老年人口的养老问题更加突出。

（二）人口发展与外部发展不协调

以农业为主的产业结构是中原经济区人口发展与经济发展矛盾的根源，即人口对经济的压力巨大或者经济无法支撑人口在一定富裕程度下的生存和发展。

1. 人口规模庞大，对经济社会、资源环境的压力大

中原经济区地处中原腹地，基本区情是人口多、资源少、环境承载能力弱，经济社会加快发展与人口资源环境约束加剧之间的矛盾尤为突出。人口规模与经济规模、社会财富总量不协调。2010年7月，河南省第1亿个婴儿出生，成为全国第一个人口超亿的省份。人口预测表明，2020年，河南省人口总量将达到1.07亿。按河南省现有经济发展水平、技术水平和资源环境条件，人口最大承载力为1.5亿人，最优人口规模6000万人。人口数量问题仍然是河南省人口发展中的主要矛盾，过大的人口规模和快速的增长速度，为人口均衡发展带来诸多难题。具体表现在以下几个方面：

（1）经济总量大，人均水平低。"十一五"期间，河南省国内生产总值稳步上升，在全国的位次稳定在第五位，而人均生产总值、城镇居民人均可支配收入、农民人均纯收入等人均经济指标均低于全国平均水平。2010年河南省生产总值22942.68亿元，继续保持全国第五位、中西部地区首位，但人均只有1.84万元，只排第16位。2010年河南省农村居民人均纯收入5523.7元，在全国排名17位。

（2）物质积累少、社会生活水平低。2009年底，河南省在岗职工平均工资仅27357元，位居全国第23位。每十万人口高等学校平均在校生1774人，低于全国平均水平354人；每千人口医院和卫生院床位2.65张，比全国平均水平少0.41张；每千人口拥有卫生技术人员3.38人，比全国平均水平少0.77人。

（3）人口与资源环境矛盾突出。河南省人口总量居全国第一位，2009年底人口密度为597人/平方千米，是全国平均水平的4.3倍。人均资源占用量多项指标低于全国平均水平。河南省用1.74%的国土面积养育着全国7.48%的人口。河南省人均耕地面积只有0.08公顷，是全国的81.8%。人均水资源是全国的1/6，煤是全国的27.9%，石油是全国的73.7%，天然气是全国的72.2%；水土流失面积达到6.08万平方千米。

（4）劳动力资源丰富的优势尚未充分发挥。2009年河南省16~54岁的劳动年龄人口为7166，占总人口的71.9%。"十二五"期间，河南省劳动年龄人口的持续增加，在为经济社会发展提供充裕劳动力的同时，给就业带来较大压力。"十二五"期间还将出现1500万农业剩余劳动力。如何让人口红利转化为社会财富，是中原经济区建设的一个难题。

2. 人口素质不适合经济社会发展的需要

河南省是人口大省却不是人力资源大省和强省，周边地区人口素质与河南省相邻地区基本相同。人口素质是决定经济社会发展的根本因素，但目前人口素质与中原经济区建设需要差距还比较大：一是出生缺陷人口数量较大。根据卫生部和中国残联统计，我国每年新出生人口缺陷发生率为 4%~6%，按此水平推算，"十二五"期间，河南省年均出生的 140 万人口中，每年约有 6~8 万出生缺陷病例发生。二是残疾人口比重较高。根据 2006 年第二次全国残疾人抽样调查结果，河南省残疾人口为 676.3 万人，占总人口的比例为 7.2%，比全国平均水平高 0.8 个百分点，在全国排第四位。三是人均受教育程度偏低。2008 年，河南省每万人中拥有的大专及以上受教育程度人数为 436 人，比全国少 194 人。平均每万人中普通高校在校生人数为 177 人，比全国少 35 人；15 岁以上人口文盲率为 6.59%，比全国平均水平（7.10%）仅低 0.51%。四是各类高层次人才数量少。人才的竞争决定于创新性人才的数量。从人才层次构成金字塔看，中原经济区中低层次人才相对充裕，但高层次人才相对较少，创新型人才更少。全国工程院院士 738 名，中原经济区有 9 名，仅占全国的 1.22%。2006 年，河南省拥有科学家和工程师 10.86 万人，总量在全国仅居第十位；每万人拥有专业技术人员 142 人，居全国第 28 位。河南省在基础研究活动中投入的人力和财力都相当匮乏。2009 年河南省基础研究人员占 R&D 人员的比重为 2.8%，这一比重仅相当于全国平均水平（7.2%）的 1/3。

3. 人口分布不合理影响城乡区域协调发展

河南省人口空间分布与经济布局不协调，与资源环境承载力不适应。城镇化率偏低，流动人口规模庞大，对社会管理和公共服务等带来一系列挑战。

一是城镇化进程缓慢。"十一五"期间，河南省城镇化率从 2006 年的 27.2% 提高到 2009 年的 37.7%，但仍比全国平均水平低 8.9 个百分点，在 31 个省（市、区）中多年来一直排在倒数第五位。2009 年中原经济区中城镇化率最高的是河南省郑州市（63.4%），其次是河南省鹤壁市（49.6%），城镇化率最低的是安徽省亳州市（11.0%）。2010 年河南省城镇化率为 38.8%，全国为 49.95%，河南省比全国低 11.15 个百分点。中原经济区城镇化水平低于全国水平的主要原因在于农业生产的分散化，但随着农业生产方式的机械化，农村剩余劳动力不断增加，人口向城镇流动成为必然的趋势。与这种趋势相比，中原地区的城镇化和外来流动人口的本地化速度相对较慢。

二是人口聚集度低，集聚效应未发挥。中原城市群作为河南省的主要人口集聚区，占全省土地面积的35%，总人口仅占河南省总人口的40%左右，生产总值占河南省总量的50%~60%。人口集聚区的功能不明显，人口和经济聚集度低，难以形成规模效应。郑州市作为首位城市，尚未起到中心城市的带动作用。与周边的陕西省、湖北省等地区相比，郑州市的带动作用低于西安市和武汉市。

三是人口流动过程中经济社会要素分布与人口分布不协调。未来二三十年将是河南省人口城镇化速度全面加快、人口迁移规模最大、活跃程度最高的时期，将有1500万人从农村转移到城镇，到"十二五"期末，城乡人口格局将发生重大变化，这对城乡规划、基础设施建设和政府社会管理及公共服务能力提出了更高的要求，河南省公共服务不能满足流动人口的需求，城市义务教育阶段的大班化问题比较严重。同时，人口流出地区出现大量留守家庭，给当地经济发展、社会治安、青少年教育、老年人赡养和新农村建设带来一系列难题。

（三）促进人口均衡发展的机制需要完善

1. 稳定低生育水平长效机制

受经济发展水平和传统文化的影响，群众生育观念还没有得到根本改变，现行生育政策与群众生育意愿之间的矛盾仍然存在， 部分地方政策不落实，服务不到位，早婚早育、非婚同居、选择性终止妊娠等问题依然存在，每年河南省政策外生育人口在10万人左右；"十二五"期间，人口政策与人口结构之间矛盾开始凸显，在人口增长回升的同时，河南省面临着促进人口长期均衡发展与生育水平反弹的双重压力，亟待完善稳定低生育水平的长效机制。

2. 计划生育家庭利益保障机制

近年来，由于普惠政策与计划生育优惠政策没能有效衔接，在粮食直补、"两免一补"、城乡低保等普惠政策执行过程中，使计划生育家庭的利益相对受损；与国家普惠政策相比，计划生育惠民政策力度明显较弱，而基层政府受财力和各种条件的限制，要实行更多的优惠政策难度较大，客观上削弱了计划生育优先优惠政策的导向作用。

3. 统筹解决人口问题的宏观调控机制

当前，稳定低生育水平的激励约束机制、提高出生人口素质的综合干预机制、出生人口性别比偏高问题的综合治理机制、公民计划生育生殖健康权利保障及流动人口的管理服务机制等制度建设仍然滞后，统筹解决人口问题的综合决策机制、宏观调控体系和公共投入机制仍不健全。计划生育事业健康持续发展受到国家财政投入不足的挑战，一些地方党政领导对人口和计划生育事业的重视程度有所降低，齐抓共管手段不够，部门职责履行不到位，人口和计划生育部门的工作思路、机制和方法以及队伍的管理服务能力与新形势、新任务的要求还不相适应。

4. 社会改革的协调机制

当前我国正由经济领域的改革逐步深入到社会领域的改革，随着改革的不断深入，一系列人口问题和由此引发的社会问题暴露出我国人口政策的不稳定性及其与社会政策的不协调性，户籍制度改革、财政体制改革、行政管理体制改革、医疗卫生体制改革、养老保障体制改革、劳动保障体制改革等部分经济、社会管理政策与人口政策不兼容、不协调，甚至安排失当，使得落实计划生育基本国策面临新的挑战和冲击。

5. 人口聚集的引导机制

目前的流动人口服务管理体制不符合大规模人口迁移流动和公共服务均等化的要求，空间城镇化与人口城镇化不对称，存在土地闲置与短缺并存的矛盾，妨碍城乡统筹发展，迫切要求加强社会管理，提高公共服务能力，改变城乡分割的社会管理框架，创新流动人口服务管理体制，加速户籍、土地、社会保障制度变革，使流动人口享受平等的待遇，融入城市生活，缩小城乡发展差距，增添经济发展的动力，激发新的投资和消费需求，促进城乡一体化。河南省作为劳动力流出大省之一，更需要引导人口按人口功能区合理迁移和有序流动，进一步优化人口分布，为劳动力在本省创造更多就业机会，使农民工能在家门口就地转移就业，更好地解决"人往哪里去"的问题。

二、中原经济区建设人口均衡社会实验区的指导方针、原则和目标

（一）指导方针

以邓小平理论和"三个代表"重要思想为指导，深入贯彻落实科学发展观，认真学习贯彻胡锦涛同志在中央政治局第 28 次集体学习时发表的重要讲话精神，围绕建设中原经济区、加快中原崛起、河南振兴这个总体战略和探索不以牺牲农业和粮食、生态和环境为代价的工业化、城镇化和农业现代化（简称"三化"）协调发展路子这个核心任务，以建设全国人口均衡型社会综合配套改革试验区为载体，以促进人的全面发展、人口均衡发展、家庭健康发展为主题，以加快推进人口计生服务体系向面向全人群、围绕生命全过程、提供计生优生、生殖健康和家庭保健等全方位服务拓展转型为主线，制定实施人口均衡型社会建设行动计划，着力加强战略研究、政策统筹、工作协调和任务落实，着力探索建立人口均衡发展的政策、服务、支撑、保障四大体系，着力创新人口计生工作体制、机制、手段、方法，着力促进人口与经济、社会、资源、环境协调可持续发展，着力构建人口规模适度、素质优良、结构优化、分布合理的人口均衡型社会，为全国同类地区统筹解决人口问题、促进人口长期均衡发展探索模式、创造经验、提供借鉴。

（二）基本原则

1. 坚持以人为本

在中原经济区人口均衡型社会建设过程中，以人为本是首要的核心原则。要把促进人的全面发展作为处理好人口与发展关系的出发点和落脚点，在解决人口问题的过程中，注重保障和改善民生，提高家庭发展能力。

2. 坚持统筹协调和系统推进

强化人口的基础地位，注意把握人口各要素之间、人口与经济社会发展及资源环境之间的互动关系，形成有利于促进人口长期均衡发展的政策体系。促进人口调控中长期政策导向和短期刚性政策约束相结合，管调并重，堵疏并举，统筹推动产业结构、主体功能区建设、城市规划、社会管理和公共服务的联动调整。

3. 坚持科学指导和战略思维

把握好人口与经济社会发展不同阶段的特点，适时完善促进人口长期均衡发展的政策，指导各地积极探索各具特色的统筹解决人口问题的有效方法和途径。要认识到人口长期均衡发展是一项长期战略，战略最终目标的实现需要一个长期的过程，制度创新和政策制定要符合人口发展规律、符合经济社会发展实际，切忌急功近利。

4. 坚持制度创新

建设中原经济区人口均衡型社会综合配套改革试验区，基本的思路就是要创新，要试验。要以体制机制改革为动力，以政策创新为引领，着力解决人口发展中出现的新情况、新问题，探索人口均衡发展的新模式。要通过新的政策引领和支撑，建立综合配套改革试验区有效发展的政策体系。

（三）建设目标

建设人口均衡型社会是一个长期、动态的历史过程，相应地，人口均衡型社会的建设目标也应包括战略目标和阶段性目标。需要根据各地实际分步骤、分重点实施。

1. 中原经济区人口均衡型社会建设的战略目标

实现中原经济区人口长期均衡发展，实现人口与经济社会、资源环境的协调可持续发展，实现人口规模适度、人口素质优质、人口结构优化、人口分布合理以及人口整体与产业发展、城市建设、经济社会发展水平、资源环境等协调均衡。

2. "十二五"时期中原经济区人口均衡型社会建设的目标

以"十二五"人口发展规划的实施为契机，将人口均衡型发展的目标与理念同"十二五"经济社会发展相结合，通过努力，使人口系统内部各要素变化之间均衡以及人口发展与外部环境均衡，初步建立人口发展的综合治理机制、宏观调控体系、公共管理制度和社会服务网络，逐步形成数量均衡增长、素质全面提升、结构动态优化、分布科学合理、人与自然和谐、人口与资源环境协调的人口发展格局。

3. 具体目标

（1）人口总量与增长。低生育水平保持稳定，健全计划生育利益导向政策体系，逐步构建有利于稳定低生育水平的制度环境。到2020年，整个区划内常住人口总量控制在2亿人以内，年均人口出生率控制在14.3‰以内，自然增长率控制在4‰左右，计划生育率保持在98%以上；流动人口政策生育率达到85%以上，已婚育龄妇女综合避孕率达到95%以上。

（2）人口素质。出生人口素质明显提高，婴儿死亡率控制在5‰以下，新生儿出生缺陷发生率控制在6‰以下，孕产妇死亡率降低到0.8‰以下，育龄群众人人享有良好的避孕节育、生殖健康、家庭保健服务，人口预期期望寿命达到75岁以上。教育普及水平进一步提高，全面普及包括外来儿童在内的九年制义务教育，人均预期受教育年限达10年，高等教育毛入学率达到70%，大专以上人口占总人口的比重达到15%。在职人员培训覆盖面进一步扩大，劳动力素质明显提高，人才队伍进一步壮大。

（3）人口结构。出生人口性别结构得到有效改善，出生人口性别比逐渐趋于正常。到2020年，区域内出生人口性别比控制在110以内。

（4）人口分布和人口流动。人口空间分布趋于合理，初步形成产业、城镇、人口的有效集聚和合理梯度分布。城镇化率达到60%以上，中原城市群人口达到2000万人左右。以郑汴新区发展建设为突破口，加速产业和人口集聚，争取到2020年形成人口规模达1200万左右的都市区，郑州、开封都市圈人口达600万人左右。加快中原城市群发展，发挥其吸纳人口的重要作用，推进人口向中原城市群集聚，中心城市全部进入大城市行列，基础条件好的成为特大城市。其中郑州市2020年中心城区建成区人口达到600万人以上。把建设复合型城市新区作为加快城镇化的重要突破口，加快推进郑汴、洛阳、焦作、许昌、漯河、南阳等新区建设，带动人口集聚。以产业集聚增强区域吸纳农村转移人口的能力，通过迁村并点推进产业集聚区内村庄向城镇社区转化。

（5）民生保障目标。城乡居民生活状况得到进一步改善。农村居民人均纯收入和城镇居民人均可支配收入年均增长10%以上。社会就业更加充分，城镇登记失业率控制在 4% 以内。覆盖城乡居民的社会保障体系逐步完善，社会保险综合覆盖率达 90% 以上。

（6）人口发展与经济增长方式调整。加快发展高新技术产业和现代服务业，加速壮大战略性新兴产业，推动从业人口结构置换。全面梳理低端劳动密集型产业，推动低端劳动密集型产业和劳动力"双转移"，压缩低端劳动密集型产业就业人口规模，提升从业人口技术技能水平。"十二五"期间，通过转移淘汰或升级落后产能，带动调整从业人口 100 万人以上。到 2015 年，高新技术、金融、物流、文化产业、生物医药、新能源、新材料、互联网等支柱产业和战略性新兴产业人才数量达 200 万人。

（7）人口发展与资源、环境。通过上述目标，促进中原经济区人口、资源、环境之间的整体协调和各个子系统之间的内部发展协调，使区域内的人均资源消耗量、环境承载力趋向较为合理的水平，人居环境质量明显改善，宜居程度和幸福指数显著提升，为"三型"社会的建立奠定良好的基础。

三、中原经济区人口均衡社会配套改革实验区的建设内容

（一）探索建立人口均衡发展的政策体系

1. 逐步完善稳定低生育水平政策

要着眼于中原经济区长远发展，充分考虑人口变化对经济社会发展的长期性和基础性影响，准确把握中原经济区人口变动趋势，积极稳妥地逐步完善现行生育政策。将稳定低生育水平的利益导向政策纳入政府保障和改善民生政策体系及具体项目，全面落实法律法规规定的计划生育家庭（以下简称计生家庭）奖励优惠政策。做好经济社会相关政策与人口计生政策的有机衔接，在就业、社会保障、扶贫开发、征地补偿、集体收益分配、林权制度改革等方面，制定对计生家庭的倾斜政策。探索建立奖惩并重机制，进一步完善以城乡计生家庭奖励扶助制

度、特别扶助制度和"少生快富"工程为主的政策体系,逐步扩大范围、提高奖励扶助标准并建立动态调整机制,保证计生家庭优先优惠分享改革发展成果,切实稳定低生育水平,确保人口自然增长率低于全国平均水平。

2. 逐步完善提高人口素质政策

提高人口素质,关系千家万户的幸福,关系中原经济区建设的未来。所以要协调和完善婚姻家庭、计生优生优育、人力资源开发、社会保障等人口发展政策体系,不断提高人口发展质量,促进人的全面发展。

首先,从源头着手,提高出生人口素质。从提高出生人口素质做起,加强优生优育和出生缺陷预防,组织实施计划生育生殖健康促进工程,完善国家免费孕前优生健康检查政策和技术,并将其纳入河南省"十大民生工程", 在中原经济区建立国家免费孕前优生健康检查制度,2013年底在全区城乡实现全覆盖。制定政策措施,推进婴幼儿早期发展示范区建设,实施青少年健康人格教育工程,确保儿童和青少年健康成长。坚持以人为本,优先投资于人的发展,加大对优生优育、计划生育、科技、教育、医疗卫生、劳动就业等社会发展领域的投入力度。加强婚育咨询指导,防治性病、艾滋病。全面推进出生缺陷预防工作,组织实施优生促进工程,落实免费孕前优生健康检查政策,开展孕前优生健康检查项目试点,做好项目推广工作,改善生育质量,提高出生人口素质。

其次,坚持优先发展教育,保障每个人受教育的权利。与一定的社会经济条件相协调的人口素质结构始终是一个金字塔结构。因此,要把均衡教育作为教育的指导思想贯彻始终,职业技能教育与创新教育并举。一是促进义务教育均衡发展。坚持均衡配置义务教育资源,加快缩小城乡差距,建立城乡一体化的义务教育发展机制。二是大力发展职业技术教育。以就业为导向,探索建立"公司+学校"或"公司+专业"的职业教育模式,推进职业教育从政府直接管理向宏观引导、从计划培养向市场驱动、从升学导向向就业导向转变,更好地面向社会、面向市场办学。三是做大做强做优高等教育。积极扩大高等教育规模,保持高等学校数量和在校生规模适度增长,加快缩小与全国平均水平的差距。四是高度重视学前教育、高中阶段教育和特殊教育。建立政府主导、社会参与、公办民办并举的学前教育办园体制,引导学前教育健康发展。稳定普通高中教育规模,推进多样、灵活、开放办学。关心和支持特殊教育,推进特殊教育学校建设工程,完善特殊教育体系,确保残疾少年儿童享受国家规定的义务教育。

最后，加大人才引进力度，快速集聚高素质人才。突出用人单位的主体作用，重点把企业培育成吸纳人才的主要载体，鼓励有条件的企业以科研项目为依托，建立博士后工作站，积极招收科研人员进站工作，努力促进高层次人才资源与区域经济结构的良性互动。实行柔性引进机制，鼓励高新技术企业、高等院校和科研院所采取项目和课题招标承包、短期或弹性聘用、技术合作、人才租赁等方式，引进国内外人才来创业发展。推行研发项目招标制和首席专家负责制，以科技研发和建设项目为平台，加快高新技术人才集聚。完善社会化人才服务体系，推进人才服务机构市场化进程，培育大型人才中介机构、知名猎头公司，重点引进国家级重点实验室、工程技术研究中心的项目首席科学家、学科带头人，国家重点工程、重大攻关技术项目领军人才，掌握关键技术、能够引领和支撑河南省传统骨干产业、新兴产业和预期产业领域发展的高端人才，以及现代服务业、文化创意产业、金融等人才缺口较大的实用型基础人才和专业型高端人才，构筑区域性人才高地，实现人口质量对数量的替代。

3. 逐步完善促进社会性别平等政策

加强宣传倡导，提高社会性别平等意识，彻底清理涉及社会性别歧视的政策。指导村（居）民自治组织修订完善自治章程或村规民约，在扶贫济困、慈善救助、贴息贷款、就业服务、项目扶持、村集体收益分配等方面对计生家庭女儿户予以倾斜。落实《中国妇女发展纲要》和《中国儿童发展纲要》，扎实推进关爱女孩行动，制定有利于女孩健康成长和妇女发展的经济社会政策，依法保护女孩和妇女的合法权益。建立完善政策法规和制度机制，依法严厉打击非医学需要的胎儿性别鉴定和选择性别的人工中止妊娠行为。以期在"六普"数据的基础上，确保出生人口性别比稳步下降，逐步趋向性别平衡。

4. 逐步完善引导人口合理分布政策

制定实施与中原经济区相适应的促进人口有序流动、合理分布的政策，启动人口空间分布的发展战略与政策研究，编制人口空间分布规划，探索优化人口分布的有效途径，积极稳妥地推进城镇化。创新农民进城落户的社会保障、住房、技能培训、就业创业、子女就学等制度安排，探索建立农村人口向城镇就地就近有序转移机制，妥善解决农民工流动中的社会问题，健全农民工权益保障机制。把流动人口管理和服务纳入流入地经济社会发展总体规划，加强流动人口全员统计和动态监测，实施流动人口计划生育基本公共服务均等化促进工程，推动形成

211

流动人口管理和服务中原经济区"一盘棋"。依托主体功能区和人口发展功能区，探索建立经济社会发展政策和重大工程项目人口评估政策和机制，创新人口综合服务管理新体制。

合理的人口分布包括人口分布与主体功能区规划一致，与城镇等级体系一致。首先，加强主体功能区建设，促进人口功能区和经济功能区协调发展。中原经济区的主体河南省属农业大省和人口大省，没有优化开发区，只有重点开发区、限制开发区、禁止开发区三类主体功能区。河南省的农业县多在限制开发区之列，这将占据河南省大部分国土面积，也必然拖后河南省的经济发展。中原经济区建设人口均衡型社会，必须转变传统思维，从促进各功能区协调健康发展的思路出发，实施一系列政策，促使人口从禁止开发区和限制开发区向重点开发区有序流动：第一，建立粮食主产区的利益补偿机制，加强粮食主产区建设，促使粮食主产区人口有序转移。①进一步提高农民补贴标准；②加大对主产区的农业基础设施投入；③建立销区用粮补偿机制；④进一步提高粮食收购价格，让种粮农民真正得到实惠；⑤以耕地和水资源保护、粮食生产等主要农业指标为基础建立粮食主产区的领导绩效考核机制。第二，大力发展县域经济，加大对中小城镇建设的支持力度，提高中小城镇的承载能力，引导农村人口向中小城镇转移。第三，适应主体功能区建设需要，编制实施河南省人口发展功能区规划，完善人口迁移与生态补偿相融的政策，推动人口由发展限制区向发展扩散区和发展拓展区转移，优化人口空间布局，形成人口促进经济增长的发展格局。其次，加快构建现代城镇体系，实行不同的人口集聚政策，促使人口分布与城镇等级体系相一致。坚持中心城市带动战略，按照统筹城乡发展的要求，加快形成国家区域性中心城市、地区中心城市、中小城市、中心镇以及农村社区层次分明、结构合理、功能互补、协调发展的现代城镇体系。根据郑州区域性中心城市、省辖市省域中心城市、县城中小城市、各中心镇、新型农村社区的不同定位，实施不同的人口集聚政策，促进人口合理分布，形成与城镇等级体系相一致的人口规模等级。

5. 逐步完善促进家庭健康发展政策

完善相关经济社会政策，稳定家庭功能，在优生优育、子女成才、抵御风险、生殖健康、家庭致富等方面，加快建立和完善提高计生家庭发展能力的政策体系。完善生育关怀制度，免费为符合条件的育龄妇女提供再生育技术服务。研究出台有利于保护家庭传统功能、促进计生家庭成员就业、创业、勤劳致富的扶持政策，在国家级贫困县实施"少生快富"制度。制定并实施应对中原经济区老龄化的战略和政策体系，加强经济社会政策、人口政策与应对老龄化政策的衔接协调，探索建立计生家庭无子女父母、基本失能以及高龄独生子女父母居家养老服务补贴制度，完善和落实城镇独生子女父母年老奖励制度，探索独生子女和双女户家庭养老和医疗保障优惠政策，公共养老服务机构优先吸收计生家庭老年父母，社区义工等服务资源优先向计生家庭老人提供。

针对传统家庭功能弱化以及家庭规模小型化、结构多样化、居住离散化的趋势和特点，中原经济区建设人口均衡型社会，必须高度关注家庭问题，把加强家庭建设、增进家庭发展能力作为促进社会和谐稳定的着力点。一是加强家庭建设。借鉴发达国家的经验，建立健全家庭发展政策，制定相应的人口、文化、社会、户口、税收、金融等方面的具体措施，开展和谐家庭促进计划，支持家庭的发展，稳定家庭的基本功能，增强家庭抵御风险的能力，加大对孤儿监护人家庭、老年人家庭、残疾人家庭、留守人口家庭、流动人口家庭、受灾家庭以及其他特殊困难家庭的扶助力度，促进家庭和谐幸福，在家庭层面化解矛盾，使解决人口问题的关口前移，防止家庭问题社会化，促进社会和谐稳定。二是构建新型家庭文化。传承中华民族传统美德，引导家庭积极健康、负责任的婚育行为，大力弘扬尊老爱幼、邻里互助的社会风尚，强化家庭在人口发展中的作用。大力开展"两低两高"家庭活动，倡导低消耗、低污染的文明生活方式，提高家庭成员健康水平，提高家庭发展能力。

（二）探索建立人口均衡发展的服务体系

1. 加快推进人口计生技术服务体系建设

以服务管理信息化、基础设施建设、服务设备和服务车更新及增配为重点，以提高服务效能、水平和可及性为目标，以扩展服务范围、拓展服务内容、构建科技支撑平台为突破口，建立健全人口计生服务体系。

2. 加快推进以家庭为中心的公共服务体系建设

着力推进城乡基层人口计生服务机构向人口和家庭发展中心转型，增强家庭服务功能，做好初级家庭保健、新婚和计划怀孕家庭的家庭计划指导、怀孕妇女及其家庭的跟踪随访、儿童早期发展、青少年及其父母的家庭教育指导、更年期家庭成员与计生家庭老人的生理心理咨询、流动家庭与留守家庭关怀等服务。探索建立老龄服务示范中心、生殖健康咨询研究服务示范中心、儿童早期发展研究服务示范中心，培养、吸引和集聚相关急需紧缺人才。

3. 加快推进流动人口计生基本公共服务体系建设

根据流动人口集聚情况，进一步完善城乡人口计生基本公共服务网络体系。全面推进流动人口"一站式"、"一证式"、"网格化"服务和管理，通过加快流动服务车项目建设、加强社区流动人口服务中心的配置和建设等多种方式，扩大城市社区服务半径，提高服务的可及性，促进流动人口计划生育免费技术服务全覆盖，基本实现流动人口计生优生优育、生殖健康等基本公共服务均等化。加强流动人口信息平台和数据库建设，建立覆盖整个中原经济区的流动人口生存发展状况、分布和流动状态的动态监测体系。

4. 加快推进养老服务体系建设

注重发挥家庭和社区功能，建立健全以居家为基础、社区为依托、机构为支撑的养老服务体系。优先发展社会养老服务，培育壮大老龄产业，加强公益性养老服务设施建设，加强养老服务产业的服务标准、行业规范和管理制度建设，加强养老服务队伍职业化建设。拓展养老服务领域，促进养老服务从基本社会照料向医疗保健、辅具配置、精神慰藉、法律服务、紧急救援等方面延伸。开展养老社区的创建活动，增加社区老年活动场所和便利设施，丰富社区的老龄服务项目。加强人口计生服务体系老龄化支持能力建设，探索建设计生家庭老年公寓，对无子女和独生子女的高龄老人开展养老试点。

（三）探索建立人口均衡发展的支撑体系

1. 加强人口计生科技创新基地建设

围绕避孕节育、优生优育、生殖健康等领域，着力加强人口计生科技创新基地建设，建设国家人口出生缺陷预防重点实验室、全国区域性人类遗传资源工程中心、计划生育/生殖健康研发和指导服务中心，加强高级科研人才引进和科研设备的更新力度，达到国家部委重点实验室的标准。着力加强县级服务机构优生检验室建设，配齐孕前优生健康检查服务所需设备，建立国家级临床检验质量控制中心，指导市、县服务机构开展优生检验室室内质量控制和室间质量评价，提高优生服务质量。

2. 加强全员人口信息系统建设

加快建设国家中部人口信息中心，推进中原经济区人口基础信息库建设，实施全员人口统筹管理信息系统建设工程（"金人工程"），建立覆盖中原经济区全部实有人口的动态管理体系，把全员人口信息系统打造成服务创新社会管理和基本公共服务的基础性平台。推进全员人口信息与人口发展功能区、主体功能区建设有效结合。建立"全员人口信息引导家庭发展服务、以家庭发展服务更新全员人口信息"的机制，积极推进跨地区、跨部门的信息共享。建设中原经济区流动人口服务管理信息系统，实现区域内婚育证明、避孕节育、"一孩生育服务管理"等信息网上办理和通报。采取信息交换、比对、通报等形式，建立完善部门间人口信息共享制度和人口统计信息协商制度。

3. 加强人口计生队伍职业化建设

稳定人口计生机构和队伍，积极推动人口计生公共服务网络转型。将河南省人口计生干部学院改建为河南人口职业学院，采取省部共建模式，着力提升其办学条件、教育质量和教学水平。建立中部人口计生社会管理和公共服务网络拓展转型的实践考察基地和实习培训基地。建立健全人才培养、引进、使用、交流、评价、激励机制，在实施人才发展重点支持政策和重大人才培养工程时向中原经济区倾斜，全面培养服务于统筹解决人口问题、建设人口均衡型社会的各类人才。加强对人口计生干部的教育，着力提升在职人口计生工作者的综合素质以及服务和管理能力。在河南省开展生殖健康咨询师、人口社工师、人口信息统计师、儿童早期发展指导师等新职业培训和评估试点。

4. 加强人口发展战略研究和对外合作交流

推动国内研究机构和学术团体共同参与中原经济区人口发展重大问题的研究，并在智力、技术和研究经费等方面给予支持。鼓励支持与高等院校和科研院所合作设立统筹解决人口问题、促进人口均衡发展的研究中心，加强人口发展战略研究人才队伍建设，重点深化人口均衡型社会、人口自身发展态势、劳动力结构变动与经济增长持续性研究、人口与社会管理体制、家庭发展、应对老龄化、人口空间分布、中原经济区建设配套人口政策等重大理论与实践问题的研究。定期举办中原经济区人口均衡发展高层论坛。支持建设中国河南省生殖健康国际交流中心，加大联合国人口基金、南南合作、中日合作等项目对河南省的支持力度，支持河南省开展计划生育、生殖健康、家庭保健服务国际合作项目，推广引进先进的服务理念。

（四）探索建立人口均衡发展的保障体系

1. 建立健全综合决策与协调机制

围绕统筹解决人口问题，建立健全人口工作的领导机制、协调机制、监督机制和问责机制。把促进人口长期均衡发展、建设人口均衡型社会提上各级党委及政府重大决策议事日程，把人口均衡型社会综合配套改革试验区纳入中原经济区社会发展专项规划，把人口计生工作纳入改善民生的总体部署。完善人口发展战略研究长效机制，进一步强化人口与发展综合决策机制，坚持人口发展规划先行，为其他中原经济区发展规划提供基础支撑。建立人口政策协调制度，在重大经济社会政策出台前，开展对人口发展影响的综合评估，推动部门间相关经济社会政策与人口政策有机衔接和良性互动。

2. 建立健全公共财政投入保障机制

坚持和落实财政对人口计生事业的投入增长幅度高于经常性财政收入增长幅度的政策，加大中央财政转移支付力度，支持中原经济区人口计生事业发展。国家人口计生委积极协调财政部，在中央补助地方的人口计生事业费分配中，将中原经济区和户籍人口数量作为重要因素予以考虑，给予河南省更多的倾斜。在计生奖励扶助、特别扶助、免费孕前优生健康检查、免费再生育技术服务等政策中，将中原经济区中央财政补助比例提高到80%。设置中央支持中原经济区基层人口计生专项培训补助经费，切实加大对县乡两级人口计生服务机构人员的培训力度。在人口计生服务体系规划建设中，进一步协调国家发展改革委，重点支持河南省革命老区、贫困地区和产粮大县的人口计生服务体系建设，降低或取消中央投资项目地方配套比例。参照中央财政对西部地区投入比例支持中原经济区，把中央补助比例从70%提高到80%。加强中原经济区县乡两级人口计生服务机构设备、流动服务车的配备力度，全部由中央财政予以支持。

3. 建立健全科学评估机制

建立健全与全面做好人口工作、促进人口长期均衡发展相适应的评价体系，坚持把经济增长指标同人口、资源、环境、社会发展指标有机结合起来，逐步将人口发展规划实施、人口发展政策协调、人口信息资源共享、人口重点任务落实、人口发展考核评估等制度的地方政府职责和部门职责进行科学分解，并纳入目标管理责任制考核，确保责任到位、措施到位、投入到位、落实到位。加强对人口发展和人口计生事业发展规划执行情况的监测、评估、督导，加强对重大政策、重大工程项目的动态跟踪和实施效果的评估。

第十章　人口因素与经济发展的关系

人口问题始终是制约一个国家或区域全面、协调、可持续发展的重大问题，也是实现现代化宏伟目标、构建和谐社会过程中的关键性因素。对于以占全国1.7%的土地承载着全国7.1%人口的河南省来说，人口问题始终是制约其经济社会快速发展的核心问题。当前，河南省正处在经济发展的黄金期，也是诸多问题的凸显期，正确处理好人口与经济增长的关系，不仅关系到河南省经济的长期平稳较快发展和中原地区的崛起，同时也影响着国家经济持续协调快速发展和全面建设小康社会的进程。因此，在当前河南省经济发展的关键时期，深入研究其人口与经济增长的问题，制定切实可行的人口政策和人口发展战略，促进经济平稳较快发展，非常必要，也十分迫切。

一、河南省经济发展现状及趋势分析

（一）河南省经济发展现状

"十一五"以来，河南省委、省政府团结带领全省人民，认真贯彻落实科学发展观，抢抓机遇，真抓实干，全面正确积极地贯彻国家宏观调控政策，着力推进经济结构的战略性调整，深化改革开放，加强薄弱环节建设，突出解决事关全局的重大问题，积极应对国际金融危机，国民经济保持了平稳较快增长的良好势头，保持了跨越式发展的基本态势。

1. 综合经济实力显著增强

2006~2008 年连续三年，河南省经济保持了较高的增长速度，明显高于全国同期水平。2008 年，河南省生产总值达到 18407.78 亿元，经济总量连续 11 年位居全国第五、中西部地区之首，占全国比重也由"十五"末的 5.8% 上升到了 6.1%，经济大省地位进一步确立；人均生产总值接近 2 万元；河南省地方财政一般预算收入突破 1000 亿元；金融机构各项存款余额突破 1.5 万亿元；全社会固定资产投资突破 1 万亿元。2008 年下半年金融危机爆发，河南省经济也受到了巨大冲击，省委、省政府迅速反应，制定实施了一系列有力的政策措施，确保了河南省经济在短暂波动后企稳回升。2009 年，河南省生产总值 19367 亿元，比上年增长 10.7%；地方财政一般预算收入 1126 亿元、支出 2903 亿元，分别增长 11.6% 和 27.2%；全社会固定资产投资 13705 亿元，比上年增长 30.6%；社会消费品零售总额 6746 亿元，比上年增长 19.1%。

2. 经济结构调整取得重大进展

2008 年，河南省三次产业结构为 14.5∶56.9∶28.6，二、三产业总比重已达到 85.5%，比"十五"末提高了 3 个百分点。所有制结构调整取得新进展，非公有制经济比重已超过公有制经济，提高到 59.9%。工业结构得到进一步改善。2008 年，食品、有色、化工、汽车及零部件、装备制造、纺织服装六大优势行业实现增加值 3726.77 亿元，比上年增长 22.6%，对河南省工业增长的贡献率达到 60.4%，比上年提高 7.4 个百分点。高技术制造业实现增加值 262.32 亿元，增长 23.3%。煤炭、化工、建材、钢铁、有色金属、电力六大高耗能行业实现增加值 3247.92 亿元，比上年增长 13.9%，比规模以上工业增长速度低 5.9 个百分点。

3. 工业、农业协调发展

工业发展实现新跨越，规模、质量、效益均得到较大提高。2008 年河南省工业增加值 9546.08 亿元，占 GDP 的比重达到 51.9%。其中，规模以上工业增加值达到 7305.39 亿元，产品销售率达到 98.4%。全年规模以上工业企业实现主营业务收入 25292.02 亿元；实现利润总额 2179.1 亿元，占全国规模以上工业企业利润总额的 9.1%，仅少于江苏省、山东省，超过广东省跃居全国第三位；实现利税 3458.82 亿元，占全国的 8.2%，排在全国第四位。新兴工业大省的地位更加巩固。与此同时，河南省作为全国第一粮食生产大省的地位进一步强化，2009 年粮食生产实现大灾之年再夺丰收，总产再创新高，自 2006 年开始连续四年超过千亿斤。

4. 投资、消费与出口继续增长

2008 年,河南省全社会固定资产投资 10469.57 亿元,比上年增长 30.7%。其中,城镇投资 8700.11 亿元,增长 31.6%;农村投资 1769.46 亿元,增长 26.3%。全年批发和零售业增加值 902.30 亿元,比上年增长 9.6%;住宿和餐饮业增加值 611.09 亿元,比上年增长 10.7%。全年社会消费品零售总额 5662.55 亿元,比上年增长 23.2%,扣除物价因素实际增长 14.6%。全年进出口总额 175.28 亿美元,比上年增长 37.1%,增速比上年提高 7.2 个百分点,其中出口总额 107.14 亿美元,比上年增长 27.9%;进口总额 68.14 亿美元,增长 54.5%。

5. 基础设施建设步上新台阶

更多基础设施项目建成投用,薄弱环节明显加强。截至 2008 年底,河南省有效灌溉面积达 7559 万亩。城市生活垃圾无害化处理率达到 67.3%。电力装机达到 4572 万千瓦。高速公路通车里程达到 4841 千米,连续三年位居全国第一,国家高速公路网规划的河南省路段已全部建成通车,93% 的县通达高速公路,从郑州市出发 3 小时内可达任一省辖市。与铁道部签订了"五纵五横"铁路建设合作协议,铁路建设大规模展开,将进一步巩固郑州市的铁路枢纽地位。南水北调中线工程河南段建设进展顺利。

6. 改革开放继续深化

积极推进重点领域和关键环节改革。国企改革和战略重组加快推进,行政管理、文化体制、投资、价格、金融、粮食等领域的改革迈出新步伐。积极扩大对内对外开放,不但关注对外贸易与吸引外资,同时注重加强与国内其他地区的横向经济联系。2006~2008 年进出口总额、实际利用外商直接投资连年大幅增长,金融危机爆发后,对外贸易受到一定影响,但 2009 年前三季度实际利用省外资金依然同比增长了 15%。

7. 中原城市群、黄淮四市及县域经济发展势头良好

2008 年,中原城市群九市生产总值 10562.45 亿元,比上年增长 13.2%,占河南省的比重为 57.1%。黄淮四市生产总值 3595.29 亿元,增长 11.9%,占河南省的 19.5%。河南省 108 个县(市)中,有 105 个县(市)地方财政一般预算收入超亿元,有 8 个县(市)超 10 亿元。

8. 社会文化事业全面进步

人民生活水平进一步提高，到 2008 年底，城镇居民人均可支配收入、农民人均纯收入连续三年大幅增长，分别达到 13231 元和 4454 元，在全国的位次从"十五"末第 20 位和第 19 位，分别上升至 2008 年的第 16 位和第 17 位。2009 年，河南省城镇居民人均可支配收入和农民人均纯收入又分别达到 14372 元和 4807 元，分别实际增长 9.9% 和 7.5%。劳动就业成效显著，2008 年末从业人员 5829.27 万人。全年城镇新增就业人员 119.43 万人；下岗失业人员实现再就业 45.58 万人，其中"4050"人员实现再就业 16.12 万人。新增农村劳动力转移就业 181 万人。基础教育办学条件显著改善，2008 年财政教育经费预算支出占财政一般预算支出的比重提高到 19.5%，居各项财政支出首位。高素质人才培养能力进一步提升，普通高校在校生规模达到 125 万人，比"十五"末增加近 40 万人。科技进步对经济增长的推动作用不断增强。新型农村合作医疗覆盖率提高至 91.8%，筹资标准由 50 元提高到 100 元。文化产业正日益成为河南省经济增长的新亮点。精神文明和民主法制建设取得新成果。

（二）制约河南省经济社会发展的突出矛盾和问题

"十一五"以来，河南省经济社会整体发展势头良好，虽受金融危机冲击，经济运行出现波动，但目前企稳向好的态势已经形成。而从长远来看，制约河南省经济社会发展的突出矛盾和问题依然存在，且在金融危机的冲击下更加凸显出来，保持河南省持续、健康、快速发展仍然面临较大压力。

1. 经济结构层次仍然较低

近年来，特别是 2009 年，面对复杂的经济环境，河南省委、省政府紧紧抓住全球经济结构调整的时机，坚定不移地按照保增长与调结构相结合、立足当前和着眼长远相结合的原则，在推进经济结构调整上取得了明显成效，但总体上河南省的经济结构层次仍然较低。突出表现在以下几个方面：①第一产业比重过高，第三产业发展缓慢、比重严重偏低局面没有得到明显改变。②工业经济中，资源开发型产业比重大，产品大多是附加值不高的资源类、粗加工的初级产品，生产能力过剩，呈现过度竞争现象；而带动性强、关联度高、对长远发展有重要影响的产业和包括高新技术产业在内的新兴产业发展则比较缓慢。③企业的规模小，产业的集中度不高。④所有制结构中，国有经济比重较高，民营经济、外资经济发展比较滞后等，尽管"十一五"规划期末实现非公有制经济增加值比重提高到60%以上的目标不成问题，但河南省的非公有制经济发展相较于沿海发达省区、相较于全国平均水平仍然是明显落后的。

2. 自主创新发展明显不足

全球金融危机对河南省经济社会发展造成了严重冲击，更加凸显了河南省资源主导型经济和主导产业核心竞争力不强的问题，以及河南省经济社会发展由要素驱动转变为主要依靠自主创新驱动的重要性和紧迫性。从总体上讲，河南省自主创新存在的突出问题主要有以下几个方面：①自主创新投入不足。2008年河南省全社会研究开发费用占生产总值的比例仅为0.7%，远低于全国1.52%的平均水平，预计将难以顺利实现"十一五"规划制定的目标；创新主体发展水平低，河南省大中型企业建有研发机构的仅占23%。②推动自主创新的体制机制不完善，创新主体的活力和动力不强。科技创新管理的统筹协调不够，有限的科技资源没有得到优化配置。③支持和鼓励创新的环境有待进一步优化，有利于培养、吸引、留住人才，支持创新人才脱颖而出的社会环境尚未形成。

3. 资源环境瓶颈约束严重

作为新兴的工业大省，随着工业化步伐的加快，资源和环境对河南省经济发展的约束将更加凸显，资源环境问题正成为经济发展的"瓶颈"。一是资源人均占有量很少，不能满足经济又好又快发展需要。河南省人均耕地只有0.08公顷，比全国人均耕地少33%，且作为农业大省耕地保护任务极重，可供转化的工业用地数量不多，人地矛盾十分突出；人均水资源量为435立方米，仅占全国人均水平的1/6，缺水严重；矿产资源储量方面也不容乐观，虽然河南省矿产潜在经济价值达20000亿元以上，居全国前10位，但人均水平仅为全国的1/4。二是资源需求增长过快，利用效率低下。由于河南省在发展经济过程中长期以来沿用"高投入、高消耗、高排放"的粗放型增长方式，对各种资源的需求增长很快，但利用效率普遍较低，资源破坏、浪费严重，"十一五"以来虽有所改善但仍不到位，致使一些资源产生供需矛盾，有些本来就不充裕的资源更出现需求短线，供求缺口加大。三是发展方式粗放，环境问题突出。河南省本就人口众多，再加上经济增长过分依赖自然资源的产出，发展方式又十分粗放，生态环境已经不堪重负，且一旦资源枯竭，经济将失去增长的动力，可以说隐患极大。

4. 城乡二元结构问题依然突出

河南省是传统农业大省，二元结构问题突出。一是农村人多地少的矛盾更加突出。农民收入来源主要是家庭经营收入和外出务工收入，由于河南省人多地少，每户的土地数量非常有限，传统的小农户生产限制了农民收入。而城乡分割的政策又限制了农村劳动力向城镇的转移，既减少了农民务工的收入，又影响了农村土地规模化、集约化经营。二是城乡市场不统一。从目前看，农村市场经济发育程度仍然不高，城乡统一的市场体系尚未形成，生产要素在城乡之间的合理流动和配置存在着巨大障碍，农村市场化改革的步伐和程度大大落后于城市。城乡两种市场的相对独立，导致局部地区生产要素短缺或浪费，市场上传递出的各种经济信息不对称甚至失真，市场配置资源的功能受到抑制。三是城镇化进程缓慢。河南省城镇化进程和总体水平低于全国平均水平及中西部大部分省份。2008年河南省城镇化率为 36%，比全国平均水平低 9.68 个百分点。四是农村市场内需不足。有效需求不足是近几年影响河南省经济持续快速健康发展的一个重要原因。有效需求不足主要表现为农村需求不足，1998~2007 年，河南省城镇居民消费占居民消费支出的比重由 38.8%上升到 63.3%，而农村居民消费占居民消费支出的比重由 61.2%下降到 36.7%。农村需求不足，使城市市场饱和与工业生产相对过剩的矛盾更加突出，不仅影响产业结构的优化升级，不利于提高工业化质量和效益，而且制约经济发展方式的转变，不符合河南省跨越式发展的需要。

5. 经济增长的多维动力机制尚未完全形成

2009 年河南省经济出现回升向好的态势，主要是国家宏观调控政策刺激的结果，而河南省长期积累的深层次矛盾并没有从根本上解决，自身良性发展的多维动力机制还没有真正形成。一是投资持续增长乏力。尽管近期政府投资力度加大，信贷规模扩大，但由于多种原因，民营企业得到的实惠不多，特别是在金融危机背景下，银行为了降低风险，对中小企业"限贷"、"惜贷"，甚至"停贷"，贷款难、贷款成本高已成为制约众多中小企业发展的"瓶颈"，从而导致政府投资带动民间投资的效果不明显，民间投资启动缓慢，表现不够活跃。二是消费需求不强劲。尽管消费需求稳定增长，但增速放缓，2009 年河南省社会消费品零售总额第一、第二、第三季度分别增长 18.9%、18.5%、18.7%，增幅比 2008 年同期分别下降 5.3、4.8、5.1 个百分点。而且就业形势严峻、农民增收困难、住房等社会保障不健全等因素还可能制约居民未来的消费支出和消费升级。三是对外开放水平过低。河南省开放型经济发展缓慢，2008 年经济外向度仅为 6.7%，远低于全国 59.8% 的平均水平，在中部六省中居倒数第一，这与河南省经济总量在全国的地位比例极不相符。较低的经济外向度使得河南省难以有效利用外部资源和市场，出口对于经济增长的贡献很小，外资利用效果也不明显，不仅影响到经济发展，还直接影响到管理、文化理念等与国际接轨，不利于形成兼容并蓄、竞争开放的社会人文环境，这又反过来进一步制约了河南省经济的发展。

（三）2010 年河南省经济发展目标预测

在"十二五"预期目标实现的基础上，国民经济持续快速健康发展，人民群众生活水平和质量显著提高，形成比较完善的现代国民教育体系、科技和文化创新体系、全民健身和医疗卫生体系。资源利用效率显著提高，生态环境得到较大改善，人口自然增长率低于全国平均水平，整个社会走上生产发展、生活富裕、生态良好的文明发展道路。到 2020 年，河南省生产总值达到 5.4 万亿元左右，2015~2020 年年均增长 9%；三次产业结构中第二、第三产业比重达到 93% 左右，人均 GDP 达到 5 万元左右；城镇居民人均可支配收入和农民人均纯收入分别达到 25000 元和 12000 元左右；城镇化进程进一步加快，城镇化率力争超过 55%，实现省全面建设小康社会的目标。

二、河南省人口发展的现状和趋势

（一）人口多，对经济发展压力大

河南省在我国的地位相当于我国在世界的地位。由于人口多，经济实力的排名和发展水平的排名存在较大的差距。中国是世界第一人口大国，拥有 9918 万人的河南省是中国第一人口大省；中国是农业大国，河南省是中国第一农业大省；中国经济总量居世界第四位，但人均水平排在第 108 位；河南省经济总量居全国第五位，人均水平排在第 16 位。

按总和生育水平 1.6 的模式预测，2024 年以前，由于受到人口惯性的影响，河南省人口总量将继续保持增长态势。2024 年河南省人口总量达到峰值 1.065 亿，其后缓慢回落，预计 2050 年人口总量为 0.977 亿，接近 2005 年的人口总量水平。1.06 亿人口相当于清朝初期全国的人口总量，大约是河南省 1949 年人口数量的 2.5 倍。人口总量多就意味着按各种人口特征划分的亚人口群体的总量多，如各种学龄人口多、就业人口多、老年人口多等。在人均消费水平和消费方式一定的条件下，人口总量高峰时期人们对社会产品和服务的需求也处于高峰时期，因此对社会经济活动和服务系统的压力及对资源环境的压力也将处于峰值。

人口众多、人均资源占有量少，人口对经济社会发展压力沉重的局面，人口与资源环境关系紧张的状况，是全面建设小康社会、构建社会主义和谐社会所面临的突出矛盾和问题。控制人口数量，提高人口素质是人口和计划生育工作的基本方针。根据《河南省全面建设小康社会规划纲要》提出的人均 GDP 要达到 3000 美元的小康目标，2020 年，如果河南省人口总量控制在 1.05 亿以内，GDP 年均增长需达到 8.4%左右；如果人口总量为 1.07 亿，GDP 年均增长需达到 8.5%左右；如果人口总量达到 1.09 亿，河南省 GDP 年均增长必须达到 8.6%左右。

进入 21 世纪以来，河南省人口增长趋于缓慢，2001~2008 年，河南省人口自然增长率始终维持在 7‰以下，七年间人口增长了 363 万人，年均增长 52 万人，尤其是 2007 年达到 4.9‰，增长了 49 万人，为新中国成立以来的最低水平。

（二）城镇化水平低，提高速度快

河南省城镇化水平的高低主要取决于人居环境的适宜性、农业生产方式、工业化水平等因素。与工业生产的集中性相比，传统农业生产要求劳动力均匀分布在土地上，呈现分散的特征。进入"十一五"之后，随着农业生产方式的变革和国民经济的快速发展，农村剩余劳动力不断向城镇非农产业转移，河南省城镇建设步伐不断加快。2005~2008 年，河南省城镇化每年平均增长 1.77 个百分点，高于全国年平均增速一倍以上。但总的看，河南省城镇化水平仍然较低。2008 年，河南城镇化率为 36.0%（见表 10-1），与全国平均水平相差 9.65 个百分点（见表 10-2），仅好于云南、甘肃、贵州和西藏四省区，居我国内地 31 个省（市、自治区）第 27 位，属下游水平。

表 10-1 河南省 1990~2008 年人口城镇化率

年份	总人口数	市镇人口	乡村人口	城镇化率（%）
1990	8649	1342	7307	15.5
1991	8763	1389	7374	15.9
1992	8861	1434	7427	16.2
1993	8946	1477	7469	16.5
1994	9027	1520	7507	16.8
1995	9100	1564	7536	17.2
1996	9172	1687	7485	18.4
1997	9243	1811	7432	19.6
1998	9315	1937	7378	20.8
1999	9387	2064	7323	22.0
2000	9488	2201	7287	23.2
2001	9555	2334	7221	24.4
2002	9613	2480	7133	25.8
2003	9667	2630	7037	27.2
2004	9717	2809	6908	28.9
2005	9768	2994	6774	30.7
2006	9820	3189	6631	32.5
2007	9869	3389	6480	34.3
2008	9918	3573	6345	36.0

资料来源：《河南统计年鉴》（2009）。

与全国及中部其他五省比较，近五年来，河南省城镇化发展速度较快，比全国高 0.67 个百分点，比山西省高 1.25 个百分点，比湖北省高 4.47 个百分点，比湖南省高 0.2 个百分点，比江西省低 1.96 个百分点，比安徽省低 0.24 个百分点，位居中部六省第三，但城镇化率位居中部六省之末。

表 10-2 2000~2008 年全国及中部六省人口城镇化率

单位：%

年份	2001	2002	2003	2004	2005	2006	2007	2008
全国	37.66	39.09	40.53	41.76	43	43.9	44.94	45.68
河南	24.4	25.8	27.21	28.9	30.65	32.47	34.34	36.03
山西	35.09	38	38.81	39.63	42.11	43.01	44.3	45.11
安徽	29.3	30.7	32.1	33.5	35.5	37.01	38.7	40.5
江西	30.4	32.2	34.02	35.58	37.1	38.68	39.8	41.36
湖北	40.59	41.7	42.9	43.7	43.2	43.8	44.3	45.2
湖南	30.8	32	33.5	35.69	37	38.71	40.45	42.15

资料来源：2002~2009 年《中国统计年鉴》。

的老年人更高，而且还要替外出的子女担负照料孙子女的任务。

表 10-4　2005 年河南省分市镇乡的人口年龄构成

单位：%

城镇乡	0~14 岁	15~64 岁	65 岁及以上
城市	16.86	75.43	7.7
镇	20.19	71.72	8.09
乡村	22.47	69.12	8.41
合计	21.13	70.63	8.24

资料来源：2005 年河南省 1%人口抽样调查数据。

河南省人口老龄化存在地区之间的差异。根据 2005 年 1%人口抽样调查数据，2005 年 11 月 1 日，河南省 65 岁及以上老年人比重为 8.23%。从分地区情况看，老龄化程度最低的是鹤壁、安阳、濮阳和新乡，最高的是漯河、许昌、驻马店、平顶山。

（四）劳动力总量充裕，就业结构不断优化

1. 劳动力总量与变化趋势

根据预测，从劳动年龄人口总量看，2006~2035 年劳动年龄人口总数都在 7000 万人以上，峰值为 2016 年的 7558 万人。劳动年龄人口占总人口的比重在 2009 年达到峰值（74.19%），2010~2050 年缓慢下降，但始终保持在 60%以上。

由于农业机械化水平的不断提高和农业季节性劳动的特点，农业生产对劳动力的需求将逐渐减少。此外，由于农业劳动生产率相对较低，从事农业取得的收益相对低，因此，即使考虑到农业生产的集约化经营，农业对劳动力的需求也将呈减少的趋势。所以农业劳动力向第二、第三产业转移、向省内城镇和外省流动的趋势还将持续。

由于河南省劳动年龄人口每年新增量是逐年下降的，而退出劳动年龄人口每年是增加的，所以劳动年龄人口净增量也是逐年下降的，未来河南省劳动力供给的数量是逐年减少的。说明未来就业压力会大大减缓，但同时随着经济的发展，产业的不断升级，对就业的需求总量也会减少，而对就业者的知识水准和综合能力的要求会越来越高。从劳动力需求的角度看，对劳动力需求取决于两个因素，第一取决于经济增长速度，也就说经济增长速度高，提供的就业岗位就多，从而

也就可以吸纳更多的劳动者就业。第二取决于同样的经济增长速度下就业弹性的大小。就业弹性是指 GDP 每增长一个百分点能够带来多少个百分点的就业增长，如果就业弹性大，同样的经济增长速度可以带来更快的就业增长速度，吸纳更多的劳动者就业；如果就业弹性小，经济增长速度一样的情况下，就业增长速度慢，吸纳的劳动者就会少一些。我们可以用不同的经济增长速度与不同的就业弹性在合理的范围内进行组合，对劳动力需求量作出估计。

无论从我们国家的经济发展来看，还是从河南省的经济发展来看，为了实现全面小康，为了达到发达国家人民的生活水平，在未来的几十年中我们的经济还将呈现出持续高速发展的态势，所以经济的持续增长，应该创造更多的就业机会，但单位 GDP 对劳动力的需求也会随技术进步和目前的用工制度减少，劳动力需求整体会保持稳定。随着劳动力供给数量逐年减少，河南省未来的劳动力市场的就业压力将会逐渐降低。但要达到就业市场的平衡，还需要大约 10 年。

根据以上的分析，河南省 2050 年前劳动力供给状况的基本特点是：劳动人口总量始终保持较大的规模，劳动年龄人口总量在 2014~2020 年达到峰值。在就业环境不变的条件下，劳动力就业压力将持续到 2020 年，其后随新进入劳动年龄人口的减少和自然退出劳动年龄人口的增加而逐渐减轻。

2. 劳动力三次产业就业结构变化

第一产业就业人数由 2000 年的 3564 万人，减少到 2008 年的 2847 万人；同期结构份额由 63.96%下降到 48.8%；种植业劳动力大幅度减少，畜牧和渔业的劳动力有一定增长。

第二产业就业人数由 2000 年的 977 万人，增加到 2008 年的 1564 万人；同期结构份额由 17.53%上升到 26.8%；第二产业中的劳动密集型轻工业，尤其是农产品加工和消费品生产行业的从业人数有较大增长。

第三产业就业人数由 2000 年的 1031 万人，增加到 2008 年的 1424 万人；同期结构份额由 18.50%上升到 24.41%；第三产业中运输、电信、商贸、饮食、数据处理、信息和保险业将成为重要的提供就业部门。第一产业就业人数的下降，第二、第三产业就业人数的增长趋势，说明以后第二、第三产业在吸纳劳动力就业中，将成为越来越重要的部门。

（五）经济承载力低，农村劳动力外流规模大

农村劳动力转移不仅关系到城镇地区在今后是否会面临劳动力数量短缺，也将影响城镇化发展的进程，同时也是解决"三农"问题的主要途径。2008年，河南省农村劳动力4859万人，其中富余劳动力2800多万人。1978~2008年，河南省农村劳动力季节性转移到城镇和第二、第三产业就业的总量从133万人增加到2155万人，占河南省农村富余劳动力总数的70%。目前，河南省仍有600多万农村富余劳动力有待转移，而且随着劳动力非农化和城镇化步伐加快，今后每年尚有100万左右的新生农村劳动力需要转移。根据河南省全面建设小康社会的目标，到2020年，非农劳动力占全部劳动力的比重将达到60%，城镇人口将达到50%，而2008年河南省城镇化水平仅为36%。要实现城镇化目标，未来河南省必须将大量的农村人口向城镇转移、将农业富余劳动力向非农产业转移。由于富余劳动力素质低，城市化水平滞后，城镇自身的就业形势严峻，并且受户籍制度、社会保障制度和土地制度等制度因素的制约，河南省农村富余劳动力的转移压力巨大。

（六）人口总体素质较低，难以满足经济快速发展对人力资源的需求

河南省是人口大省，但不是人力资本大省和强省。随着经济快速发展，人口素质较低的问题将会越来越突出。一是文化素质较低。2008年平均每万人中普通高校在校生人数为44.9人，比全国少126人；河南省15岁及以上人口中，文盲率为7.36%。人口文化素质低对河南省经济增长的负面影响将是长期性的。文化素质低的劳动力对子女的要求也往往重数量而轻质量，直接影响到低生育水平的稳定；文化素质低的劳动力难以掌握新技能，影响到生产率的提高；文化素质低的劳动力，无法实现向更高层次的产业转移。二是健康素质较低。河南省残障人口数量较多，出生人口素质较低。"五普"数据显示，河南省现有各类残疾人数523万人，约占全省总人口的5.5%。在每年出生的110万人口中，出生缺陷的婴儿总数高达7.8万人，约占每年出生人口的7%，比全国平均水平高1个百分点。在5岁以下儿童中，高度营养不良患病率为6.08%。健康素质影响着劳动力素

质，也会加重社会和家庭的医疗负担。三是部分人道德素质不高，诚信意识差，缺乏社会责任感。此外，人口素质城乡差异较大。农村人口的身体和文化素质远低于城市人口。河南省农村具有大专以上文化程度的人口在 25 岁及以上人口中所占比例为 0.4%，文盲和半文盲人口占 25 岁及以上人口的比例高达 14%。人口整体素质对经济发展的影响是多方面的，如 2008 年河南省专利授权数仅占全国的 2.59%。

（七）人口与资源环境的矛盾影响河南省经济的可持续发展

2008 年，河南省人口密度是全国平均水平的 4.3 倍，是世界平均水平的 14 倍，以占全国 1.7%的土地面积养活占全国 7.5%的人口，人口快速增长使工、农业用地大幅增长，耕地面积不断下降。2008 年，河南省人均耕地只有 0.08 公顷，是世界平均数的 1/5，是全国平均数的 2/3；人均水资源 435 立方米，居全国第 22 位，相当于全国平均水平的 1/6，不及世界平均水平的 1/20；人均能源占有量是全国平均水平的 14%；人均占有林地面积是全国平均水平的 1/6。

人口增加导致资源消耗速度加快，河南省已发现可以被利用的矿产储量急剧减少，铁、铜等主要矿产的消费量与储量增速比呈负增长。后备资源储量严重不足，已经危及矿产资源的可持续供给。比如河南省铝土矿的采出率仅为 40%左右，远低于国家 90%以上的标准。从煤资源来说，河南省煤炭保有储量约占全国的 2%，居第九位，而开采量连续 20 多年居全国第二位，原煤产量占全国的 1/10，储采比低于全国的平均水平。河南省已经探明的煤炭资源，如果降低能源消耗标准，按人均一年消耗一吨标准燃料计算，可供 1 亿人生活使用 200 年；若以人均一年两吨多计算，只可供 1 亿人生活 88 年。铁矿资源问题也很突出，在 10 亿多吨铁矿保有储量中，95%以上为贫矿，铁矿石现在已日不敷需，大部分需从省外购进。在矿产储量表上铝土矿保有储量有近 4 亿吨，但采富弃贫的开采方式使铝土矿资源的保有储量大打折扣，2020 年前，铝土矿资源在河南省的优势将不复存在。庞大的人口增量还将导致对工业品等需求的增加进而导致对自然资源的掠夺性经营，对环境的破坏性开发，其结果是自然生态系统退化，环境污染加剧，有限的资源更加稀缺，生态环境进一步恶化，人的生存环境质量下降。

三、河南省人口因素对经济发展影响的统计分析

人口因素对经济发展影响的分析在狭义上应该从人作为生产者和消费者两个角度展开。人作为生产者是 GDP 的创造者，分析的思路是人的劳动对 GDP 增长的贡献率，包括所占比重及其增加或降低的趋势。人作为消费者是通过消费影响 GDP，分析的思路是消费在拉动经济增长的三因素中所占的比重及其变化。在广义上还应当包括对经济结构变化等经济发展的影响。

（一）人口数对不同产业经济增长的影响

1. 人口总数与生产总值的关系及分析

在研究 GDP 总值和人口总数的关系时，我们采用 1998~2008 年的河南省历年生产总值和历年人口总数（年底值）数据，以自变量 x 代表人口数，因变量 y 代表 GDP 总值，运用 Eviews 软件对两者进行分析。分析显示人口总数和 GDP 总值两者存在差距逐渐扩大趋势，相关分析图显示，两者存在密切关系，且为非线性相关关系。

最优模型，即二次函数模型如下：

$$y = 5065301.931 - 1073.474967 \times x + 0.05692128505 \times (x^2)$$

$$\quad\quad (446053.0) \quad\quad (92.75949) \quad\quad\quad (0.004821)$$

$$t = (11.35583) \quad\quad (-11.57267) \quad\quad\quad (11.80690)$$

$R = 0.99$；$R_1 = 0.988$；$F = 401.0475$；$df = 8$

t 检验：$\beta_j = 0$（$j = 1, 2$），H_1：$\beta_j \neq 0$

给定显著性水平 $\alpha = 0.05$，查 t 分布表得自由度为 $n - k = 8$，β_1、β_2、β_3 对应的 t 统计量分别为 11.35583、-11.57267、11.80690，这三个统计量的绝对值都大于临界值 $t_{\frac{\alpha}{2}}(8) = 2.306$。通过检验且 F 统计量远远大于临界值，说明人口总数对产业 GDP 增长有显著影响。当 $0 < x < 537$ 时，随着 x 的增长，y 也随着增长，即

此时两者呈正相关关系，但当 x>537 时，y 就随着 x 的增大而减小了。当 x=537 时，y 达到峰值。也就是说，当总人口达到 537 万人时，GDP 产值最大。就目前的人口状况来看，当总人口增加 1 万人，GDP 就减少 537 亿元。

2. 人口总数与第一产业生产总值的关系与分析

我们采用 1998~2008 年河南省的第一产业生产总值和人口总数。用自变量 x 代替历年人口总数，因变量 y 代替第一产业历年 GDP 总值，来探讨人口总数对 GDP 的影响大小。在 Eviews 软件上对两者进行模型拟合。

经多模型拟合后比较，选出了最优模型，即二次函数模型：

$$y = 557087.0828 - 117.9458134 \times x + 0.006254794336 \times (x\hat{\ }2)$$

$$(98680.25) \qquad (20.52117) \qquad\qquad (0.001067)$$

$$t = \quad (5.645375) \qquad (-5.747518) \qquad\quad (5.864493)$$

$$R_2 = 0.961477；F = 99.83491；df = 8$$

经检验，F 检验值大于相应的 F 临界值，t 检验值绝对值也大于相应的 t 临界值，拒绝原假设，即人口总数对第一产业的 GDP 有显著影响，两者呈现非线性关系。即当 x<56 时，第一产业 GDP 是随 x 的增大而增大；而当 x>56 时，第一产业 GDP 是随 x 的增大而减小的；当 x=56 时，第一产业 GDP 达到峰值。而在河南省总人口已经接近一亿这个严峻的情况下，总人口和第一产业 GDP 是呈负相关关系的。当总人口增长 1 万人，第一产业 GDP 就减少 56 亿元。

3. 人口总数与第二产业生产总值关系与分析

（1）人口总数与第二产业生产总值的关系。在此，x 是总人口数，y 是第二产业 GDP 总值。最优模型为：

$$y = 3279969.231 - 694.3403702 \times x + 0.03676573174 \times (x\hat{\ }2)$$

$$(296056.2) \qquad (61.56673) \qquad\qquad (0.003200)$$

$$t = \quad (11.07887) \qquad (-11.27785) \qquad\quad (11.48991)$$

$$R_2 = 0.98828；F = 337.5169；df = 8$$

经检验，F 检验值远远大于相应的 F 临界值，t 检验值绝对值大于相应的 t 临界值，拒绝原假设，即认为人口总数对第二产业的 GDP 也有显著影响。当 x<347 时，该函数是增函数；当 x>347 时，该函数是减函数，即随着 x 的增长 y 呈下降趋势。而现在河南省总人口多于 347 万人，所以目前河南省的第二产业 GDP 是和总人口的增长成反比的，即两者是负相关关系。当总人口增长 1 万人，第二产业 GDP 就减少 347 亿元。

（2）人口总数和工业 GDP 相关分析。最优模型为：

$$y = 3087597.37 - 653.3118999 \times x + 0.03457531985 \times (x^2)$$

　　　（290543.8）　　（60.42040）　　　　（0.003140）

$$t = （10.62696）　　（-10.81277）　　　（11.01038）$$

$R_2 = 0.986692$；$F = 296.3398$；$df = 8$

经检验，F 检验值远远大于相应的 F 临界值，t 检验值绝对值大于相应的 t 临界值，拒绝原假设，即人口总数对工业的 GDP 也有显著影响。当 x < 327 时，函数是增函数；当 x > 327 时，此函数是减函数，即工业 GDP 是随着总人口的增加而降低的，两者呈现负相关关系。当总人口增加 1 万人，工业 GDP 就减少 327 亿元。

（3）建筑业 GDP 和人口相关分析。最优模型如下：

$$y = 192371.8616 - 41.02847033 \times x + 0.002190411891 \times (x^2)$$

　　　（15903.58）　　（3.307248）　　　　（0.000172）

$$t = （12.09614）　　（-12.40562）　　　（12.74320）$$

$R_2 = 0.994833$；$F = 770.1647$

该方程都通过了 F 检验和 t 检验，即人口总数和建筑业 GDP 有显著相关关系。但是分析结果显示，就目前河南省的状况来说，随着人口的增长，建筑业 GDP 是在下降的。当人口在目前的基础上增长 1 万人，建筑业 GDP 就减少约 20 亿元。

4. 人口总数与第三产业生产总值的关系与分析

最优模型如下：

$$y = 1228245.617 - 261.1887832 \times x + 0.01390075897 \times (x^2)$$

　　　（94293.65）　　（19.60895）　　　　（0.001019）

$$t = （13.0575）　　（-13.31988）　　　（13.63967）$$

$R_2 = 0.994406$；$F = 711.0385$

该方程通过 t 检验和 F 检验，即人口数和第三产业 GDP 显著相关。就目前河南省人口状况来看，当人口每增加 1 万人，第三产业 GDP 就减少约 130 亿元。

5. 人口自然增长率（x）和人均 GDP（y）的相关关系分析

根据 2009 年《河南统计年鉴》中人口总数（年均值）和 GDP 算出人均 GDP

（亿元），然后分析人均 GDP 和人口自然增长率这两个指数的相关关系。分析结果如下：

人口自然增长率和人均 GDP 之间的函数最优模型为双对数函数：

$$LOG(y) = 4.228180442 - 2.476084938 \times LOG(x)$$

$$(0.702100) \qquad (0.390639)$$

$$t = \qquad (6.022190) \qquad (-6.338548)$$

$$R_2 = 0.816988; \quad F = 40.17719; \quad df = 9$$

该模型通过 F 检验和 t 检验，且 $R_2 = 0.816988$，说明模型拟合度很高。该模型的经济意义是：当人口自然增长率降低 1% 时，人均 GDP 就增长 2.47%。

（二）劳动力数量与三次产业生产总值的关系分析

人口在经济发展中的地位可以通过万元 GDP 所需要的劳动力人数表示。数据分析显示，河南省经济发展过程中，第一、第二、第三产业万元 GDP 对劳动力的需求都在不断减少，如表 10-5 所示。

表 10-5　万元 GDP 劳动力需求量

年份	人口数（亿人）	从业人数（万人）	从业人员占人口的比重（%）	万元 GDP 需要劳动力（人）	第一产业万元 GDP 需要劳动力（人）	第二产业万元 GDP 需要劳动力（人）	第三产业万元 GDP 需要劳动力（人）
1952		1683		46.63	67.28	8.99	18.15
1957	4840	1829	37.79	34.80	64.98	6.14	13.82
1962	4940	2021	40.91	46.98	99.88	5.84	20.13
1965	5240	2172	41.45	34.5	60.72	4.76	19.96
1970	6026	2481	41.17	25.53	45.79	4.16	17.67
1975	6758	2689	39.79	21.05	40.91	4.57	8.29
1978	7067	2807	39.72	17.23	34.88	4.26	8.70
1979	7189	2873	39.96	15.11	30.61	3.60	6.72
1980	7285	2929	40.21	12.78	25.51	3.22	5.95
1981	7397	3039	41.08	12.17	23.29	3.24	5.41
1982	7519	3146	41.84	11.95	23.39	3.07	5.75
1983	7632	3289	43.09	10.03	18.11	2.93	5.14
1984	7737	3346	43.25	9.04	16.60	2.76	5.00
1985	7847	3520	44.86	7.79	14.82	3.08	3.94
1986	7985	3598	45.06	7.15	14.38	2.81	3.75

年份	人口数（亿人）	从业人数（万人）	从业人员占人口的比重（%）	万元GDP需要劳动力（人）	第一产业万元GDP需要劳动力（人）	第二产业万元GDP需要劳动力（人）	第三产业万元GDP需要劳动力（人）
1987	8148	3782	46.42	6.20	11.79	2.68	3.58
1988	8317	3916	47.08	5.23	11.00	2.20	2.92
1989	8491	3943	46.44	4.63	9.38	2.08	2.32
1990	8649	4086	47.24	4.37	8.70	2.02	2.10
1991	8763	4216	48.11	4.03	8.73	1.78	1.88
1992	8861	4332	48.89	3.39	8.35	1.33	1.72
1993	8946	4400	49.18	2.65	7.09	1.06	1.40
1994	9027	4448	49.27	2.01	5.24	0.82	1.18
1995	9100	4509	49.55	1.51	3.69	0.67	0.92
1996	9172	4638	50.57	1.28	3.01	0.59	0.81
1997	9243	4820	52.15	1.19	2.88	0.54	0.77
1998	9315	5000	53.68	1.16	2.75	0.50	0.84
1999	9387	5205	55.45	1.15	2.94	0.46	0.70
2000	9488	5572	58.73	1.10	3.07	0.43	0.65
2001	9555	5517	57.74	1.00	2.82	0.40	0.58
2002	9613	5522	57.44	0.91	2.64	0.37	0.55
2003	9667	5536	57.27	0.81	2.78	0.33	0.47
2004	9717	5587	57.50	0.65	1.97	0.27	0.44
2005	9768	5662	57.96	0.53	1.66	0.23	0.40
2006	9820	5719	58.24	0.46	1.59	0.20	0.35
2007	9869	5773	58.50	0.38	1.32	0.18	0.30
2008	9918	5835	58.83	0.32	1.07	0.15	0.27

资料来源：根据《河南统计年鉴》（2009）相关数据计算。

虽然万元 GDP 需要劳动力的人数在减少，但 GDP 在增长，所以对劳动力的需求还是在不断增加，劳动力和从业人数占人口数的比重都在不断增加。2008年河南省从业人员总量达到 5835 万人，占人口数的 58.83%。劳动力在经济发展中的地位可以通过万元 GDP 需要劳动力、从业人数等表现出来。各产业 GDP 与就业人数之间的关系，具体分析如下。

1. 第一产业 GDP 和第一产业就业人员分析

x 是第一产业从业人员数，y 是第一产业的 GDP 产值。y 和 x 基本上呈现出线性相关，建立第一产业总产值和第一产业就业人员计量经济模型：$y_i = \beta_1 + \beta_2 x_1 + u_i$，其中，y 是第一产业 GDP 总值，x 是第一产业就业人员数。模型为：

$$y = 6623.923514 - 1.574153996 \times x$$

在 α 为 0.05 的显著水平下，t 临界值为 2.262，参数显著，F 统计量临界值为 2.84，F > $F_α$ = 2.84，则说明回归方程显著，即第一产业就业人员数对第一产业 GDP 有影响。当第一产业就业人口增加 1 万人时，第一产业 GDP 就减少 1.6 亿元。

2. 第二产业 GDP 和第二产业就业人数相关分析

用 1998~2008 年的第二产业 GDP 和第二产业就业人数两个指标，来模拟两者之间的相关性。第二产业 GDP 和第二产业就业人数之间基本上呈现线性相关，因此建立计量经济学模型：$y_i = β_1 + β_2 x_1 + u_i$，计算得出：

$$y = -10271.15616 + 12.76568289 \times x$$

$$(659.1776) \qquad (0.558711)$$

$$t = \quad (-15.58177) \qquad (22.84845)$$

$$R = 0.983025；R_1 = 0.981169；F = 522.0517；df = 9$$

经检验，F 检验值远远大于相应的 F 临界值，t 检验值也大于相应的 t 临界值，表明方程是显著的。当其他变量不变时，第二产业就业人数 x 增加 1 万人，第二产业 GDP 就相应增加大约 12.7 亿元，即第二产业就业人数的增加对其 GDP 增长有明显的促进作用。

3. 第三产业 GDP 和第三产业就业人数相关分析

用 1998~2008 年的第三产业 GDP 和第三产业就业人数两个指标，来模拟两者之间的相关性。第三产业 GDP（y）和第三产业就业人数（x）之间基本上呈现线性相关。建立计量经济学模型 $y_i = β_1 + β_2 x_1 + u_i$，计算得出：

$$y = -7421.392793 + 8.617061198 \times x$$

$$(873.2059) \qquad (0.737137)$$

$$t = \quad (-8.499018) \qquad (11.68990)$$

$$R_2 = 0.938210；F = 136.6538；df = 9$$

经检验，F 检验值远远大于相应的 F 临界值，t 检验值大于相应的 t 临界值，表明方程是显著的。根据可决系数 0.938210 可知，用第三产业就业人口数解释第三产业 GDP 变化程度为 0.938210。当第三产业就业人数增加 1 万人时，第三产业 GDP 就相应增长大约 8.6 亿元。

源优势、进而形成人力资本强省的有力途径，也是促进人的全面发展的基本举措。一要全面发展教育事业，把优先发展教育作为促进人的全面发展和提升人力资源素质的核心途径，促进各级各类教育全面、协调、健康发展。二要提高人口健康素质，普及健康知识，倡导健康行为，加强婚前医学检查和出生缺陷干预，建立以预防为主的公共卫生服务体系，努力控制危害严重的传染病、地方病，解决好艾滋病患者及其家庭的救治救助问题。三要提高科学文化知识，弘扬科学精神，引导人们树立文明的生活方式和行为方式。四要提高全民的思想道德素质，加强青少年道德修养，建立健全与和谐社会相适应的道德规范和社会信用体系。五要开展多层次、多渠道的人才培训，特别要加强对城乡实用技术、专业技术创新和企业经营管理人才的培训。建立和完善人才市场体系，破除人才流动限制，落实吸引人才政策，改革人才管理体制，尊重劳动、尊重知识、尊重创造，壮大人才队伍、提高人才素质、优化人才结构，促进河南省由人口资源大省向人才资源大省转变。

2. 加强流动人口管理和服务，促进人口合理流动与布局

针对今后相当长的时间内河南省将面临农村大量富余劳动力转移的压力，政府必须加快制定促进人口合理流动的政策措施，着手实施人口发展功能区规划，加快推进城镇化进程，扩大就业空间，建立起增加就业、人口转移和经济增长共进的发展模式。一是编制并实施河南省人口发展功能区规划，推动人口合理流动，优化人口空间布局，形成人口促进经济增长的发展格局。二是大力发展第二、第三产业，尤其是重点提高第三产业比重，推动人口就业由农业转向第二、第三产业，推动人口由农村转向产业集聚区、城镇。三是一步深化户籍、就业、社会保险、土地等体制改革，加快建立河南省统一、城乡统筹的劳动力与就业市场，促进人口与劳动力在地区间、城乡间的合理、有序流动。为流动人口提供就业信息，引导劳动力合理有序流动。四是建立以流动人口现居住地为主与流出地管理相结合的管理制度，使流动人口享有与户籍人口、产业工人同等的公共服务、发展机会和公平待遇。五是将流动人口管理服务纳入地方经济社会发展规划，促进流动人口融入城市生活。解决流动人口在就业、就医、定居、子女入托入学等方面的实际困难，逐步将进城务工人员纳入社会保障体系，保护其合法权益。

3. 建立健全社会保障体系，积极应对人口老龄化趋势

未来20年是河南省人口老龄化加剧时期，对此，必须未雨绸缪，充分利用计划生育所带来的人口总抚养比下降的机遇期，筹备社会保障资金，加快社会保障体系建设。一要加大各级财政对养老保险的支持力度，建立稳定、可靠的养老保险基金筹措机制。二要建立包含多层次、多形式的覆盖全社会的养老保障体系，积极发展社会供养，巩固家庭养老，组织老年再就业自养，逐步形成社会、用人单位和劳动者个人共同负担的养老保障体系。三要制定和完善养老法规，建立社会、用人单位和劳动者个人共同负担的养老制度，让所有国有、集体、私营和外资企业等经济组织的劳动者，从就业之日起就开始为养老积累。四要高度重视发展老年服务事业和产业，制定优惠政策，引导企业、集体和个人兴办养老事业，逐步建立起设施齐全、管理规范的现代养老服务体系，力争使老年产业尽快成为经济发展的新增长点。五要在建立社会养老保险制度的同时，按照市场经济规律发展商业补充养老保险。六要加快建立国家、集体和个人共同承担的农村养老制度，推进农村养老保障。七要实施健康老龄化战略，积极开展全民健身活动，鼓励老年人参与社会发展，营造老有所为、老有所乐的良好环境。

4. 优先投资于人的全面发展，建立稳定可靠的人口事业投入机制

人口发展事业是一项具有显著社会效益的公益性事业，对这一领域的投入属于经济和社会发展的基础性投入。要深化政府投入机制改革，优化公共财政投资结构，建立优先投资于人的体制和机制，注意把更多的资源配置到与人的全面发展有关的领域，加大对计划生育、基础教育、公共卫生、就业培训、社会保障等人口发展事业的投入。要尽快建立稳定可靠、保障人口和计划生育事业健康发展的经费投入机制。一是各级政府要按照建立公共财政的要求，建立起以政府投资为主渠道，逐年稳定增长的投入保障机制，加大省、市两级政府投入力度，确保人口和计划生育事业经费增长幅度，按照中央的要求高于财政收入的增长幅度，确保法律法规规定的各项奖励优惠政策、独生子女父母奖励费、免费避孕节育技术经费以及基层计划生育工作人员报酬的落实，把人口和计划生育宣传、技术服务网络基础设施建设经费纳入当地社会经济发展规划和基本建设计划。二是广泛融资，建立多渠道的筹资体制，鼓励民间捐资、社会募捐和国际捐献，支持建立人口和计划生育公益基金。三是切实保证县、乡两级计划生育各项事业经费的支出。四是财政、审计、计划生育等部门要加强对社会抚养费征收、管理的监督检

查，充分发挥人口计划生育经费的作用。

（二）基于人口因素既定条件下实现河南省经济平稳较快发展的经济政策建议

人口因素对于区域经济发展具有重要影响。必须充分考虑河南省人口基础大、老龄化严重、城镇化水平低、人口素质不高、从业人员产业构成不合理、就业压力大等既定的人口因素，在此基础上制定实施一系列有效的经济政策，以促进河南省经济实现平稳较快发展，加快中原崛起的步伐。

1. 加快农村人口城镇化进程，促使城镇化与工业化协调发展

目前，河南省的工业化已经进入由初期向中期过渡的加速发展阶段，而城镇化水平还处于起步阶段，城镇化明显滞后于工业化。城镇化发展滞后，导致河南省城市工业聚集和辐射功能弱，城乡经济一体化进程缓慢，现代文明和工业文明传统影响力小、就业压力大、人口素质提高不快等一系列问题。城镇化滞后于工业化，已成为河南省经济整体实力提高的严重障碍之一。必须采取综合措施，加快农村人口城镇化进程，促进农村富余人口有序转移，促进城镇化与工业化健康协调发展，从而不断优化人口城乡结构。

要加快河南省农村人口城镇化进程，可从以下几个方面考虑：一是优化产业结构，提高产业承载就业人口的能力。农业内部要大力发展农产品加工业，积极推进产业化经营，鼓励和支持社会资本投资农村工业等，加快发展农村第二产业；积极发展农村第三产业，培育农村新的经济增长点。工业内部坚持走新型工业化道路，支持高新技术产业发展，促进工业结构升级。二是加快发展小城镇，强化城镇集聚功能。加强小城镇基础设施建设，完善城镇功能，增强小城镇的辐射和带动作用，引导农村人口和产业向小城镇集中。三是加大劳务培训力度，提高农民工素质。切实加强对农民工的培训，提高外出务工农民的就业技能，提高农民工的整体素质。四是加强流动人口服务，引导人口有序迁移和合理分布。进一步深化户籍、就业、社会保险、土地等体制改革，加快建立河南省统一、城乡统筹的劳动力与就业市场，促进人口与劳动力在地区间、城乡间的合理、有序流动。五是出台相关政策，为农村富余劳动力有序转移提供机制保障。逐步实施城乡统一的就业制度和社会保障制度；努力解决进城务工农民的住房和子女教育问

题；保障农民工工资按时足额发放，形成农民工工资随经济发展水平不断提高的长效机制等。

2. 提升产业结构，增加就业空间

从产业吸纳就业人口的规律来看，第三产业吸纳的就业人口高于第二产业及第一产业，而工业内部轻工业吸纳的就业人口又高于重工业。河南省第三产业发展严重滞后，第三产业占地区生产总值的比重远远低于全国平均水平；工业主要是以资源型产业为主导的，经济增长相对更倚重于资源、原材料工业（煤炭、电力、建材、有色、化工、钢铁），重工业实现增加值占到工业增加值的 70% 以上。河南省目前这种产业结构造成的直接后果是产业承载的就业人口少，就业压力大，同时第一产业从业人员的比重较大，从业人员产业构成不合理。因此，要加快提升产业结构，促进产业结构轻型化发展，提高产业承载就业人口的能力，增加就业空间，缓解就业压力，优化就业结构。

首先，加快现代服务业发展，以容纳更多的就业人口。继续巩固传统服务业的发展优势，组建实力强大的服务业"航空母舰"，提高产业技术含量和产业聚集水平；依托信息技术和现代管理理念，加快现代服务业发展，为第三产业发展提供持续的发展活力。其次，走新型工业化道路，加快工业结构升级步伐。促进加工业发展，拉长产业链条。用高新技术、先进适用技术改造提升传统产业，发展高新技术产业群，支持新能源、新材料、信息、生物、医药、节能环保等新兴产业发展。最后，加快科技创新，提高自主创新能力。采取有力的政策措施，支持和鼓励企业和科研机构加强自主开发，建立以企业为主体、产学研相结合的技术开发体系，以科研机构、高等院校为主的科学研究体系，以科技管理服务为主的社会化科技服务体系；产业的技术创新能力要由技术引进、技术改造向原创型技术创新升级，增强产业的创新能力。

3. 加快各类教育发展，满足城乡人口发展的需要

河南省是全国教育人口第一大省。2008 年，河南省共有各级各类学校 5.81 万所，教育人口 2870.18 万人，占总人口的 29.08%。然而河南省却远远不是教育强省：教育发展不平衡，城乡、区域、学校之间办学条件和办学水平差距较大，教育结构仍需调整，职业教育发展困难，民办教育发展缓慢；高中阶段、高等教育毛入学率均低于全国的平均水平；高等教育除了郑州大学进入国家"211 工程"、实现省部共建外，其他大学的办学条件和实力都远不能与外省的一些重点

大学相比。河南之大，竟没有一所全国重点大学，特别是全国统一高考但分数线不统一对河南省考生极不公平，这与河南省人口大省、经济大省和文化大省的地位极不相称，也限制了河南省人口素质的提高。

河南省人口众多，这既是压力也是潜在优势，要大力发展教育事业，着力解决教育不公平、教育资源短缺等突出问题，全面提高人口素质，变人口压力为人力资源优势，继而变成人才优势。一是积极推进义务教育均衡发展，促进教育资源配置的合理化、均衡化，高水平、高质量地普及九年义务教育。缩小城乡、学校之间办学条件和办学水平的差异，提高农村教育质量，解决城市义务教育阶段择校问题。以流入地政府为主、以全日制公办学校为主，做好进城务工就业农民工子女接受义务教育工作。二是以就业为导向，大力发展职业教育。推进职业教育从政府直接管理向宏观引导、从计划培养向市场驱动、从传统的升学导向向就业导向转变，更好地面向社会、面向市场办学。做大做强适应现代农业、现代旅游业、现代商贸业、现代建筑业和工矿业等需要的职业教育品牌专业，积极培育和发展具有河南特色的武术、中医药、针灸推拿和烹饪等一批职教特色专业。三是坚持规模与质量并重，加快发展高等教育。继续扩大高等教育规模，进一步优化高等教育结构，争取建设一至两所全国重点大学。同时，建议国家出台政策，根据各省考生数量确定各省的高考录取名额，解决高考录取不公平问题。

4. 加强主体功能区建设，促进人口功能区和经济功能区协调发展

主体功能区是指基于不同区域的资源环境承载能力、现有开发密度和发展潜力等，将特定区域确定为特定主体功能定位类型的一种空间单元，区域的划分主要考虑自然生态状况、水土资源承载能力、区位特征、环境容量、现有开发密度、经济结构特征、人口集聚状况、参与国际分工的程度等多种因素。《中国国民经济和社会发展第十一个五年规划纲要》将国土空间划分为优化开发、重点开发、限制开发和禁止开发四类主体功能区。

河南省属农业大省和人口大省，没有优化开发区，只有重点开发区、限制开发区、禁止开发区三类主体功能区。河南省的农业县多在限制开发区之列，这将占据河南省大部分国土面积，必然拖后经济的发展。为了实现河南省经济长期平稳较快发展，需要转变传统思维，从促进各功能区协调健康发展的思路出发，实施一系列的财政、金融、投资等经济政策，促使人口从禁止开发区和限制开发区向重点开发区有序流动。首先，建立粮食主产区的利益补偿机制，加强粮食主产

区建设，促使粮食主产区人口有序转移。一是进一步提高农民补贴标准。二是加大对主产区的农业基础设施投入。三是建立销区用粮补偿机制。四是进一步提高粮食收购价格，让种粮农民真正能够得到实惠。五是以耕地和水资源保护、粮食生产等主要农业指标为基础建立粮食主产区的领导绩效考核机制。其次，大力发展县域经济，加大对中小城镇建设的支持力度，提高中小城镇的承载能力，引导农村人口向中小城镇转移。最后，适应主体功能区建设需要，编制实施河南省人口发展功能区规划，推动人口由人口发展限制区向人口发展扩散区和人口发展拓展区转移，优化人口空间布局，形成人口促进经济增长的发展格局。

5. 坚持人口与自然和谐相处，促进人口与资源、环境协调发展

针对当前河南省经济发展中存在的人口、资源和环境等方面面临的矛盾和问题，为了加快全面建设小康社会进程，实现中原崛起，必须把控制人口、节约资源、保护环境放在重要战略位置。一要坚持按照科学发展观谋划全局，加强人口发展、资源利用和环境保护的整体规划，统筹考虑当前发展和未来发展的需要，既要积极实现当前发展目标，又要为未来的发展创造有利条件，为子孙后代留下充足的发展条件和发展空间。二要坚持发展经济与控制人口两手抓，控制人口总量，提高人口整体素质，有计划地开展生态移民，减轻人口对资源、环境的压力，促进人与自然的和谐发展，逐步实现"一方人口"与"一方经济"和"一方水土"的协调。三要坚持资源开发与节约并举，转变经济增长方式，大力发展循环经济，发展资源效益型产业，对各种资源实行有序开发和有偿开发，实现由资源—产品—废弃物的单向线形过程，向资源—产品—废弃物—再生资源利用的循环过程转变，最大限度地提高经济、社会和生态效益。四要加强对资源枯竭型城市转型的研究，及时引导人口的产业转移和合理分布能促进资源型城市的可持续发展。五要坚持预防为主、防治结合的方针，尽快建立科学的生态环境监测管理体系，采取严格有效的排污总量控制措施，逐步建立以环境容量为基础、以排污许可证和环境评价为手段、以改善环境质量为目的的污染防治管理运行机制，完善自然资源的有偿使用和资源更新的经济补偿制度，引导和鼓励使用替代性资源，使资源利用和环境保护制度化、规范化、正常化，为全面建设小康社会和实现中原崛起提供资源环境支撑。

第十一章 河南省未来人口预测

人口发展趋势主要指未来人口的变动趋势，包括人口的规模、结构和分布的变动趋势。一个国家或地区未来人口的变动趋势对其今后的经济、社会和人口政策以至整个发展进程都会产生重要的影响和作用，因此，国际社会和各国政府都对人口变动趋势的预测和研究极为重视。本研究在对河南省人口的出生、妇女生育水平、人口死亡水平和人口迁移流动等状况进行研究的基础上，结合人口发展的一般规律，确定了未来河南省人口发展的预测参数，并分别就常住人口和户籍人口对河南省人口未来的发展趋势进行了预测。

一、参数设定

1. 预期寿命

平均预期寿命是人口预测所依据的主要指标。河南省人口的平均预期寿命略低于全国水平，接近中等发达国家水平。历次人口普查中河南省人口的预期寿命如表11-1和图11-1所示。

表 11-1　历次人口普查河南省人口预期寿命

单位：岁

时间	总计	男	女
三普	69.68	67.87	71.43
四普	70.00	68.10	72.00
五普	72.80	71.00	74.70
六普	77.92	75.18	80.80

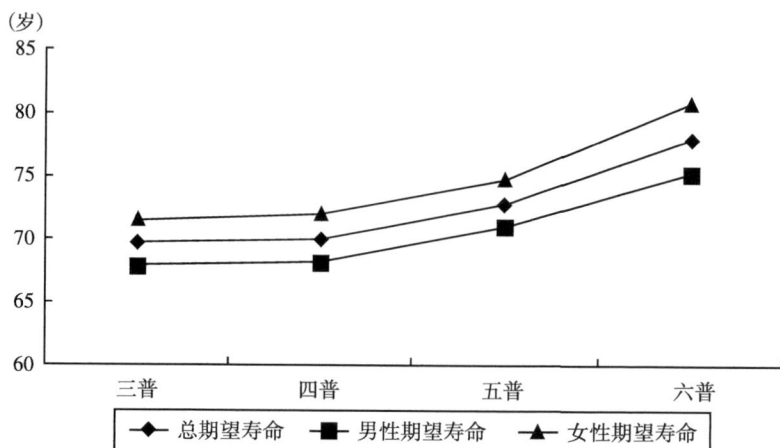

图 11-1　历次人口普查河南省人口预期寿命变化

　　第三、第四、第五、第六次人口普查，河南省人口平均预期寿命呈快速发展趋势，且我国的经济处于稳定发展时期，生活水平和医疗水平发展迅速，故在设定未来平均预期寿命时，河南省的男性预期寿命以联合国平均预期寿命增长模型中的"非常快"增长计算，女性先是"非常快"增长，2030 年后以"快速"增长计算，因为一般女性的寿命比男性长 5 年。

　　根据联合国预期寿命预测方案（见表 11-2），结合河南省的经济发展水平、生活医疗卫生水平及人口发展变化规律，推算出 2020 年河南省男性、女性人口的预期寿命分为 77.38 岁和 83.6 岁，2050 年河南省男性、女性人口的预期寿命分别为 83.18 岁和 88.2 岁。

表 11-2　联合国平均预期寿命增长模型：按照平均预期寿命初始水平划分的每 5 年的增量

单位：年

初始预期寿命（年）	非常快		快速		中速		慢速		非常慢	
	男	女	男	女	男	女	男	女	男	女
75.0~77.5	1.1	1.8	0.8	1.2	0.6	1.0	0.5	0.8	0.5	0.7
77.5~80.0	1.0	1.6	0.5	1.0	0.5	0.9	0.4	0.7	0.4	0.5
80.0~82.5	0.9	1.4	0.5	0.8	0.5	0.6	0.4	0.5	0.4	0.5
82.5~85.0	0.8	1.3	0.5	0.5	0.5	0.5	0.4	0.4	0.3	0.4
85.0~87.5	0.7	1.3	0.5	0.5	0.4	0.4	0.3	0.3	0.2	0.2
87.5~90.0	0.6	1.2	0.5	0.5	0.4	0.4	0.3	0.3	0.2	0.2
90.0~92.5	0.6	0.8	0.5	0.5	0.4	0.4	0.3	0.3	0.2	0.2

具体推算过程如下：

男性平均预期寿命为：

2010~2015 年：75.18 + 1.1 = 76.28； 2015~2020 年：76.28 + 1.1 = 77.38；以此
类推，2045~2050 年：82.28+0.9=83.18。

女性平均预期寿命为：

2010~2015 年：80.8 + 1.4 = 82.2；2015~2020 年：82.2 + 1.4 = 83.6；以此类推，
2045~2050 年：87.7 + 0.5 = 88.2。

经过推算各预测年份的预期寿命参数如表 11-3 所示。

表 11-3 河南省各预测年份的预期寿命参数

单位：岁

年份 \ 性别	男	女
2010	75.18	80.8
2015	76.28	82.2
2020	77.38	83.6
2025	78.48	84.9
2030	79.48	86.2
2035	80.48	86.7
2040	81.38	87.2
2045	82.28	87.7
2050	83.18	88.2

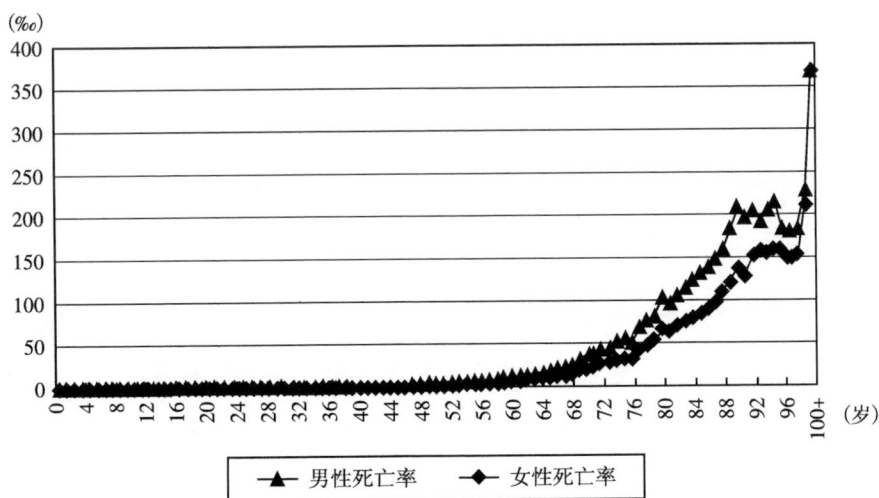

图 11-2 2010 年河南省分年龄分性别人口死亡率

2. 育龄妇女总和生育率

令育龄妇女总和生育率为 TFR，一孩生育率为 TFR_1，二孩生育率为 TFR_2，三孩及以上生育率为 TFR_3，且有如下公式：

$$TFR = \sum_{i=1}^{3^+} TFR_i \tag{11-1}$$

令：

$$k_i = \frac{TFR_i}{TFR} \tag{11-2}$$

假定生育模式在预测期间保持稳定，生育模式（包括一孩模式、二孩模式、三孩模式等）采用 2010 年的模式。根据 2010 年的育龄妇女总和生育率、一孩生育率、二孩生育率和三孩及以上生育率，就能知道 k_1、k_2 和 k_{3+}，此时只要知道预测年度的 TFR，就可知 TFR_1、TFR_2 和 TFR_{3+}。

表 11-4　历次人口普查河南省总和生育率

时间	三普	四普	五普	六普
总和生育率	3.05	2.93	1.44	1.3

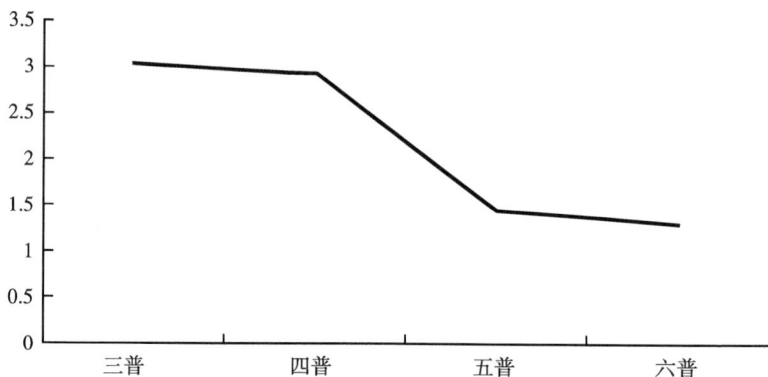

图 11-3　历次人口普查河南省总和生育率变化

根据历次人口普查总和生育率可知（见表 11-4 和图 11-3），河南省的总和生育率呈递减趋势，考虑到双独生育政策的实施、未来生育政策的变化、经济社会发展和育龄人口生育意愿的变化等因素，可设定四种方案：

第一种方案：到 2050 年，总和生育率为 1.5；

第二种方案：到 2050 年，总和生育率为 1.6；

第三种方案：到 2050 年，总和生育率为 1.7；

第四种方案：到 2050 年，总和生育率为 1.8。

河南省"六普"的总和生育率为 1.301。根据 2010 年育龄妇女的生育模式，式（11-1）和式（11-2）可知，到 2050 年第一种方案的一孩生育率为 0.78，二孩生育率为 0.59，三孩及以上生育率为 0.13，同理可知其他三种方案的分孩次的生育率。中间年份均采用线性插值法。

3. 出生人口性别比

根据历次人口普查得知，河南省的人口出生性别比呈现增加趋势（见表 11-5），2000~2010 年，出生性别比略有下降，且"六普"河南省的出生性别比为 123.24，远远高出国际公认的出生人口性别比的正常水平（103~107）。出生性别比失衡将会引起婚姻、家庭及就业等众多的社会问题，严格控制人口出生性别比具有重大意义，而且这十年间，人们"养儿防老"的传统观念正在弱化，同时根据国家的形势、政策及河南省的情况，未来河南省的出生性别比将逐渐回归到正常水平，预计 2050 年河南省的出生性别比为 108，中间年份采用线性插值法。

表 11-5 历次人口普查河南省出生性别比

单位：%

时间	三普	四普	五普	六普
出生性别比	110.3	115.6	130.3	123.24

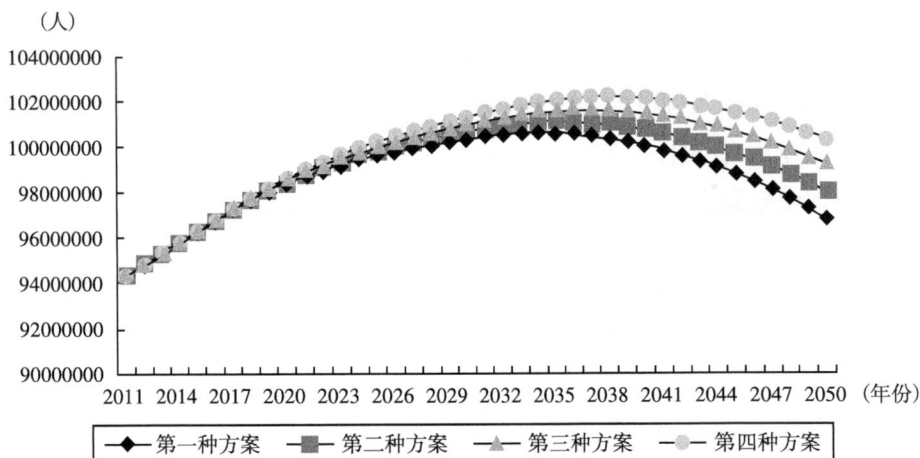

图 11-4 四种方案的总人口的变化趋势

二、常住人口发展预测

1. 总人口

根据四种方案总人口的变化趋势知（如图 11-4 所示），未来河南省的总人口的变化呈开口向下的抛物线形式，即先增加后减少的趋势，四种方案（第一、第二、第三、第四种方案）分别在 2011~2034 年、2011~2035 年、2011~2036 年和 2011~2038 年呈增加趋势，在 2034~2050 年、2035~2050 年、2036~2050 年和 2038~2050 年呈递减趋势。同时发现，无论何种生育水平，2030 年以前总人口虽然增加，但是四种方案的总人口相差不大；2030 年以后，四种方案的总人口差距逐渐增大。且总和生育率越低，总人口达到峰值的时间越短，且下降的速度越快；总和生育率越高，总人口达到峰值的时间越长，且人口总数下降的速度越慢。

根据表 11-6 可知，第一种方案河南省总人数到 2028 年突破 1 亿。与第一种方案相比，第二种和第三种方案河南省总人数提前两年突破 1 亿，第四种方案河南省总人数提前三年突破 1 亿。第一种方案河南省的总人数到 2034 年达到最高峰，即 10580020 人，与 2011 年比，增加了 6285691 人，增长了 6.67%；第二种方案河南省总人数到 2035 年到达最高峰，即 101060049 人，较 2011 年增加了 6765720 人，增加了 7.18%；第三种方案河南省总人数比第二种方案推迟一年达到峰值，河南省总人口数为 101584934 人，与 2011 年比，增加了 7.73%；相比于第二种方案，第四种方案的河南省总人口到达峰值的时间推迟了三年，即 2038 年，河南省总人口为 102165137 人，较于 2011 年增加了 8.35%。由此可知，随着总和生育率的增加，河南省的总人口到达峰值的时间越长，最高峰的峰值越大，且增加的幅度相对较高。

表 11-6　四种方案的总人口数

单位：人

年份	第一种方案	第二种方案	第三种方案	第四种方案
2011	94294329	94294329	94294329	94294329
2012	94761238	94763210	94765182	94767156
2013	95244680	95250695	95256711	95262729

年份	第一种方案	第二种方案	第三种方案	第四种方案
2014	95735921	95748085	95760250	95772420
2015	96224850	96245238	96265623	96286015
2016	96700635	96731239	96761837	96792443
2017	97154646	97197341	97240031	97282725
2018	97581648	97638168	97694680	97751197
2019	97976337	98048256	98120173	98192090
2020	98335350	98424096	98512840	98601580
2021	98658355	98765254	98872155	98979045
2022	98943553	99069879	99196202	99322512
2023	99198145	99345084	99492025	99638945
2024	99421653	99590353	99759055	99927731
2025	99615825	99807447	99999073	100190666
2026	99786630	100002394	100218159	100433883
2027	99937526	100178728	100419931	100661080
2028	100075031	100343069	100611108	100879082
2029	100201538	100497907	100794276	101090566
2030	100320254	100646521	100972785	101298949
2031	100424897	100782591	101140281	101497838
2032	100499302	100889850	101280389	101670735
2033	100554449	100979118	101403781	101828110
2034	100580020	101039882	101499756	101959016
2035	100563930	101060049	101556232	102051285
2036	100517644	101051221	101584934	102116676
2037	100438147	101010473	101583050	102152372
2038	100332144	100944549	101557389	102165137
2039	100192819	100846579	101501018	102147897
2040	100028889	100725252	101422629	102109240
2041	99835898	100576239	101318014	102045020
2042	99605814	100391584	101179318	101947413
2043	99344515	100177161	101012408	101822225
2044	99045149	99926129	100810458	101662604
2045	98742985	99673779	100608810	101503901
2046	98407381	99389468	100376818	101315450
2047	98030772	99065610	100106874	101089590
2048	97637121	98726151	99822921	100850224
2049	97220495	98365166	99519041	100591435
2050	96789487	97991291	99203920	100321910

2. 人口结构

未来少儿人口数呈递减趋势，同时，少儿人口比重也呈递减趋势（如图 11-5 所示）。2011~2025 年，少儿人口比重下降较快，四种方案的少儿人口比重分别下降了 5.89、5.73、5.56 和 5.41 个百分点；2025~2050 年，少儿人口比重下降速度有所减缓，四种方案的少儿人口比重分别下降了 3.62、3.2、2.8 和 2.5 个百分点。由此知，总和生育率越高，少儿人口比重下降速度越慢。

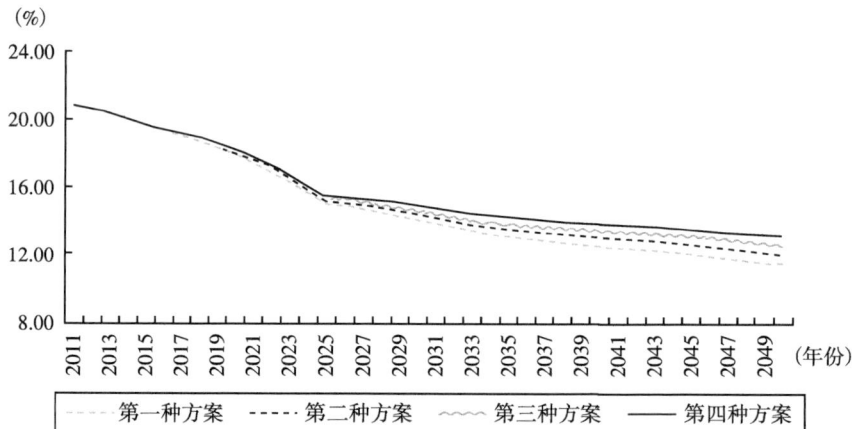

图 11-5　少儿人口比重趋势

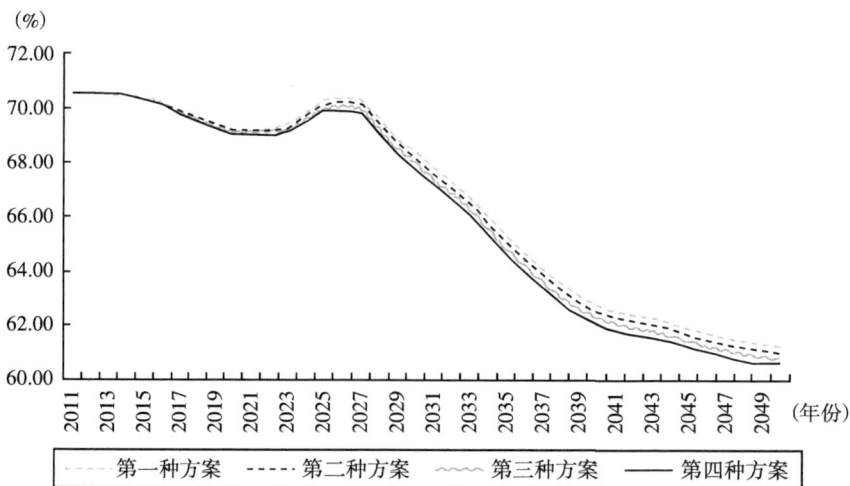

图 11-6　青年人口比重趋势

由图 11-6 可知，未来青年人口比重呈先下降再上升再下降的趋势。虽然未来青年人口比重有个峰值，但是四种方案的峰值均未超过 2011 年青年人口的比重。2011~2026 年，青年人口比重维持在 70% 上下；2026~2040 年，青年人口比重呈直线下降的趋势，14 年间，四种方案的青年人口比重分别下降了 7.59、7.68、7.77 和 7.85 个百分点；2040~2050 年，青年人口比重呈缓慢下降趋势。由此知，总和生育率越高，青年人口比重下降越快。

老年人口比重的变化趋势同少儿和青年人口比重的变化趋势相反，呈增加趋势（如图 11-7 所示）。2011~2024 年，老年人口比重呈直线增加趋势，四种方案分别增加了 6.03、6.01、5.98 和 5.96 个百分点；2024~2027 年，老年人口比重的增加趋势有所减缓，四种方案分别增加了 0.45、0.44、0.42 和 0.41 个百分点；2027~2040 年，老年人口比重呈直线增加趋势，四种方案分别增加了 9.69、9.55、9.42 和 9.29 个百分点，其增加速度快于 2011~2024 年；2040~2050 年，老年人口比重增加速度减缓，四种方案分别增加了 2.63、2.47、2.31 和 2.18 个百分点，仍快于 2024~2027 年，同时发现，四种方案的老年人口比重在 2027 年之后差距逐渐显现。40 年间，四种方案的老年人口比重分别增加了 18.8、18.47、18.14 和 17.84 个百分点。由此知，总和生育率越低，老年人口比重增加越快。

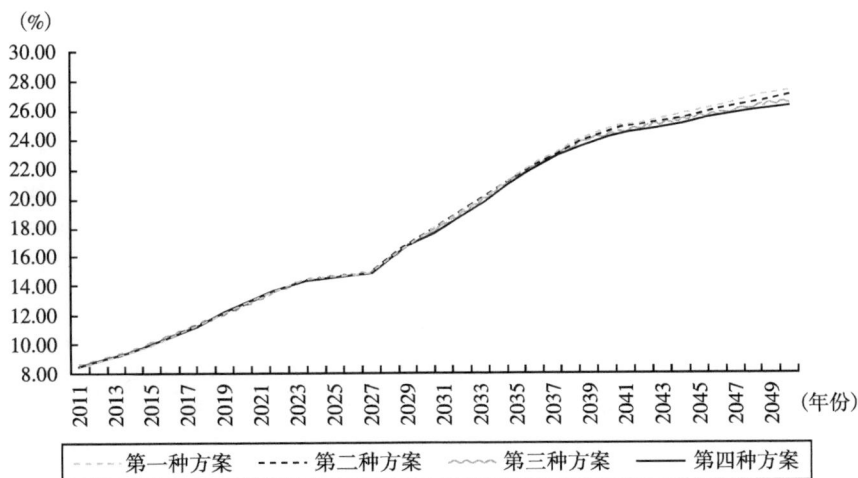

图 11-7 老年人口比重趋势

无论何种方案，均可发现，未来人口结构将发生变化，少儿人口比重明显下降（见表 11-7），以第一种方案为例，2011~2050 年，少儿人口比重下降了 9.51 个百分点；而老年人口比重明显增加，2011~2050 年，老年人口比重增加了 18.8 个百分点，可见老年人口比重增加幅度高于少儿人口比重下降幅度 9.29 个百分点。到 2034 年，老年人口比重达到 20%多，即每 5 个人中就有 1 位是老人；到 2050 年，老年人口比重达到 27%左右，即每 10 个人中将近有 3 个老人。65 岁以上老龄人口比重急剧上升，说明河南省老龄化程度加深。河南省人口年龄结构的变化说明随着全省经济社会快速发展，人民生活水平和医疗卫生保健事业的巨大改善，人口人均寿命增长，老龄人口数量增长加快，从而加剧老龄化程度。同时发现，总和生育率越低，人口老龄化越严重，因此，要缓解人口老龄化问题，就要合理地制定国家的生育政策。

表 11-7 四种方案的人口结构

单位：%

年份	第一种方案			第二种方案			第三种方案			第四种方案		
	0~14	15~64	65+	0~14	15~64	65+	0~14	15~64	65+	0~14	15~64	65+
2011	20.93	70.59	8.48	20.93	70.59	8.48	20.93	70.59	8.48	20.93	70.59	8.48
2012	20.65	70.55	8.79	20.66	70.55	8.79	20.66	70.55	8.79	20.66	70.55	8.79
2013	20.36	70.51	9.13	20.37	70.50	9.13	20.37	70.50	9.13	20.38	70.50	9.13
2014	20.03	70.49	9.48	20.04	70.48	9.48	20.05	70.47	9.48	20.06	70.46	9.48
2015	19.69	70.37	9.94	19.70	70.35	9.94	19.72	70.34	9.94	19.74	70.32	9.94
2016	19.39	70.17	10.45	19.41	70.14	10.44	19.44	70.12	10.44	19.47	70.10	10.44
2017	19.12	69.93	10.95	19.15	69.90	10.95	19.19	69.87	10.94	19.22	69.84	10.94
2018	18.81	69.66	11.53	18.85	69.62	11.52	18.90	69.58	11.52	18.95	69.54	11.51
2019	18.44	69.45	12.11	18.50	69.40	12.10	18.56	69.35	12.09	18.62	69.30	12.09
2020	18.03	69.22	12.74	18.11	69.16	12.73	18.18	69.10	12.72	18.26	69.04	12.71
2021	17.52	69.23	13.25	17.61	69.16	13.23	17.70	69.08	13.22	17.79	69.01	13.21
2022	16.95	69.30	13.75	17.06	69.21	13.73	17.16	69.12	13.72	17.27	69.03	13.70
2023	16.33	69.41	14.26	16.46	69.31	14.24	16.58	69.20	14.22	16.70	69.10	14.20
2024	15.62	69.87	14.51	15.76	69.75	14.49	15.90	69.63	14.46	16.04	69.52	14.44
2025	15.03	70.29	14.68	15.20	70.15	14.65	15.36	70.02	14.62	15.52	69.88	14.60
2026	14.90	70.38	14.72	15.08	70.23	14.69	15.27	70.08	14.65	15.45	69.93	14.62
2027	14.73	70.31	14.96	14.93	70.15	14.92	15.13	69.98	14.89	15.33	69.81	14.85
2028	14.52	69.58	15.90	14.74	69.40	15.85	14.96	69.22	15.81	15.18	69.05	15.77
2029	14.30	68.88	16.82	14.54	68.69	16.77	14.78	68.50	16.72	15.02	68.31	16.67
2030	14.08	68.40	17.53	14.33	68.19	17.47	14.59	67.99	17.42	14.85	67.80	17.36
2031	13.86	67.81	18.33	14.13	67.60	18.27	14.41	67.39	18.20	14.68	67.18	18.14
2032	13.65	67.29	19.05	13.95	67.07	18.98	14.24	66.86	18.91	14.52	66.64	18.83
2033	13.46	66.75	19.79	13.77	66.52	19.71	14.08	66.30	19.62	14.38	66.08	19.54
2034	13.29	65.99	20.72	13.61	65.76	20.63	13.93	65.53	20.53	14.25	65.31	20.44
2035	13.13	65.32	21.55	13.47	65.09	21.44	13.80	64.86	21.34	14.14	64.63	21.24
2036	12.99	64.67	22.34	13.34	64.43	22.22	13.69	64.20	22.11	14.04	63.97	21.99

续表

年份	第一种方案			第二种方案			第三种方案			第四种方案		
	0~14	15~64	65+	0~14	15~64	65+	0~14	15~64	65+	0~14	15~64	65+
2037	12.86	64.13	23.01	13.23	63.89	22.88	13.60	63.65	22.75	13.96	63.42	22.62
2038	12.75	63.57	23.68	13.14	63.33	23.54	13.52	63.09	23.39	13.89	62.86	23.25
2039	12.65	63.13	24.22	13.05	62.88	24.06	13.45	62.64	23.91	13.83	62.41	23.76
2040	12.56	62.79	24.65	12.97	62.55	24.48	13.38	62.31	24.31	13.78	62.08	24.14
2041	12.47	62.58	24.95	12.90	62.34	24.77	13.32	62.09	24.59	13.73	61.86	24.41
2042	12.37	62.43	25.20	12.82	62.18	25.00	13.26	61.94	24.80	13.68	61.71	24.62
2043	12.28	62.31	25.41	12.74	62.06	25.20	13.20	61.81	24.99	13.62	61.59	24.79
2044	12.17	62.15	25.68	12.65	61.89	25.46	13.12	61.64	25.23	13.56	61.42	25.02
2045	12.05	61.94	26.01	12.55	61.68	25.77	13.04	61.43	25.53	13.48	61.21	25.30
2046	11.93	61.80	26.27	12.44	61.55	26.01	12.95	61.30	25.76	13.40	61.08	25.52
2047	11.80	61.62	26.58	12.33	61.37	26.30	12.85	61.12	26.03	13.31	60.91	25.78
2048	11.67	61.43	26.90	12.21	61.18	26.61	12.75	60.94	26.31	13.22	60.73	26.04
2049	11.54	61.37	27.09	12.10	61.12	26.78	12.66	60.87	26.47	13.14	60.68	26.19
2050	11.42	61.30	27.28	12.00	61.05	26.95	12.58	60.81	26.62	13.06	60.62	26.32

3. 老龄化

未来 40 年，劳动力人口的绝对数呈先增加再减少的趋势。2027 年，河南省劳动力人口的绝对量达到最高峰 7000 多万人，到 2050 年，河南省劳动人口的绝对量不到 6000 万，而老年人口的绝对量呈现增加趋势，2050 年比 2011 年增加了 230.16%，达到 2600 多万人。根据劳动力人口比重和总抚养系数变化可知，虽然未来 20 年河南省的劳动力人口的绝对量有所增加，但是其比重逐年下降；同时发现，总抚养系数呈现增加趋势（见表 11-8），到 2034 年，总抚养系数达到 50%，平均两个劳动力得抚养一个非劳动力人口，这标志着河南省的人口红利已经消失；到 2040 年，发展到平均一个劳动力得抚养 0.64 个非劳动力人口，说明河南省的劳动力面临着巨大的压力，抚养负担非常大。老年人口绝对数和相对数的增加，将使社会负担日益加重，社会保障资源也面临着巨大压力。同时发现，总和生育率越高，劳动力人口比重下降得越快，总抚养系数越高。

表 11-8 河南省劳动力人口比重和总抚养系数的变化

单位：%

年份	第一种方案		第二种方案		第三种方案		第四种方案	
	劳动力人口比重	总抚养系数	劳动力人口比重	总抚养系数	劳动力人口比重	总抚养系数	劳动力人口比重	总抚养系数
2011	70.59	41.66	70.59	41.66	70.59	41.66	70.59	41.66
2012	70.55	41.74	70.55	41.74	70.55	41.75	70.55	41.75
2013	70.51	41.83	70.50	41.83	70.50	41.84	70.50	41.85
2014	70.49	41.87	70.48	41.89	70.47	41.90	70.46	41.92
2015	70.37	42.11	70.35	42.14	70.34	42.17	70.32	42.20
2016	70.17	42.52	70.14	42.56	70.12	42.61	70.10	42.66
2017	69.93	43.00	69.90	43.06	69.87	43.12	69.84	43.19
2018	69.66	43.55	69.62	43.63	69.58	43.72	69.54	43.80
2019	69.45	43.99	69.40	44.10	69.35	44.20	69.30	44.31
2020	69.22	44.46	69.16	44.59	69.10	44.72	69.04	44.85
2021	69.23	44.44	69.16	44.60	69.08	44.75	69.01	44.91
2022	69.30	44.30	69.21	44.49	69.12	44.67	69.03	44.85
2023	69.41	44.07	69.31	44.29	69.20	44.50	69.10	44.71
2024	69.87	43.12	69.75	43.37	69.63	43.61	69.52	43.85
2025	70.29	42.28	70.15	42.55	70.02	42.83	69.88	43.10
2026	70.38	42.08	70.23	42.39	70.08	42.70	69.93	43.00
2027	70.31	42.22	70.15	42.56	69.98	42.90	69.81	43.24
2028	69.58	43.71	69.40	44.09	69.22	44.46	69.05	44.83
2029	68.88	45.18	68.69	45.59	68.50	45.99	68.31	46.39
2030	68.40	46.21	68.19	46.64	67.99	47.07	67.80	47.50
2031	67.81	47.47	67.60	47.93	67.39	48.39	67.18	48.85
2032	67.29	48.60	67.07	49.09	66.86	49.57	66.64	50.05
2033	66.75	49.82	66.52	50.32	66.30	50.83	66.08	51.33
2034	65.99	51.54	65.76	52.06	65.53	52.59	65.31	53.12
2035	65.32	53.09	65.09	53.64	64.86	54.18	64.63	54.73
2036	64.67	54.63	64.43	55.20	64.20	55.76	63.97	56.32
2037	64.13	55.94	63.89	56.52	63.65	57.10	63.42	57.68
2038	63.57	57.31	63.33	57.91	63.09	58.51	62.86	59.09
2039	63.13	58.41	62.88	59.02	62.64	59.63	62.41	60.23
2040	62.79	59.25	62.55	59.87	62.31	60.49	62.08	61.09
2041	62.58	59.79	62.34	60.42	62.09	61.05	61.86	61.65
2042	62.43	60.18	62.18	60.82	61.94	61.46	61.71	62.06
2043	62.31	60.48	62.06	61.13	61.81	61.77	61.59	62.38
2044	62.15	60.91	61.89	61.57	61.64	62.22	61.42	62.82
2045	61.94	61.46	61.68	62.12	61.43	62.77	61.21	63.36

续表

年份	第一种方案		第二种方案		第三种方案		第四种方案	
	劳动力人口比重	总抚养系数	劳动力人口比重	总抚养系数	劳动力人口比重	总抚养系数	劳动力人口比重	总抚养系数
2046	61.80	61.82	61.55	62.48	61.30	63.14	61.08	63.72
2047	61.62	62.29	61.37	62.95	61.12	63.61	60.91	64.17
2048	61.43	62.78	61.18	63.44	60.94	64.11	60.73	64.65
2049	61.37	62.95	61.12	63.61	60.87	64.28	60.68	64.80
2050	61.30	63.13	61.05	63.79	60.81	64.46	60.62	64.96

　　根据老年人口抚养比可知（见表 11-9），2050 年，老年人口抚养比达到 44%
左右，平均 100 个劳动力抚养 44 个老人，也就是将近两个劳动力抚养一个老人；
而 2011 年，老年人口抚养比为 12.02%，平均 8 个劳动力抚养一个老人。40 年
来，老年人口抚养比增加了 270% 左右，随着时间的推移，老年人口抚养比逐渐
在总抚养比中占有重要地位，且老年人口的抚养问题，已成为河南省未来 40 年
亟待解决的难题。40 年来，四种方案的老年人口抚养比分别增加了 32.49、
32.12、31.76 和 31.4 个百分点，由此发现，增加总和生育率能减少老年人口的抚
养比，进而缓解老年人口所面临的难题。

表 11-9　老年人口抚养比

单位：%

年份	第一种方案	第二种方案	第三种方案	第四种方案
2011	12.02	12.02	12.02	12.02
2012	12.47	12.47	12.47	12.47
2013	12.94	12.94	12.94	12.94
2014	13.45	13.45	13.45	13.45
2015	14.13	14.13	14.13	14.13
2016	14.89	14.89	14.89	14.89
2017	15.66	15.66	15.66	15.66
2018	16.55	16.55	16.55	16.55
2019	17.44	17.44	17.44	17.44
2020	18.41	18.41	18.41	18.41
2021	19.14	19.14	19.14	19.14
2022	19.84	19.84	19.84	19.84
2023	20.54	20.54	20.54	20.54
2024	20.77	20.77	20.77	20.77
2025	20.89	20.89	20.89	20.89

年份	第一种方案	第二种方案	第三种方案	第四种方案
2026	20.91	20.91	20.91	20.91
2027	21.28	21.28	21.28	21.28
2028	22.85	22.84	22.84	22.84
2029	24.42	24.42	24.41	24.41
2030	25.63	25.62	25.61	25.61
2031	27.04	27.02	27.01	27.00
2032	28.31	28.30	28.28	28.26
2033	29.65	29.62	29.60	29.57
2034	31.40	31.37	31.33	31.30
2035	32.99	32.95	32.90	32.86
2036	34.55	34.49	34.43	34.38
2037	35.88	35.81	35.74	35.67
2038	37.25	37.17	37.08	37.00
2039	38.37	38.27	38.17	38.07
2040	39.25	39.13	39.01	38.90
2041	39.87	39.73	39.60	39.46
2042	40.36	40.20	40.05	39.89
2043	40.78	40.60	40.43	40.25
2044	41.32	41.13	40.93	40.74
2045	41.99	41.77	41.55	41.33
2046	42.52	42.27	42.02	41.78
2047	43.14	42.86	42.59	42.32
2048	43.79	43.48	43.18	42.88
2049	44.15	43.81	43.48	43.16
2050	44.51	44.14	43.77	43.42

根据老龄化指数（见表11-10），到2027年，老龄化指数大于100%，即老年人口数量已超过少儿人口数量，说明老龄化问题很严峻；到2040年，老龄化人口指数将近200%，即老年人口数量大约是少儿人口数量的2倍，说明老龄化问题更加严峻；到2050年，老龄化指数已超过200%，即老年人口数量是少儿人口数量的2倍多，说明老龄化问题非常严峻。将四种方案进行比较发现：第一种方案的老龄化指数到2027年大于100%，与第一种方案相比，其他三种方案的老龄化指数均推迟了一年；第一种方案的老龄化指数到2041年超过200%，第二种方案老龄化指数到2044年达到201.22%，与第一种方案相比，其推迟了三年，第三种方案的老龄化指数到2047年达到202.58%，较于第一种方案，其推迟了

六年，第四种方案的老龄化指数较第一种方案推迟了九年，即到 2050 年超过 200%，达到 201.58%。结合图 11-8 发现，四种方案在 2011~2030 年的老少比差距不大；在 2030~2050 年，随着时间的推移，老少比差距逐年增大。到 2050 年，第四种方案的老少比为 201.58%，比第三种方案少 10.09%，比第二种方案少 23%，比第一种方案少 37.37%。由此知，总和生育率越小，老少比增加越快；相反，总和生育率越大，老少比增加越慢。故加大总和生育率有利于缓解老龄化问题。

表 11-10　老化指数

单位：%

年份	第一种方案	第二种方案	第三种方案	第四种方案
2011	40.53	40.53	40.53	40.53
2012	42.58	42.58	42.57	42.57
2013	44.82	44.81	44.79	44.78
2014	47.33	47.30	47.27	47.24
2015	50.51	50.46	50.41	50.35
2016	53.87	53.79	53.70	53.61
2017	57.30	57.17	57.04	56.91
2018	61.32	61.13	60.94	60.75
2019	65.68	65.42	65.16	64.91
2020	70.65	70.30	69.95	69.61
2021	75.63	75.16	74.70	74.25
2022	81.13	80.52	79.92	79.33
2023	87.31	86.52	85.75	85.00
2024	92.93	91.93	90.95	90.00
2025	97.65	96.42	95.22	94.04
2026	98.76	97.35	95.98	94.64
2027	101.59	99.97	98.40	96.87
2028	109.47	107.54	105.66	103.86
2029	117.64	115.36	113.15	111.04
2030	124.53	121.89	119.36	116.93
2031	132.30	129.26	126.36	123.58
2032	139.55	136.10	132.81	129.68
2033	146.98	143.09	139.40	135.89
2034	155.96	151.56	147.40	143.46
2035	164.13	159.22	154.59	150.23
2036	172.00	166.56	161.44	156.66
2037	178.87	172.89	167.30	162.10

续表

年份	第一种方案	第二种方案	第三种方案	第四种方案
2038	185.68	179.15	173.07	167.44
2039	191.42	184.36	177.80	171.77
2040	196.27	188.68	181.64	175.24
2041	200.17	192.06	184.57	177.83
2042	203.62	195.00	187.05	179.97
2043	206.98	197.81	189.38	181.98
2044	210.99	201.22	192.27	184.51
2045	215.77	205.33	195.79	187.64
2046	220.27	209.13	198.98	190.45
2047	225.29	213.39	202.58	193.65
2048	230.59	217.87	206.35	197.00
2049	234.80	221.27	209.07	199.34
2050	238.95	224.58	211.67	201.58

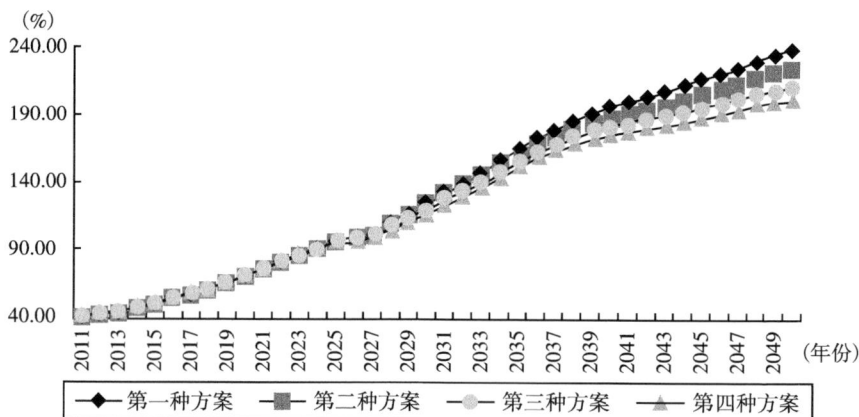

图 11-8 四种方案的户籍总人口的变化趋势

4. 育龄妇女数量及其比重

根据表 11-11 可知，育龄妇女的绝对数及其比重都是随着时间的推移逐年减少的。2011 年，育龄妇女人数为 2632.95 万人，占总人口的比重为 27.92%；2050 年，育龄妇女约为 1700 万人，占总人口的比重约为 17%，40 年间，育龄妇女人数减少了 932.95 万人（以第一方案为例），下降了 35.43%，而占总人口的比重下降了近 11 个百分点。对四种方案进行对比分析可见：第一种方案各年份育龄妇女的绝对数小于第二种方案的相应年份育龄妇女数，且其各年份育龄妇女占总人口的比重略小于第二种方案的相应年份育龄妇女占总人口的比重；第二种方案的各年份育龄妇女数小于第三种方案的相应年份育龄妇女数，且其各年份育龄妇女占总人口的比重略小于第三种方案的相应年份育龄妇女占总人口的比重；而第四种方案的各年份育龄妇女数略小于第三种方案的相应年份育龄妇女数，其各年份育龄妇女占总人口的比重小于第三种方案的相应年份育龄妇女占总人口的比重。由此可知，合理地选择总和生育率对育龄妇女人数有影响，因此合理制定生育政策十分重要。

表 11-11 育龄妇女人数及比重

单位：万人；%

年份	第一种方案		第二种方案		第三种方案		第四种方案	
	育龄妇女人数	育龄妇女比重	育龄妇女人数	育龄妇女比重	育龄妇女人数	育龄妇女比重	育龄妇女人数	育龄妇女比重
2011	2632.95	27.92	2632.95	27.92	2632.95	27.92	2632.95	27.92
2012	2636.69	27.82	2636.69	27.82	2636.69	27.82	2636.69	27.82
2013	2603.96	27.34	2603.96	27.34	2603.96	27.34	2603.96	27.33
2014	2572.44	26.87	2572.44	26.87	2572.44	26.86	2572.44	26.86
2015	2552.78	26.53	2552.78	26.52	2552.78	26.52	2552.78	26.51
2016	2525.19	26.11	2525.19	26.11	2525.19	26.10	2525.19	26.09
2017	2498.84	25.72	2498.84	25.71	2498.84	25.70	2498.84	25.69
2018	2472.33	25.34	2472.33	25.32	2472.33	25.31	2472.33	25.29
2019	2436.49	24.87	2436.49	24.85	2436.49	24.83	2436.49	24.81
2020	2407.83	24.49	2407.83	24.46	2407.83	24.44	2407.83	24.42
2021	2385.53	24.18	2385.53	24.15	2385.53	24.13	2385.53	24.10
2022	2371.34	23.97	2371.34	23.94	2371.34	23.91	2371.34	23.88
2023	2358.19	23.77	2358.19	23.74	2358.19	23.70	2358.19	23.67
2024	2354.66	23.68	2354.66	23.64	2354.66	23.60	2354.66	23.56
2025	2351.70	23.61	2351.70	23.56	2351.70	23.52	2351.70	23.47
2026	2334.26	23.39	2334.26	23.34	2334.26	23.29	2334.26	23.24
2027	2320.99	23.22	2321.08	23.17	2321.17	23.11	2321.18	23.06
2028	2309.89	23.08	2310.16	23.02	2310.43	22.96	2310.45	22.90
2029	2295.53	22.91	2296.08	22.85	2296.63	22.79	2296.67	22.72
2030	2279.20	22.72	2280.11	22.65	2281.03	22.59	2281.10	22.52
2031	2264.98	22.55	2266.36	22.49	2267.74	22.42	2267.83	22.34
2032	2246.72	22.36	2248.64	22.29	2250.57	22.22	2250.69	22.14
2033	2226.94	22.15	2229.49	22.08	2232.04	22.01	2232.19	21.92
2034	2212.39	22.00	2215.64	21.93	2218.89	21.86	2219.05	21.76
2035	2196.67	21.84	2200.69	21.78	2204.70	21.71	2204.89	21.61
2036	2170.64	21.59	2175.49	21.53	2180.33	21.46	2180.53	21.35

年份	第一种方案		第二种方案		第三种方案		第四种方案	
	育龄妇女人数	育龄妇女比重	育龄妇女人数	育龄妇女比重	育龄妇女人数	育龄妇女比重	育龄妇女人数	育龄妇女比重
2037	2127.76	21.18	2133.49	21.12	2139.22	21.06	2139.42	20.94
2038	2069.88	20.63	2076.55	20.57	2083.22	20.51	2083.43	20.39
2039	2007.98	20.04	2015.65	19.99	2023.32	19.93	2023.51	19.81
2040	1932.97	19.32	1941.69	19.28	1950.41	19.23	1950.58	19.10
2041	1878.65	18.82	1888.48	18.78	1898.32	18.74	1898.46	18.60
2042	1839.81	18.47	1850.81	18.44	1861.82	18.40	1861.92	18.26
2043	1800.72	18.13	1812.96	18.10	1825.20	18.07	1825.25	17.93
2044	1774.01	17.91	1787.56	17.89	1801.12	17.87	1801.09	17.72
2045	1755.12	17.77	1770.05	17.76	1784.99	17.74	1784.88	17.58
2046	1739.46	17.68	1755.85	17.67	1772.25	17.66	1772.04	17.49
2047	1726.47	17.61	1744.39	17.61	1762.32	17.60	1761.99	17.43
2048	1711.94	17.53	1731.45	17.54	1750.96	17.54	1750.50	17.36
2049	1694.68	17.43	1715.83	17.44	1736.99	17.45	1736.37	17.26
2050	1676.54	17.32	1699.38	17.34	1722.23	17.36	1721.45	17.16

5. 出生率

由图 11-9 和表 11-12 可知，河南省出生率呈现先增加再下降再略有增加再下降的趋势。2011~2015 年，河南省出生率呈增加趋势，到 2015 年达到最高峰，四种方案的最高峰值分别为 11.13‰、11.21‰、11.3‰和 11.38‰，分别增加了 0.75、0.83、0.93 和 1 个千分点。第一种方案河南省出生率在 2015~2029 年呈递减趋势，下降了 2.55 个千分点，第二、第三和第四种方案河南省出生率均在 2015~2028 年呈递减趋势，分别下降了 2.38、2.22 和 2.06 个千分点；第一种方案的河南省出生率在 2029~2031 年呈现略增趋势，第二和第三种方案的河南省出生率均在 2028~2031 年呈略增趋势，第四种方案的河南省出生率在 2028~2032 年呈略增趋势；第一、第二和第三种方案的河南省出生率均在 2031~2050 年呈递减趋势，分别下降了 1.77、1.56 和 1.33 个千分点，第四种方案河南省出生率在 2032~2050 年呈递减趋势，下降了 1.25 个千分点。

2011 年河南省出生率为 10.38‰，四种方案到 2050 年河南省出生率分别为 6.83‰、7.32‰、7.83‰和 8.19‰，较于 2011 年，四种方案的河南省出生率分别下降了 3.55、3.06、2.55 和 2.19 个千分点。综合所知，当总和生育率越大时，出生率呈现增加快下降慢的特点；反之，出生率呈现增加慢下降快的特点。同时结合育龄妇女的变化特点可知，未来河南的少儿人口将会减少，这也是加速河南人口老龄化的原因之一。

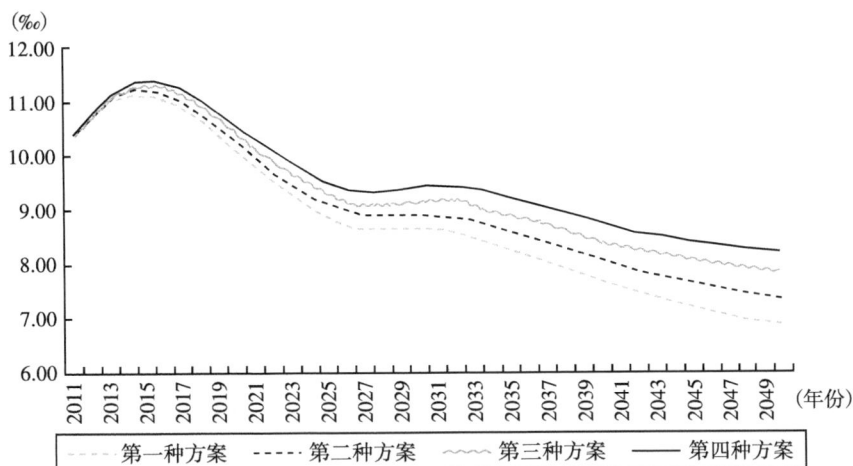

图 11-9　河南省出生率趋势

表 11-12　河南省的出生率

单位：‰

年份	第一种方案	第二种方案	第三种方案	第四种方案
2011	10.38	10.38	10.38	10.38
2012	10.73	10.75	10.77	10.79
2013	10.98	11.03	11.07	11.11
2014	11.12	11.18	11.24	11.31
2015	11.13	11.21	11.30	11.38
2016	11.05	11.15	11.25	11.35
2017	10.88	11.00	11.12	11.24
2018	10.66	10.79	10.93	11.06
2019	10.38	10.53	10.68	10.83
2020	10.08	10.24	10.40	10.56
2021	9.79	9.96	10.13	10.31
2022	9.53	9.71	9.89	10.07
2023	9.28	9.47	9.66	9.85
2024	9.05	9.25	9.45	9.65
2025	8.86	9.07	9.29	9.50
2026	8.72	8.95	9.17	9.39
2027	8.63	8.87	9.10	9.33
2028	8.59	8.83	9.08	9.32

年份	第一种方案	第二种方案	第三种方案	第四种方案
2029	8.58	8.84	9.09	9.34
2030	8.59	8.86	9.13	9.39
2031	8.60	8.88	9.16	9.43
2032	8.57	8.86	9.15	9.44
2033	8.50	8.80	9.10	9.39
2034	8.37	8.68	8.99	9.29
2035	8.24	8.56	8.88	9.18
2036	8.13	8.46	8.78	9.09
2037	8.02	8.36	8.69	9.01
2038	7.92	8.26	8.61	8.93
2039	7.79	8.15	8.50	8.83
2040	7.65	8.02	8.39	8.72
2041	7.54	7.92	8.30	8.64
2042	7.44	7.84	8.23	8.57
2043	7.34	7.75	8.16	8.50
2044	7.25	7.67	8.09	8.44
2045	7.17	7.60	8.04	8.39
2046	7.09	7.54	7.99	8.34
2047	7.02	7.48	7.94	8.30
2048	6.95	7.42	7.89	8.25
2049	6.88	7.37	7.85	8.22
2050	6.83	7.32	7.83	8.19

6. 分孩次出生比重

由表 11-13 可见，出生人数的变化趋势和一孩出生人数的变化趋势同出生率的变化趋势一致，均呈现先增加再下降再略有增加再下降的趋势，而一孩出生比重呈现先增加再下降再增加再下降再略有增加的趋势。2011~2013 年一孩出生比重呈增加趋势，且达到最大值 56.01%；2013~2022 年，一孩出生比重呈下降趋势，下降了 8.3%；2022~2032 年，一孩出生比重呈增加趋势，增加了 4.36%；2032~2039 年，一孩出生比重呈下降趋势；2039~2050 年，一孩出生比重略有增加之后保持稳定，稳定在 50% 左右。二孩出生比重先略有下降再增加再下降再增加再略有下降并趋于稳定，2013~2022 年，二孩出生比重上升，并达到最大值42.55%；2022~2031 年，二孩出生比重下降了 3.56%；2031~2038 年，二孩出生比重略有上升；2038~2050 年，二孩出生比重略有下降并趋于稳定，保持在

40.3%左右。三孩及以上出生比重呈现先下降再上升再下降再上升并趋于稳定的趋势，2011~2014年，三孩及以上出生比重下降，2014年达到最低点7.57%；2014~2025年，三孩及以上出生比重上升，2025年达到最大值10%；2025~2032年，三孩及以上出生比重下降；2032~2050年，三孩及以上出生比重略有上升之后趋于稳定，稳定在9.4%左右。由此可知，一孩出生比重上升阶段刚好是二孩和三孩及以上出生比重下降阶段，存在此消彼长的关系。

表11-13　分孩次出生比重

单位：%

年份	第一种方案			第二种方案			第三种方案			第四种方案		
	一孩	二孩	三孩及以上	一孩	二孩	三孩及以上	一孩	二孩	三孩及以上	一孩	二孩	三孩及以上
2011	55.43	36.59	7.98	55.43	36.59	7.98	55.43	36.59	7.98	55.43	36.59	7.98
2012	55.98	36.27	7.75	55.98	36.27	7.75	55.98	36.27	7.75	55.98	36.27	7.75
2013	56.01	36.38	7.61	56.01	36.38	7.61	56.01	36.38	7.61	56.01	36.38	7.61
2014	55.51	36.92	7.57	55.51	36.92	7.57	55.51	36.92	7.57	55.51	36.92	7.57
2015	54.53	37.79	7.67	54.53	37.79	7.67	54.53	37.79	7.67	54.53	37.79	7.67
2016	53.26	38.83	7.91	53.26	38.83	7.91	53.26	38.83	7.91	53.26	38.83	7.91
2017	51.89	39.90	8.22	51.89	39.90	8.22	51.89	39.90	8.22	51.89	39.90	8.22
2018	50.54	40.89	8.57	50.54	40.89	8.57	50.54	40.89	8.57	50.54	40.89	8.57
2019	49.34	41.73	8.93	49.34	41.73	8.93	49.34	41.73	8.93	49.34	41.73	8.93
2020	48.47	42.28	9.25	48.47	42.28	9.25	48.47	42.28	9.25	48.47	42.28	9.25
2021	47.97	42.53	9.50	47.97	42.53	9.50	47.97	42.53	9.50	47.97	42.53	9.50
2022	47.74	42.55	9.70	47.74	42.55	9.70	47.74	42.55	9.70	47.74	42.55	9.70
2023	47.74	42.39	9.86	47.74	42.39	9.86	47.74	42.39	9.86	47.74	42.39	9.86
2024	47.95	42.10	9.95	47.95	42.10	9.95	47.95	42.10	9.95	47.95	42.10	9.95
2025	48.30	41.70	10.00	48.30	41.70	10.00	48.30	41.70	10.00	48.30	41.70	10.00
2026	48.77	41.24	9.99	48.77	41.24	9.99	48.77	41.24	9.99	48.77	41.24	9.99
2027	49.39	40.72	9.89	49.39	40.72	9.89	49.39	40.72	9.89	49.39	40.72	9.89
2028	50.15	40.17	9.68	50.15	40.17	9.68	50.15	40.17	9.68	50.15	40.17	9.68
2029	50.94	39.63	9.43	50.94	39.63	9.43	50.94	39.63	9.43	50.94	39.63	9.43
2030	51.62	39.20	9.18	51.62	39.20	9.18	51.62	39.20	9.18	51.62	39.20	9.18
2031	52.05	38.99	8.96	52.05	38.99	8.96	52.05	38.99	8.96	52.05	38.99	8.96
2032	52.10	39.06	8.84	52.11	39.05	8.84	52.11	39.05	8.84	52.11	39.05	8.84
2033	51.76	39.39	8.85	51.76	39.39	8.85	51.77	39.38	8.85	51.77	39.38	8.85
2034	51.14	39.93	8.93	51.15	39.92	8.93	51.16	39.91	8.93	51.16	39.91	8.93
2035	50.49	40.43	9.08	50.51	40.42	9.07	50.53	40.40	9.07	50.54	40.40	9.07
2036	49.97	40.78	9.24	50.01	40.75	9.24	50.05	40.72	9.23	50.05	40.72	9.23
2037	49.63	40.99	9.37	49.69	40.95	9.36	49.74	40.91	9.35	49.75	40.91	9.35

续表

年份	第一种方案			第二种方案			第三种方案			第四种方案		
	一孩	二孩	三孩及以上	一孩	二孩	三孩及以上	一孩	二孩	三孩及以上	一孩	二孩	三孩及以上
2038	49.43	41.10	9.47	49.51	41.04	9.45	49.58	40.99	9.43	49.59	40.98	9.43
2039	49.38	41.10	9.52	49.47	41.03	9.50	49.57	40.96	9.47	49.57	40.96	9.47
2040	49.47	41.01	9.52	49.58	40.93	9.48	49.70	40.85	9.45	49.70	40.84	9.45
2041	49.59	40.92	9.49	49.72	40.83	9.45	49.85	40.73	9.41	49.86	40.73	9.41
2042	49.67	40.84	9.50	49.82	40.73	9.45	49.96	40.63	9.41	49.97	40.63	9.41
2043	49.73	40.76	9.51	49.89	40.65	9.45	50.05	40.54	9.40	50.06	40.54	9.40
2044	49.77	40.72	9.51	49.94	40.61	9.45	50.11	40.49	9.40	50.11	40.49	9.40
2045	49.77	40.71	9.52	49.95	40.59	9.46	50.13	40.47	9.40	50.13	40.47	9.40
2046	49.75	40.72	9.52	49.94	40.60	9.46	50.13	40.48	9.39	50.13	40.48	9.39
2047	49.77	40.73	9.51	49.96	40.60	9.44	50.15	40.48	9.37	50.15	40.48	9.37
2048	49.83	40.69	9.47	50.03	40.57	9.40	50.23	40.44	9.33	50.22	40.45	9.33
2049	49.93	40.64	9.43	50.13	40.51	9.36	50.33	40.38	9.29	50.32	40.39	9.29
2050	50.06	40.55	9.38	50.27	40.42	9.31	50.47	40.30	9.24	50.45	40.31	9.24

三、户籍人口发展变化预测

1. 总人口

根据四种方案户籍总人口的变化趋势知，未来河南省的户籍总人口的变化呈现开口向下的抛物线（见图 11-10）趋势，即先增加后减少，四种方案（第一、第二、第三、第四方案）分别在 2011~2028 年、2011~2034 年、2011~2035 年和 2011~2036 年呈增加趋势；在 2028~2050 年、2034~2050 年、2035~2050 年和 2036~2050 年呈递减趋势。同时发现，无论何种生育水平，2028 年以前户籍总人口虽然增加，但是四种方案的总人口相差不大；2028 年以后，第一种方案的户籍总人口明显低于其他三种方案，结合表 11-14 可知，2050 年第二、第三和第四种方案的户籍总人口分别比第一种方案的户籍总人口多了 2.52%、3.74% 和 4.98%，其他三种方案的户籍总人口在 2034 年以前呈递增趋势，在 2034 年以后三种方案的户籍总人口差距逐渐增大。同样发现：总和生育率越低，户籍总人口达到峰值的时间越短，且下降的速度越快；总和生育率越高，户籍总人口达到峰值的时间越长，且户籍人口总数下降的速度越慢。

（人）

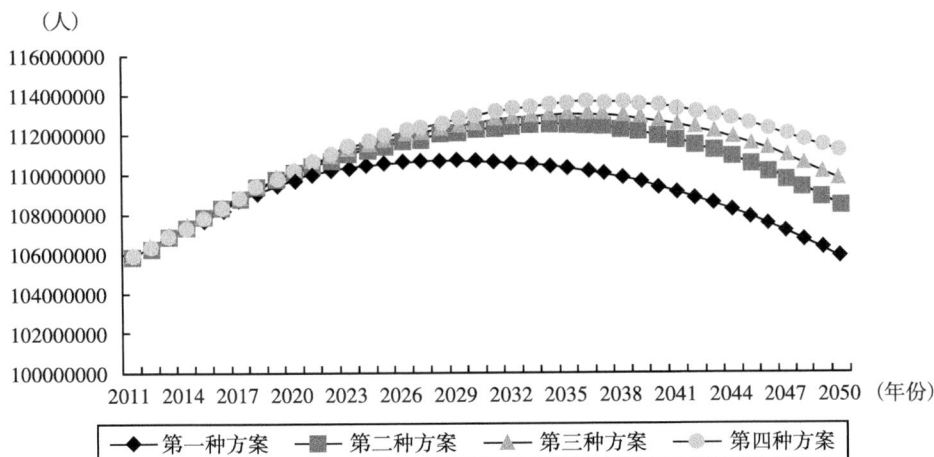

图 11-10　四种方案的户籍总人口的变化趋势

根据表 11-14 可知，未来户籍总人口将持续在 1 亿以上。第一种方案河南省的户籍总人数到 2028 年达到最高峰，即 110708640 人，与 2011 年比，增加了 4874081 人，增长了 4.61%；第二种方案河南省户籍总人数到 2034 年到达最高峰，即 112574030 人，比 2011 年增加了 6739471 人，增加了 6.37%；第三种方案河南省户籍总人数比第二种方案推迟一年达到峰值，河南省户籍总人口数为 113097011 人，与 2011 年相比，增加了 6.86%；较于第二种方案，第四种方案的河南省户籍总人口达到峰值的时间推迟了两年，即 2036 年，河南省户籍总人口为 113667147 人，比 2011 年增加了 7.4%。由此可知，随着总和生育率的增加，河南省的户籍总人口达到峰值的时间越长，最高峰的峰值越大，且增加的幅度相对较高。

表 11-14　四种方案的户籍总人口数

单位：%

年份	第一种方案	第二种方案	第三种方案	第四种方案
2011	105834559	105834559	105834559	105834559
2012	106314175	106322485	106324619	106326753
2013	106804962	106830123	106836632	106843142
2014	107297442	107348101	107361265	107374429
2015	107780623	107865468	107887527	107909586
2016	108242691	108370399	108403509	108436619
2017	108674207	108853398	108899590	108945781

年份	第一种方案	第二种方案	第三种方案	第四种方案
2018	109069449	109308668	109369817	109430966
2019	109422715	109730330	109808147	109885960
2020	109730616	110114889	110210911	110306930
2021	109991621	110460687	110576353	110692014
2022	110205056	110766999	110903679	111040357
2023	110378088	111041062	111200047	111359029
2024	110510267	111282293	111464819	111647345
2025	110603562	111492529	111699860	111907188
2026	110664656	111678349	111911795	112145243
2027	110697330	111843540	112104508	112365476
2028	110708640	111995241	112285241	112575251
2029	110701482	112136116	112456767	112777428
2030	110679506	112269635	112622626	112975623
2031	110654280	112388779	112775751	113162737
2032	110607628	112475414	112897892	113320382
2033	110550466	112541094	113000407	113459738
2034	110471414	112574030	113071289	113568586
2035	110357193	112560709	113097011	113633401
2036	110219779	112513807	113090393	113667147
2037	110055941	112430277	113048495	113667009
2038	109872480	112317626	112978890	113640638
2039	109662205	112168462	112874123	113580535
2040	109433892	111992479	112743886	113496390
2041	109182637	111785081	112583721	113383908
2042	108900037	111537714	112385203	113234792
2043	108591872	111256938	112154888	113055607
2044	108251122	110935389	111885432	112839046
2045	107913924	110612022	111615854	112624187
2046	107549006	110253243	111312565	112377471
2047	107148044	109850793	110967289	112090599
2048	106735483	109430924	110606276	111789838
2049	106304469	108986375	110222301	111467983
2050	105866025	108529446	109827708	111137444

2. 人口结构

未来少儿人口数呈递减趋势，同时，少儿人口比重也呈递减趋势。2011~2025 年，少儿人口比重下降较快，四种方案的少儿人口比重分别下降了 6.1、6.03、5.87 和 5.71 个百分点；2025~2050 年，少儿人口比重下降速度有所减缓，四种方案的少儿人口比重分别下降了 3.53、3.18、2.78 和 2.38 个百分点（如图 11-11 所示）。由此知，总和生育率越高，少儿人口比重下降速度越慢。

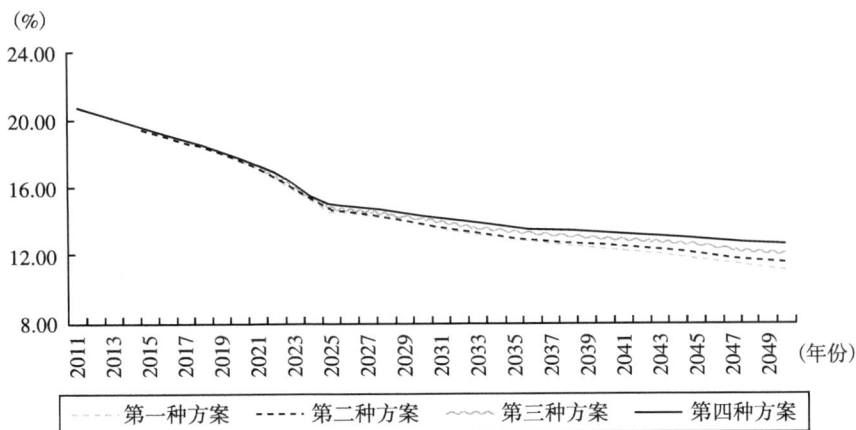

图 11-11　户籍少儿人口比重趋势

由图 11-12 可知，未来青年人口比重呈先下降再上升再下降的趋势。未来青年人口比重有个峰值，但只有第一种方案的峰值超过 2011 年青年人口的比重；且发现第一种方案的青年人口比重明显大于其他三种方案的青年人口比重，其他三种方案的青年人口比重相差不大。2011~2026 年，青年人口比重维持在 70%上下；2026~2040 年，青年人口比重呈直线下降的趋势，14 年间，四种方案的青年人口比重分别下降了 7.25、7.76、7.85 和 7.93 个百分点；2040~2050 年，青年人

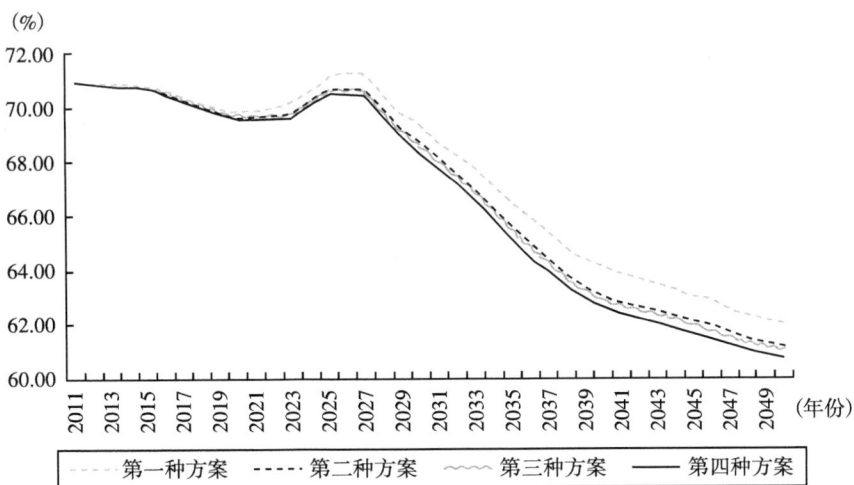

图 11-12　户籍青年人口比重趋势

273

口比重呈缓慢下降趋势。由此可知，总和生育率越高，青年人口比重下降越快。

老年人口比重的变化趋势同少儿和青年人口比重的变化趋势相反，呈增加趋势（如图 11-13 所示）。2011~2024 年，老年人口比重呈直线上升趋势，四种方案分别增加了 5.76、5.98、5.96 和 5.94 个百分点；2024~2027 年，老年人口比重的增加趋势有所减缓，四种方案分别增加了 0.33、0.44、0.43 和 0.42 个百分点；2027~2040 年，老年人口比重呈直线增加趋势，四种方案分别增加了 9.22、9.56、9.44 和 9.31 个百分点，其增加速度快于 2011~2024 年；2040~2050 年，老年人口比重增加速度减缓，四种方案分别增加了 3.25、2.91、2.75 和 2.59 个百分点，仍快于 2024~2027 年，同时发现，四种方案的老年人口比重相差不大。40 年间，四种方案的老年人口比重分别增加了 18.56、18.9、18.58 和 18.26 个百分点，均增加了 2 倍多。而第二种方案的老年人口比重增加最快。

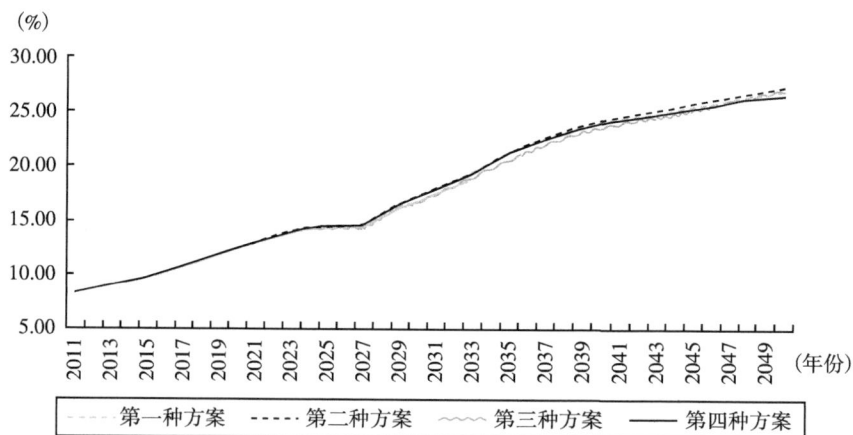

图 11-13　户籍老年人口比重趋势

无论何种方案，由表 11-15 均可发现，未来河南省户籍人口结构将发生变化，少儿人口比重明显下降，以第一种方案为例，2011~2050 年，少儿人口比重下降了 9.63 个百分点；而老年人口比重明显增加，2011~2050 年，老年人口比重增加了 18.56 个百分点，老年人口比重增加幅度高于少儿人口比重下降幅度 8.93 个百分点。到 2034 年，老年人口比重达到 20% 多，即每五个人中就有一位老人；到 2050 年，老年人口比重达到 27% 左右，即每十个人中将近有三个老人。65 岁以上户籍老龄人口比重急剧上升，说明河南省老龄化程度加深。

表 11–15　四种方案的户籍人口结构表

单位：%

年份	第一种方案			第二种方案			第三种方案			第四种方案		
	0~14	15~64	65+	0~14	15~64	65+	0~14	15~64	65+	0~14	15~64	65+
2011	20.75	70.87	8.38	20.75	70.87	8.38	20.75	70.87	8.38	20.75	70.87	8.38
2012	20.45	70.86	8.69	20.45	70.85	8.69	20.46	70.85	8.69	20.46	70.85	8.69
2013	20.14	70.84	9.02	20.14	70.83	9.02	20.15	70.83	9.02	20.15	70.82	9.02
2014	19.79	70.85	9.36	19.79	70.83	9.37	19.80	70.82	9.37	19.81	70.82	9.37
2015	19.43	70.76	9.81	19.44	70.73	9.83	19.45	70.72	9.83	19.47	70.70	9.83
2016	19.11	70.59	10.30	19.12	70.55	10.33	19.15	70.53	10.33	19.17	70.50	10.32
2017	18.82	70.39	10.79	18.84	70.33	10.83	18.87	70.30	10.83	18.91	70.27	10.83
2018	18.50	70.16	11.34	18.52	70.07	11.41	18.56	70.04	11.40	18.61	70.00	11.40
2019	18.12	69.98	11.90	18.14	69.87	11.98	18.20	69.83	11.98	18.26	69.78	11.97
2020	17.70	69.80	12.50	17.73	69.66	12.61	17.80	69.60	12.60	17.87	69.54	12.59
2021	17.17	69.85	12.98	17.21	69.68	13.11	17.29	69.61	13.10	17.38	69.53	13.09
2022	16.59	69.96	13.45	16.64	69.75	13.61	16.74	69.67	13.59	16.84	69.58	13.58
2023	15.96	70.12	13.92	16.02	69.87	14.11	16.14	69.77	14.09	16.26	69.67	14.07
2024	15.24	70.62	14.14	15.30	70.33	14.36	15.44	70.22	14.34	15.58	70.10	14.32
2025	14.64	71.09	14.27	14.72	70.75	14.53	14.88	70.62	14.50	15.04	70.49	14.48
2026	14.53	71.20	14.27	14.61	70.82	14.56	14.79	70.67	14.53	14.97	70.53	14.50
2027	14.38	71.15	14.47	14.47	70.73	14.80	14.67	70.57	14.77	14.86	70.40	14.73
2028	14.19	70.45	15.35	14.29	69.98	15.73	14.51	69.81	15.69	14.72	69.63	15.65
2029	14.00	69.79	16.22	14.10	69.26	16.64	14.33	69.07	16.60	14.56	68.89	16.55
2030	13.80	69.34	16.87	13.90	68.76	17.34	14.15	68.56	17.29	14.40	68.37	17.23
2031	13.60	68.78	17.62	13.71	68.15	18.14	13.98	67.95	18.07	14.24	67.74	18.01
2032	13.41	68.29	18.29	13.53	67.62	18.85	13.82	67.41	18.78	14.10	67.20	18.71
2033	13.24	67.78	18.98	13.37	67.06	19.57	13.66	66.85	19.49	13.96	66.63	19.41
2034	13.07	67.05	19.88	13.21	66.30	20.49	13.52	66.07	20.40	13.83	65.85	20.31
2035	12.93	66.40	20.67	13.07	65.62	21.31	13.40	65.39	21.21	13.72	65.17	21.11
2036	12.79	65.78	21.43	12.95	64.96	22.09	13.29	64.73	21.98	13.63	64.50	21.87
2037	12.67	65.25	22.08	12.84	64.41	22.75	13.19	64.18	22.63	13.55	63.95	22.50
2038	12.56	64.71	22.73	12.74	63.85	23.41	13.11	63.61	23.28	13.48	63.38	23.14
2039	12.46	64.27	23.27	12.65	63.40	23.95	13.04	63.17	23.80	13.42	62.93	23.65
2040	12.36	63.95	23.69	12.57	63.07	24.37	12.97	62.83	24.20	13.36	62.59	24.04
2041	12.26	63.73	24.01	12.49	62.84	24.67	12.90	62.60	24.50	13.31	62.37	24.32
2042	12.16	63.57	24.27	12.40	62.68	24.92	12.83	62.44	24.73	13.26	62.20	24.55
2043	12.06	63.43	24.52	12.32	62.54	25.15	12.76	62.30	24.94	13.20	62.06	24.75
2044	11.94	63.23	24.83	12.22	62.34	25.44	12.68	62.10	25.22	13.13	61.86	25.01
2045	11.81	62.98	25.21	12.11	62.11	25.78	12.59	61.86	25.55	13.06	61.62	25.32
2046	11.67	62.78	25.54	12.00	61.93	26.08	12.49	61.68	25.83	12.97	61.44	25.58

年份	第一种方案			第二种方案			第三种方案			第四种方案		
	0~14	15~64	65+	0~14	15~64	65+	0~14	15~64	65+	0~14	15~64	65+
2047	11.53	62.54	25.93	11.88	61.70	26.42	12.38	61.46	26.16	12.89	61.22	25.90
2048	11.39	62.27	26.35	11.76	61.45	26.79	12.28	61.21	26.50	12.80	60.98	26.22
2049	11.25	62.11	26.64	11.64	61.32	27.03	12.18	61.09	26.73	12.72	60.85	26.43
2050	11.12	61.94	26.94	11.54	61.18	27.28	12.10	60.95	26.96	12.65	60.71	26.64

3. 老龄化

未来 40 年，户籍劳动力人口的绝对数呈现先增加再减少的趋势，2027 年，河南省劳动力人口的绝对量达到最高峰，近 8000 万人，到 2050 年，河南省劳动人口的绝对量不到 7000 万，而老年人口的绝对量呈现增加趋势，2050 年比 2011 年增加了 221.6%，达到 2900 万人左右。根据劳动力人口比重和总抚养系数变化可知，虽然未来 20 年河南省的劳动力人口的绝对量有所增加，但是其比重逐年下降；同时发现，总抚养系数呈现增加趋势，到 2034 年，总抚养系数在 50% 左右（见表 11-16），平均两个劳动力得抚养一个非劳动力人口，这标志着河南的人口红利已经消失，到 2040 年，发展到平均 100 个劳动力得抚养 63（上下浮动1）个非劳动力人口，说明河南省的劳动力面临着巨大的压力，抚养负担非常大。同时发现，总和生育率越高，劳动力人口比重下降得越快，总抚养系数越高。

表 11-16　河南省劳动力人口比重和总抚养系数的变化

单位：%

年份	第一种方案		第二种方案		第三种方案		第四种方案	
	劳动力人口比重	总抚养系数	劳动力人口比重	总抚养系数	劳动力人口比重	总抚养系数	劳动力人口比重	总抚养系数
2011	70.87	41.10	70.87	41.10	70.87	41.10	70.87	41.10
2012	70.86	41.13	70.85	41.14	70.85	41.14	70.85	41.14
2013	70.84	41.16	70.83	41.18	70.83	41.19	70.82	41.20
2014	70.85	41.14	70.83	41.18	70.82	41.19	70.82	41.21
2015	70.76	41.32	70.73	41.38	70.72	41.41	70.70	41.44
2016	70.59	41.66	70.55	41.75	70.53	41.79	70.50	41.84
2017	70.39	42.07	70.33	42.19	70.30	42.25	70.27	42.31
2018	70.16	42.54	70.07	42.70	70.04	42.78	70.00	42.86
2019	69.98	42.89	69.87	43.11	69.83	43.21	69.78	43.32
2020	69.80	43.27	69.66	43.55	69.60	43.67	69.54	43.80
2021	69.85	43.17	69.68	43.51	69.61	43.66	69.53	43.81

年份	第一种方案		第二种方案		第三种方案		第四种方案	
	劳动力人口比重	总抚养系数	劳动力人口比重	总抚养系数	劳动力人口比重	总抚养系数	劳动力人口比重	总抚养系数
2022	69.96	42.94	69.75	43.36	69.67	43.54	69.58	43.71
2023	70.12	42.62	69.87	43.12	69.77	43.33	69.67	43.53
2024	70.62	41.60	70.33	42.18	70.22	42.41	70.10	42.65
2025	71.09	40.68	70.75	41.34	70.62	41.60	70.49	41.87
2026	71.20	40.45	70.82	41.20	70.67	41.49	70.53	41.79
2027	71.15	40.54	70.73	41.39	70.57	41.71	70.40	42.04
2028	70.45	41.93	69.98	42.90	69.81	43.26	69.63	43.61
2029	69.79	43.30	69.26	44.39	69.07	44.78	68.89	45.16
2030	69.34	44.22	68.76	45.44	68.56	45.86	68.37	46.27
2031	68.78	45.39	68.15	46.73	67.95	47.17	67.74	47.61
2032	68.29	46.42	67.62	47.88	67.41	48.35	67.20	48.81
2033	67.78	47.54	67.06	49.11	66.85	49.60	66.63	50.09
2034	67.05	49.15	66.30	50.84	66.07	51.35	65.85	51.85
2035	66.40	50.59	65.62	52.40	65.39	52.92	65.17	53.45
2036	65.78	52.03	64.96	53.94	64.73	54.48	64.50	55.03
2037	65.25	53.26	64.41	55.25	64.18	55.81	63.95	56.37
2038	64.71	54.55	63.85	56.63	63.61	57.20	63.38	57.77
2039	64.27	55.58	63.40	57.73	63.17	58.31	62.93	58.90
2040	63.95	56.37	63.07	58.56	62.83	59.16	62.59	59.76
2041	63.73	56.91	62.84	59.13	62.60	59.73	62.37	60.34
2042	63.57	57.31	62.68	59.55	62.44	60.16	62.20	60.78
2043	63.43	57.66	62.54	59.90	62.30	60.52	62.06	61.15
2044	63.23	58.16	62.34	60.40	62.10	61.03	61.86	61.66
2045	62.98	58.79	62.11	61.02	61.86	61.65	61.62	62.28
2046	62.78	59.28	61.93	61.48	61.68	62.12	61.44	62.75
2047	62.54	59.91	61.70	62.08	61.46	62.71	61.22	63.35
2048	62.27	60.60	61.45	62.73	61.21	63.36	60.98	64.00
2049	62.11	61.00	61.32	63.07	61.09	63.70	60.85	64.34
2050	61.94	61.45	61.18	63.44	60.95	64.07	60.71	64.71

　　根据表 11-17 可知，2050 年，老年人口抚养比达到 44%左右，平均 100 个劳动力抚养 44 个老人，也就是将近两个劳动力抚养一个老人；而 2011 年，老年人口抚养比为 11.82%，平均 100 个劳动力抚养 12 个老人，40 年来，老年人口抚养比增加了 270%左右，随着时间的推移，老年人口抚养比逐渐在总抚养比中占

有重要地位，且老年人口的抚养问题已成为河南省未来 40 年亟待解决的难题。40 年来，四种方案的老年人口抚养比分别增加了 31.68、32.76、32.4 和 32.05 个百分点，由此发现，第二种方案的老年人口抚养比增加最多。

表 11-17　河南省户籍老年人口抚养比

单位：%

年份	第一种方案	第二种方案	第三种方案	第四种方案
2011	11.82	11.82	11.82	11.82
2012	12.26	12.27	12.27	12.27
2013	12.73	12.74	12.74	12.74
2014	13.21	13.23	13.23	13.23
2015	13.87	13.90	13.90	13.90
2016	14.59	14.64	14.64	14.64
2017	15.33	15.41	15.41	15.41
2018	16.17	16.28	16.28	16.28
2019	17.00	17.15	17.15	17.15
2020	17.91	18.10	18.10	18.10
2021	18.58	18.82	18.82	18.82
2022	19.22	19.51	19.51	19.51
2023	19.85	20.20	20.20	20.20
2024	20.02	20.42	20.42	20.42
2025	20.07	20.54	20.54	20.54
2026	20.04	20.56	20.56	20.56
2027	20.34	20.93	20.93	20.93
2028	21.79	22.48	22.47	22.47
2029	23.24	24.03	24.03	24.02
2030	24.33	25.22	25.21	25.21
2031	25.62	26.61	26.60	26.59
2032	26.78	27.87	27.85	27.84
2033	28.01	29.18	29.16	29.14
2034	29.65	30.91	30.88	30.85
2035	31.13	32.48	32.43	32.39
2036	32.58	34.01	33.95	33.90
2037	33.84	35.32	35.26	35.19
2038	35.14	36.67	36.59	36.51
2039	36.20	37.77	37.68	37.58
2040	37.05	38.64	38.52	38.41
2041	37.67	39.26	39.13	39.00
2042	38.18	39.76	39.61	39.46

续表

年份	第一种方案	第二种方案	第三种方案	第四种方案
2043	38.65	40.21	40.04	39.88
2044	39.28	40.80	40.61	40.42
2045	40.03	41.51	41.30	41.09
2046	40.68	42.11	41.87	41.64
2047	41.47	42.83	42.56	42.30
2048	42.31	43.59	43.30	43.01
2049	42.89	44.08	43.75	43.43
2050	43.50	44.58	44.23	43.88

根据表 11-18 可发现，到 2027 年，老龄化指数在 100% 左右，即老年人口数量与少儿人口数量相当，说明老龄化问题很严峻；到 2042 年，老龄化人口指数将近 200%，即老年人口数量大约是少儿人口数量的 2 倍，说明老龄化问题更加严峻；到 2050 年，老龄化指数已超过 210%，即老年人口数量是少儿人口数量的 2 倍多，说明老龄化问题非常严峻。将四种方案进行比较发现：第一、第二和第三种方案的老龄化指数均到 2027 年大于 100%，与前三种方案相比，第四种方案的老龄化指数推迟了一年达到 100%；第二种方案的老龄化指到数 2042 年超过 200%，与第二种方案相比，第一种方案的老龄化指数推迟了一年达到 200%，第三种方案的老龄化指数到 2045 年达到 202.99%，较第二种方案，其推迟了三年，第四种方案的老龄化指数较第二种方案推迟了五年，即到 2047 年超过 200%，达到 200.97%。结合图 11-14 可发现，四种方案在 2011~2035 年的老少比差距不大；在 2035~2050 年，随着时间的推移，老少比差距逐年增大。到 2050 年，第四种方案的老少比为 210.56%，比第三种方案少 12.27 个百分点，比第二种方案少 25.85 个百分点，比第一种方案少 31.8 个百分点。由此可知，总和生育率越小，老少比增加越快；相反，总和生育率越大，老少比增加越慢。故加大总和生育率有利于缓解老龄化问题。

表 11-18　户籍人口老化指数

单位：%

年份	第一种方案	第二种方案	第三种方案	第四种方案
2011	40.40	40.40	40.40	40.40
2012	42.49	42.50	42.49	42.49
2013	44.77	44.80	44.78	44.77
2014	47.29	47.34	47.31	47.28

年份	第一种方案	第二种方案	第三种方案	第四种方案
2015	50.50	50.60	50.54	50.49
2016	53.87	54.02	53.94	53.85
2017	57.31	57.52	57.39	57.26
2018	61.32	61.61	61.43	61.24
2019	65.68	66.07	65.81	65.55
2020	70.64	71.13	70.78	70.44
2021	75.59	76.21	75.74	75.29
2022	81.06	81.82	81.21	80.62
2023	87.21	88.12	87.34	86.58
2024	92.79	93.88	92.88	91.91
2025	97.44	98.72	97.48	96.28
2026	98.18	99.65	98.24	96.88
2027	100.64	102.32	100.70	99.14
2028	108.14	110.06	108.14	106.29
2029	115.88	118.05	115.80	113.63
2030	122.27	124.73	122.14	119.66
2031	129.57	132.27	129.30	126.46
2032	136.37	139.26	135.90	132.70
2033	143.40	146.43	142.65	139.07
2034	152.03	155.13	150.87	146.84
2035	159.91	163.03	158.29	153.82
2036	167.56	170.63	165.40	160.47
2037	174.27	177.23	171.50	166.13
2038	181.00	183.78	177.54	171.71
2039	186.75	189.27	182.54	176.26
2040	191.68	193.87	186.65	179.94
2041	195.78	197.60	189.90	182.76
2042	199.55	200.91	192.73	185.17
2043	203.35	204.18	195.49	187.48
2044	207.96	208.14	198.90	190.39
2045	213.43	212.86	202.99	193.93
2046	218.78	217.37	206.84	197.21
2047	224.86	222.48	211.23	200.97
2048	231.34	227.85	215.82	204.88
2049	236.81	232.15	219.36	207.77
2050	242.37	236.42	222.84	210.56

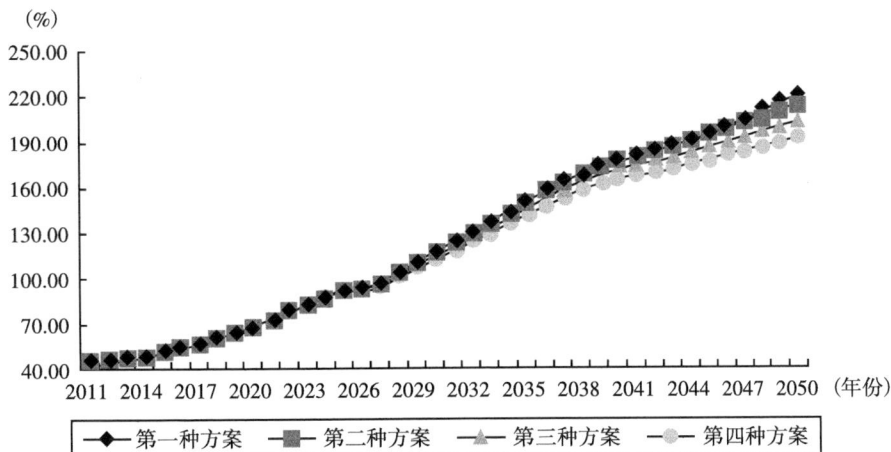

图 11-14　户籍老少比趋势

4. 育龄妇女数量及其比重

根据表 11-19 可知，育龄妇女的绝对数及其比重都是随着时间的推移逐年减少的。2011 年，育龄妇女人数为 2848.75 万人，其占总人口的比重为 26.92%；2050 年，育龄妇女约为 1800 万人，其占总人口的比重约为 17%，40 年间，育龄妇女人数减少了 1059.44 万人，而占总人口的比重下降了 10 个百分点。

表 11-19　户籍育龄妇女人数及比重

单位：万人；%

年份	第一种方案		第二种方案		第三种方案		第四种方案	
	育龄妇女人数	育龄妇女比重	育龄妇女人数	育龄妇女比重	育龄妇女人数	育龄妇女比重	育龄妇女人数	育龄妇女比重
2011	2848.75	26.92	2848.75	26.92	2848.75	26.92	2848.75	26.92
2012	2852.80	26.83	2852.80	26.83	2852.80	26.83	2852.80	26.83
2013	2817.38	26.38	2817.38	26.37	2817.38	26.37	2817.38	26.37
2014	2783.28	25.94	2783.28	25.93	2783.28	25.92	2783.28	25.92
2015	2762.01	25.63	2762.01	25.61	2762.01	25.60	2762.01	25.60
2016	2732.16	25.24	2732.16	25.21	2732.16	25.20	2732.16	25.20
2017	2703.64	24.88	2703.64	24.84	2703.64	24.83	2703.64	24.82
2018	2674.96	24.53	2674.96	24.47	2674.96	24.46	2674.96	24.44
2019	2636.18	24.09	2636.18	24.02	2636.18	24.01	2636.18	23.99
2020	2605.17	23.74	2605.17	23.66	2605.17	23.64	2605.17	23.62
2021	2581.05	23.47	2581.05	23.37	2581.05	23.34	2581.05	23.32
2022	2565.70	23.28	2565.70	23.16	2565.70	23.13	2565.70	23.11
2023	2551.47	23.12	2551.47	22.98	2551.47	22.94	2551.47	22.91

续表

年份	第一种方案		第二种方案		第三种方案		第四种方案	
	育龄妇女人数	育龄妇女比重	育龄妇女人数	育龄妇女比重	育龄妇女人数	育龄妇女比重	育龄妇女人数	育龄妇女比重
2024	2547.65	23.05	2547.65	22.89	2547.65	22.86	2547.65	22.82
2025	2544.45	23.01	2544.45	22.82	2544.45	22.78	2544.45	22.74
2026	2524.22	22.81	2524.22	22.60	2524.22	22.56	2524.22	22.51
2027	2508.49	22.66	2508.58	22.43	2508.67	22.38	2508.76	22.33
2028	2495.08	22.54	2495.36	22.28	2495.65	22.23	2495.93	22.17
2029	2478.17	22.39	2478.74	22.10	2479.32	22.05	2479.89	21.99
2030	2459.14	22.22	2460.10	21.91	2461.07	21.85	2462.03	21.79
2031	2442.43	22.07	2443.89	21.74	2445.34	21.68	2446.79	21.62
2032	2421.40	21.89	2423.43	21.55	2425.46	21.48	2427.49	21.42
2033	2398.79	21.70	2401.48	21.34	2404.17	21.28	2406.86	21.21
2034	2381.88	21.56	2385.31	21.19	2388.73	21.13	2392.16	21.06
2035	2363.77	21.42	2368.01	21.04	2372.25	20.98	2376.49	20.91
2036	2334.57	21.18	2339.69	20.79	2344.80	20.73	2349.91	20.67
2037	2287.19	20.78	2293.24	20.40	2299.30	20.34	2305.35	20.28
2038	2223.64	20.24	2230.69	19.86	2237.74	19.81	2244.79	19.75
2039	2155.78	19.66	2163.89	19.29	2172.00	19.24	2180.11	19.19
2040	2073.79	18.95	2083.01	18.60	2092.24	18.56	2101.47	18.52
2041	2014.23	18.45	2024.63	18.11	2035.04	18.08	2045.44	18.04
2042	1971.45	18.10	1983.10	17.78	1994.75	17.75	2006.40	17.72
2043	1928.43	17.76	1941.39	17.45	1954.36	17.43	1967.33	17.40
2044	1898.84	17.54	1913.20	17.25	1927.56	17.23	1941.92	17.21
2045	1877.72	17.40	1893.55	17.12	1909.39	17.11	1925.23	17.09
2046	1860.12	17.30	1877.51	17.03	1894.90	17.02	1912.29	17.02
2047	1845.41	17.22	1864.43	16.97	1883.45	16.97	1902.47	16.97
2048	1829.02	17.14	1849.73	16.90	1870.44	16.91	1891.16	16.92
2049	1809.67	17.02	1832.12	16.81	1854.58	16.83	1877.04	16.84
2050	1789.31	16.90	1813.57	16.71	1837.83	16.73	1862.09	16.75

　　对四种方案进行对比分析：第二种方案的各年份育龄妇女数小于第三种方案的相应年份育龄妇女数，且其各年份育龄妇女占总人口的比重略小于第三种方案的相应年份育龄妇女占总人口的比重；而第四种方案的各年份育龄妇女数略小于第三种方案的相应年份育龄妇女数，其各年份育龄妇女占总人口的比重小于第三种方案的相应年份育龄妇女占总人口的比重；第一种方案的各年份育龄妇女的绝对数小于第四种方案的相应年份育龄妇女数，但其各年份育龄妇女占总人口的比

重略大于第四种方案的相应年份育龄妇女占总人口的比重。由此可知，合理选择总和生育率对育龄妇女人数有所影响，因此合理制定生育政策十分重要。

5. 人口出生率

由图 11-15 和表 11-20 可知，河南省户籍出生率呈现先增加再下降再略有增加再下降的趋势。四种方案的趋势完全相同（按第一、第二、第三、第四的顺序）：2011~2015 年，河南省户籍出生率呈增加趋势，到 2015 年达到最高峰，四种方案的最高峰值分别为 10.75‰、10.83‰、10.91‰和 10.99‰，分别增加了 0.75、0.82、0.90 和 0.98 个千分点；2015~2028 年，河南省户籍出生率呈递减趋势，较 2015 年，2028 年河南省户籍出生率分别下降了 2.36、2.26、2.11 和 1.95 个千分点；2028~2031 年，河南省户籍出生率呈略增趋势，与 2028 年相比，河南省户籍出生率分别增加了 0.04、0.05、0.08 和 0.12 个千分点；2028~2050 年，河南省户籍出生率呈递减趋势，这十几年间，河南省户籍出生率分别下降了 1.81、1.59、1.38 和 1.16 个千分点。

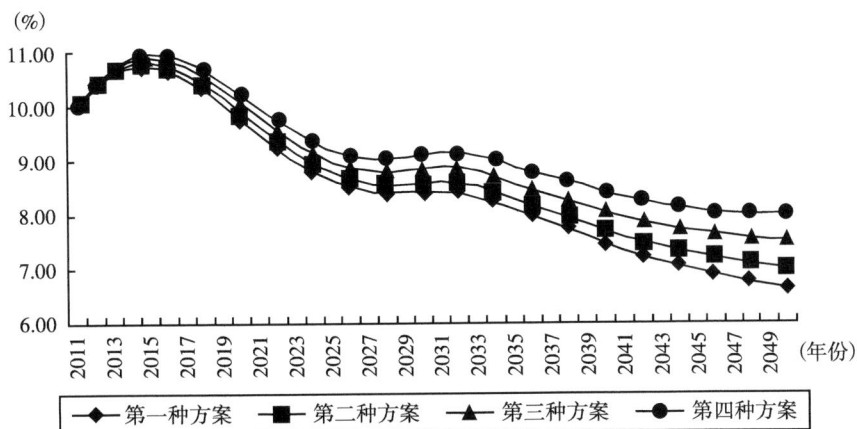

图 11-15　河南省户籍出生率趋势

表 11-20　河南省户籍出生率

单位：‰

年份	第一种方案	第二种方案	第三种方案	第四种方案
2011	10.00	10.00	10.00	10.00
2012	10.35	10.37	10.39	10.41
2013	10.60	10.64	10.68	10.72
2014	10.73	10.79	10.85	10.91
2015	10.75	10.83	10.91	10.99

续表

年份	第一种方案			第二种方案			第三种方案			第四种方案		
	一孩	二孩	三孩及以上	一孩	二孩	三孩及以上	一孩	二孩	三孩及以上	一孩	二孩	三孩及以上
2032	52.05	39.09	8.85	52.06	39.09	8.85	52.06	39.09	8.85	52.06	39.09	8.85
2033	51.67	39.46	8.87	51.68	39.46	8.87	51.68	39.45	8.87	51.69	39.45	8.87
2034	51.00	40.04	8.96	51.01	40.03	8.96	51.02	40.02	8.96	51.04	40.01	8.96
2035	50.30	40.57	9.13	50.32	40.56	9.12	50.35	40.54	9.11	50.37	40.52	9.11
2036	49.75	40.95	9.31	49.79	40.92	9.30	49.82	40.89	9.29	49.86	40.86	9.28
2037	49.38	41.17	9.45	49.44	41.13	9.43	49.49	41.09	9.42	49.55	41.05	9.41
2038	49.17	41.28	9.55	49.25	41.22	9.53	49.32	41.17	9.51	49.40	41.11	9.49
2039	49.12	41.28	9.61	49.21	41.21	9.58	49.31	41.14	9.56	49.40	41.07	9.53
2040	49.23	41.17	9.61	49.34	41.09	9.57	49.45	41.00	9.54	49.57	40.92	9.51
2041	49.37	41.05	9.58	49.51	40.96	9.54	49.64	40.86	9.50	49.77	40.77	9.46
2042	49.48	40.94	9.58	49.63	40.84	9.53	49.78	40.74	9.49	49.92	40.63	9.44
2043	49.58	40.84	9.58	49.74	40.73	9.53	49.90	40.62	9.48	50.06	40.51	9.43
2044	49.65	40.77	9.57	49.83	40.66	9.52	50.00	40.54	9.46	50.17	40.43	9.40
2045	49.68	40.74	9.58	49.87	40.62	9.51	50.05	40.50	9.45	50.22	40.38	9.39
2046	49.70	40.73	9.57	49.89	40.61	9.50	50.08	40.49	9.44	50.26	40.37	9.37
2047	49.74	40.72	9.54	49.93	40.60	9.47	50.12	40.47	9.40	50.31	40.35	9.34
2048	49.83	40.68	9.50	50.03	40.55	9.42	50.22	40.43	9.35	50.41	40.30	9.28
2049	49.95	40.61	9.44	50.15	40.48	9.37	50.35	40.36	9.30	50.54	40.24	9.23
2050	50.10	40.52	9.39	50.30	40.39	9.31	50.50	40.26	9.24	50.69	40.14	9.17

2011~2013 年一孩出生比重呈增加趋势，且达到最大值 56.01%；2013~2022 年，一孩出生比重呈下降趋势，下降了 8.3%；2022~2032 年，一孩出生比重呈增加趋势，增加 4.3%；2032~2039 年，一孩出生比重呈下降趋势；2039~2050 年，一孩出生比重略有增加之后保持稳定，稳定在 50%左右。二孩出生比重呈现先略有下降再增加再下降再增加再略有下降并趋于稳定，2013~2022 年，二孩出生比重上升，并达到最大值 42.55%；2022~2031 年，二孩出生比重下降，下降了 3.54%；2031~2038 年，二孩出生比重略有上升；2038~2050 年，二孩出生比重略有下降并趋于稳定，保持在 40.3%左右。三孩及以上出生比重呈现先下降再上升再下降再上升并趋于稳定的趋势，2011~2014 年，三孩及以上出生比重下降，2014 年达到最低点，即 7.57%；2014~2025 年，三孩及以上出生比重上升，2025 年达到最大值，即 10%；2025~2032 年，三孩及以上出生比重下降；2032~2050 年，三孩及以上出生比重略有上升之后趋于稳定，稳定在 9.3%左右。由此可知，

一孩出生比重上升阶段刚好是二孩和三孩及以上出生比重下降阶段，存在此消彼长的关系。

四、结　论

一个国家或地区的人口规模、结构是否合理，关系到这个国家或地区的经济社会的发展，因此，合理的人口规模及人口结构对国家或地区经济社会的可持续发展至关重要。基于河南省第六次全国人口普查数据的 CPPS 预测，发现河南省的人口规模和人口结构存在重大问题。

1. 河南省人口基数大

河南省常住总人口和户籍总人口的变化趋势一致，2011 年，常住总人口和户籍总人口分别为 9429.4 万人和 10583.5 万人，又因两者的变化趋势均呈现先增加后减少的抛物线状，在第一种方案（2050 年生育水平为 1.5 时）下，2050 年，河南省常住总人口和户籍总人口分别为 9678.9 万人和 10586.6 万人。若提高生育水平，河南省的常住总人口和户籍总人口达到峰值的时间越长，最高峰的峰值越大，且增加的幅度相对较高。河南省的人口密度将继续增大，高密度的人口会对人们的居住、卫生及经济状况产生严重影响，且会对资源系统、环境系统造成巨大的压力。

2. 年龄化程度加深、老龄化速度加快

就第一种方案而言，少儿人口比重由 2011 年的 20.93% 下降到 2050 年的 11.42%，老年人口比重由 2011 年的 8.84% 增加到 27.28%，老年人口抚养比由 2011 年的 12.02% 增加到 44.51%，老少比由 2011 年的 40.53% 增加到 238.95%，总抚养系数由 2011 年的 41.66% 增加到 2050 年的 63.13%；对户籍人口预测时，少儿人口比重由 2011 年的 20.75% 下降到 2050 年的 11.12%，老年人口比重由 2011 年的 8.38% 增加到 26.94%，老年人口抚养比由 2011 年的 11.82% 增加到 43.5%，老少比由 2011 年的 40.4% 增加到 242.37%，总抚养系数由 2011 年的 41.10% 增加到 2050 年的 61.45%。故未来河南省的人口结构凸显出老龄化程度加深、老龄化速度加快的特点。快速老龄化导致社会劳动力供给不足，社会养老负与决策，2008（4）.

[16] 曾毅. 中国人口分析［M］. 北京：北京大学出版社，2004.

[17] Ronald Rreedman. Theories of Fertility Dedline： A Reappraisal［M］. Carolina：University of Norther Carolina Press，1979.

[18] Richard A Easterlin. The Fertility Revolution： A Supply-Demand Analysis，(with Eileen M.Crimmins)［M］. Chicago：University of Chicago Press，1985.

[19] Kingsley Davisand，Judith Blake. Social Structure and Fertility：An Analytic Framework［J］. Economic Development and Cultural Change，1956（4）.

[20] A. Dument. Depopulation Et Civilization：Etude Demographique［M］. Paris：Lecrosiner et Babe Librairesesditeurs，1890.

[21] Davis K. The Theory of Change and Response in Modern Demographic History［J］. Population Index，1963.

[22] 段成荣，孙玉晶. 我国流动人口统计口径的历史变动［J］. 人口研究，2006（4）.

[23] 段成荣. 省际人口迁移迁入地选择的影响因素分析［J］. 人口研究，2001（1）.

[24] 段成荣等. 改革开放以来我国流动人口变动的九大趋势［J］. 人口研究，2008（6）.

[25] 姚林如，李莉. 劳动力转移、产业集聚与地区差距［J］. 财经研究，2006（8）.

[26] 张志伟，胡石清. 我国人口流动的现状及影响因素分析［J］. 安徽农业大学学报（社会科学版），2005（6）.

[27] 李强. 影响中国城乡流动人口的推力与拉力因素分析［J］. 中国社会科学，2003（1）.

[28] 张善余. 基于出生地的中国人口迁移态势分析［J］. 市场与人口分析，2004（3）.

[29] 黄义. 流动人口犯罪对策研究［J］. 河南警察学院学报，2011（3）.

[30] 朱传耿，顾朝林，张伟. 中国城市流动人口影响因素的定量研究［J］. 人口学刊，2002（3）.

[31] 钱雪飞. 进城农民工消费的实证研究——南京市 578 名农民工的调查与

分析 [J]. 南京社会科学，2003（9）.

[32] 鲍常勇，崔志军. 河南省相对资源承载力与可持续发展问题研究 [J]. 中州学刊，2005（1）.

[33] 童玉芬. 国外人口与环境关系研究的理论与方法综述 [J]. 中国人口·资源与环境，2004（5）.

[34] 杨晓航. 贵州人口、资源、环境与发展问题研究 [J]. 贵州财经学院学报，2009（2）.

[35] 刘兆林，高九江. 论陕北人口、资源、环境的协调发展 [J]. 榆林学院学刊，2006（2）.

[36] 张峻. 山西人口、资源、环境问题及对策研究[J]. 理论探索，2005（6）.

[37] 陈景. 我国存在的环境问题及实现人口与环境的可持续发展 [J]. 新西部，2006（24）.

[38] 周毅. 人口与环境可持续发展 [J]. 武汉科技大学学报，2003（1）.

[39] 埃利奇夫妇. 人口爆炸 [M]. 北京：新华出版社，2000.

[40] 张雷，蔡国田. 中国人口发展与能源供应保障探讨 [J]. 中国软科学，2005（15）.

[41] 张利平，夏军等. 中国水资源状况与水资源安全问题分析 [J]. 长江流域资源与环境，2009（12）.

[42] 杜鹏. 新世纪的中国人口——中国第五次全国人口普查资料分析 [M]. 北京：中国人民大学出版社，2011.

[43] 查瑞传，沈益民，乔晓春等. 人口普查资料分析技术 [M]. 北京：中国人口出版社，1991.

[44] 曾毅，张震等. 人口分析方法与应用 [M]. 北京：北京大学出版社，1993.

[45] 郭志刚. 当代中国人口发展与家庭户的变迁 [M]. 北京：中国人民大学出版社，1994.

[46] 曾毅，李伟，梁志武等. 中国家庭结构的现状、区域差异及变动趋势 [J]. 中国人口科学，1992（2）.

[47] 周福林. 我国家庭结构的统计研究 [J]. 经济经纬，2006（2）.

[48] 约翰·邦戈茨，汤姆斯·K.伯奇，肯尼斯·W.沃克特等. 家庭人口学：

模型及应用［M］.曾毅，郭志刚等译.北京：北京大学出版社，1994.

　　［49］段成荣.流动人口在城市的社会适应问题［A］//中国人民大学中国社会发展研究报告2002［C］.北京：中国人民大学出版社，2003.

　　［50］蔡昉.我国人口总量增长与人口结构变化的趋势［J］.中国经贸导刊，2004（13）.

　　［51］费孝通.家庭结构变动中的老年赡养问题——再论中国家庭结构的变动［J］.北京大学学报，1983（13）.

　　［52］唐灿.中国城乡社会家庭结构与功能的变迁［J］.浙江学刊，2005（2）.

　　［53］孟霞.当代中国社会人口结构与家庭结构变迁［J］.湖北社会科学，2009（5）.

　　［54］赵静.当前中国农村家庭结构现状调查研究［J］.经济研究导刊，2010（3）.

　　［55］熊金才.家庭结构的变迁与家庭保障功能的弱化［J］.太平洋学报，2006（8）.

　　［56］向月波，赖晓凡，李建.当代中国家庭离婚的特征分析［J］.前沿，2011（6）.

　　［57］邢占军，金瑜.城市居民婚姻状况与主观幸福感关系的初步研究［J］.心理科学，2003（6）.

　　［58］封志明，刘登伟.京津冀地区水资源供需平衡及其水资源承载力［J］.自然资源学报，2006（5）.

　　［59］闫维，杨黎.给予水资源承载力的昆明市适度人口规模研究［J］.资源环境与发展，2007（3）.

　　［60］李韩笑，陈森林，胡士辉，唐海华，王彬.区域水资源承载力多目标分析评价模型及应用［J］.人民长江，2007（2）.

　　［61］严军，胡建兰，苗卉，丁占稳，孙东坡.南水北调对长江流域水资源承载力的影响及水资优化配置方法［J］.水力发电学报，2007（3）.

　　［62］李昊.南水北调中线工程环境影响与河南生态经济发展［J］.地域研究与开发，2006（6）.

后 记

　　河南省是我国第一户籍人口大省、农业大省，也是我国人口发展的缩影。河南省人口发展既有一般性，也有特殊性，因此在全国人口发展的大背景和趋势下研究河南省的人口发展问题，既是河南省人口服务和管理的需要，也是外部了解河南的需要。笔者自 2005 年从中国人民大学人口研究所毕业至今已十年有余，期间一直专注于河南省人口发展问题的研究，先后参与了每个年度的河南省人口发展战略研究、2010 年妇女地位调查与数据分析、国家人口和计划生育委员会的完善生育政策、人口功能区等课题研究。十年的研究历程，有汗水，也有收获，是对河南人口不断加深认识的过程。

　　感谢河南省人口和计划生育委员会为研究提供的机会和支持，也感谢多年来一直关心、支持并和我一起从事河南省人口发展研究的各位朋友。同时要感谢我的研究生们，他们也为本研究提供了大量基础数据的计算，并参与了讨论和校对工作。

　　人口研究的基础是数据，我们的数据很多，但也存在问题。此外受作者研究水平的限制，本书难免有错误之处，望读者批评指正。

周福林

2015 年 11 月于郑州龙子湖秋实街